四川省社会科学研究"十三五"规划2017年度课题：
构建中国特色社会主义视域下的农村养老社会支持体系研究（专著），
项目批准号：SC17H020

《《新时代社会保障前沿文库
XINSHIDAI SHEHUI BAOZHANG QIANYAN WENKU

构建中国特色社会主义视域下农村养老社会支持体系研究

GOUJIAN ZHONGGUOTESE SHEHUIZHUYI SHIYU XIA
NONGCUN YANGLAO SHEHUI ZHICHI TIXI YANJIU

刘金华 ○ 著

西南财经大学出版社
Southwestern University of Finance & Economics Press
中国·成都

图书在版编目(CIP)数据

构建中国特色社会主义视域下农村养老社会支持体系研究/刘金华著.—成都:西南财经大学出版社,2018.8
ISBN 978-7-5504-3669-5

Ⅰ.①构⋯ Ⅱ.①刘⋯ Ⅲ.①农村—养老—社会保障制度—研究—中国 Ⅳ.①F323.89

中国版本图书馆 CIP 数据核字(2018)第 190162 号

构建中国特色社会主义视域下农村养老社会支持体系研究
刘金华 著

责任编辑:汪涌波
封面设计:何东琳设计工作室
责任印制:朱曼丽

出版发行	西南财经大学出版社(四川省成都市光华村街55号)
网　　址	http://www.bookcj.com
电子邮件	bookcj@foxmail.com
邮政编码	610074
电　　话	028-87353785　87352368
照　　排	四川胜翔数码印务设计有限公司
印　　刷	成都金龙印务有限责任公司
成品尺寸	170mm×240mm
印　　张	14.25
字　　数	265 千字
版　　次	2018 年 8 月第 1 版
印　　次	2018 年 8 月第 1 次印刷
书　　号	ISBN 978-7-5504-3669-5
定　　价	88.00 元

1. 版权所有,翻印必究。
2. 如有印刷、装订等差错,可向本社营销部调换。

目　录

第一章　绪论 / 1

　　第一节　选题背景 / 1

　　第二节　研究目的和意义 / 8

　　第三节　研究思路与研究方法 / 10

　　第四节　创新与不足 / 12

　　第五节　主要数据说明 / 13

第二章　研究回顾与理论基础 / 16

　　第一节　理论基础 / 16

　　第二节　研究综述 / 19

第三章　中国特色社会主义农村养老思想概述 / 28

　　第一节　改革开放以来我国农村养老的历史演变与现实选择 / 28

　　第二节　中国特色社会主义农村养老思想的历史溯源 / 38

　　第三节　中国特色社会主义农村养老思想的相关理论 / 45

　　第四节　中国特色社会主义农村养老思想的内容与价值 / 49

第四章　新时代中国农村老年人养老需求分析 / 60

　　第一节　新时代我国农村老年人养老需求的理论构建 / 60

　　第二节　新时代我国农村老年人养老需求的实证分析 / 66

第五章　新时代中国农村老年人养老社会支持体系研究 / 74

第一节　新时代我国农村养老社会支持系统的定性分析 / 74

第二节　新时代我国农村养老社会支持的供需分析 / 76

第三节　新时代我国农村养老社会支持系统的计量分析 / 78

第四节　本章小结 / 91

第六章　中国农村老年人经济供给需求及其社会支持 / 94

第一节　关于农村老年人经济供给支持的研究回顾 / 94

第二节　理论假设 / 97

第三节　数据、变量和方法 / 98

第四节　农村老年人经济供给支持描述性统计分析 / 100

第五节　社会支持对农村老年人物质生活满意度的影响分析 / 111

第六节　农村老年人经济供给需求的社会支持 / 114

第七节　本章小结 / 118

第七章　中国农村老年人生活照料需求及其社会支持 / 119

第一节　关于农村老年人生活照料支持的研究回顾 / 119

第二节　理论假设 / 121

第三节　数据、变量和方法 / 123

第四节　农村老年人生活照料支持描述性统计分析 / 125

第五节　社会支持对农村老年人生活照料满意度的影响 / 131

第六节　农村老年人生活照料需求的社会支持 / 134

第七节　本章小结 / 137

第八章　中国农村老年人健康保障需求及其社会支持 / 139

第一节　关于农村老年人健康保障需求的研究回顾 / 139

第二节　农村老年人健康保障需求分析 / 141

第三节　农村老年人健康保障需求的影响因素分析 / 144

　　第四节　构建农村老年人健康保障需求社会支持系统 / 148

　　第五节　本章小结 / 151

第九章　中国农村老年人精神慰藉需求及其社会支持 / 153

　　第一节　关于农村老年人精神慰藉需求的研究回顾 / 153

　　第二节　农村老年人精神慰藉的类型建构 / 156

　　第三节　农村老年人精神慰藉的社会支持现状 / 159

　　第四节　精神慰藉类型对农村老年人精神生活满意度的影响分析 / 166

　　第五节　农村老年人精神慰藉需求的社会支持 / 168

　　第六节　本章小结 / 169

第十章　中国特色社会主义农村涉老政策演变历程与政策效应 / 171

　　第一节　中国特色社会主义农村涉老政策定性分析 / 171

　　第二节　中国特色社会主义农村涉老政策定量分析 / 182

　　第三节　本章小结 / 199

第十一章　构建中国特色社会主义农村养老社会支持体系 / 200

　　第一节　农村老年人社会支持与生活满意度的总体分析 / 200

　　第二节　新时代我国农村养老社会支持的行动路线建设 / 206

　　第三节　中国特色社会主义视域下农村养老支持体系构建 / 208

　　第四节　研究展望 / 211

参考文献 / 213

后记 / 222

第一章 绪论

第一节 选题背景

一、世界人口老龄化发展过程及趋势

人口老龄化是一个全球性的、不可逆转的人口趋势,发达国家早于中国进入老龄化社会。根据联合国人口司2017年的预测,在全球200个国家和地区中,有94个已经进入了老龄化社会,到2050年这一数字将增加到160个左右。按照国际标准,一个国家或地区65岁及以上人口比重达到7%或60岁及以上人口比重达到10%称为老龄化社会。法国在1870年时,65岁及以上人口比重已达到7.4%,成为最早进入老龄化社会的国家。1930—1950年,大多数发达国家相继进入老龄化社会,到1950年,全世界人口老龄化率为5.1%,而发达国家老年人口比重已达到7.7%[1]。1950—2000年,发达国家人口老龄化速度较快,老年人口比重增长最快的三个国家为日本(12.3%)、意大利(10.2%)和希腊(10%),其中,日本的人口老龄化率从1950年的不到5%增长到2000年的17.2%,人口老龄化率提高了两倍多。2000—2010年,大部分发达国家老年人口比重增长缓慢。这期间,人口老龄化率增长最高的是日本(5.8%)和德国(4.5%),此时,意大利、德国和日本的老年人口比重均已超过20%,进入超级老龄化社会行列(见图1.1)。

---

[1] 陈卫民,施美程. 发达国家人口老龄化过程中的产业结构转变[J]. 南开学报(哲学社会科学版),2013(6).

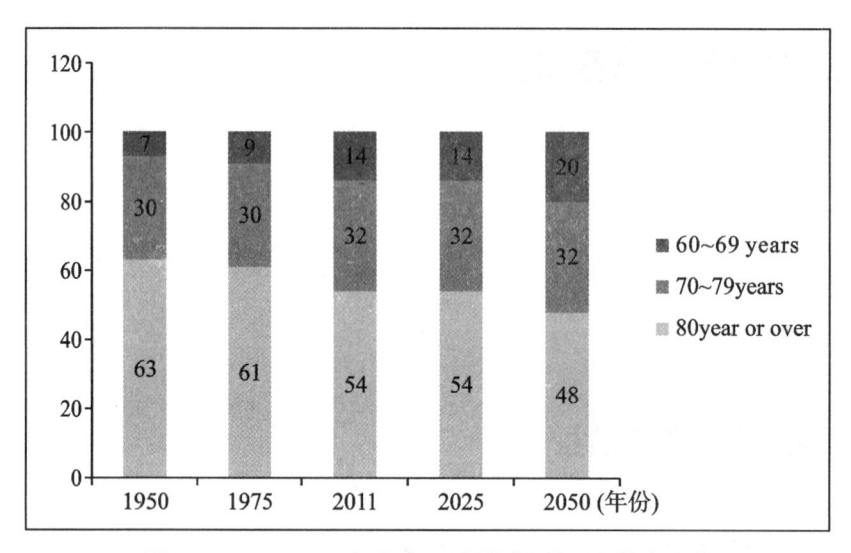

图 1.1 1950—2050 年全球 60 岁及以上人口年龄组分布

资料来源：UNDESA, World Population Ageing: Profiles of Ageing 2011 (Geneva, 2011), CD-ROM.

城乡之间，老龄化程度存在差异。2005 年，发达国家或地区城市老年人口比重是 19.1%，农村老年人口比重是 22.9%。2005 年，发展中国家或地区城市老年人口占比达到了 7.7%，农村老年人口比例达到了 8.2%。由此可见，不论是发达国家或地区还是发展中国家或地区，都存在农村老龄化率较城市高的现象（见图 1.2）。

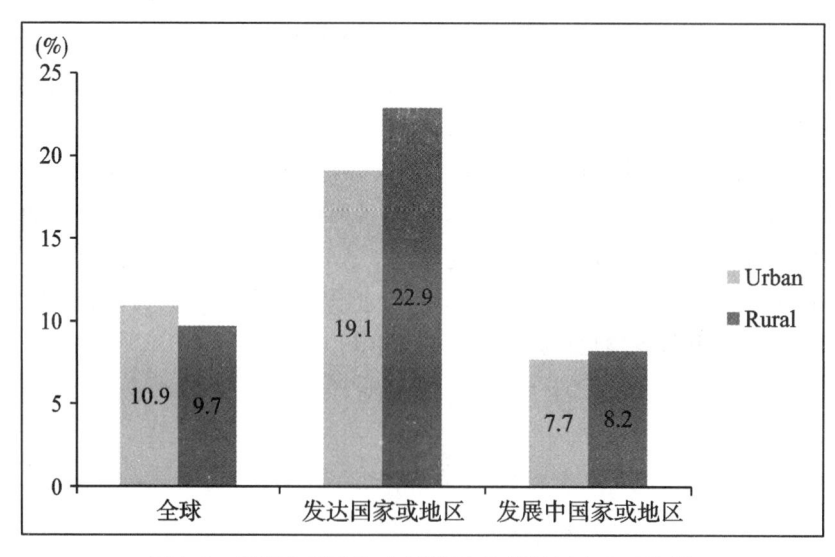

图 1.2 2005 年城市和农村地区 60 岁及以上人口比例

资料来源：Ageing report: Ageing in the Twenty-First Century: A Celebration and A Challenge.

二、中国特色社会主义视域下我国人口结构转变与老龄化发展趋势

中国特色社会主义时期,中国较为迅速地完成了人口转变。虽然我国进入老龄化社会的时间较晚,但老龄化速度发展较快。1999 年,我国 60 岁及以上老年人口占总人口的比重为 10.10%,65 岁及以上老年人口占比达 6.90%,标志着我国进入老龄化社会;2016 年年末,这两项比重分别高达 16.70%、10.80%,两项比例的年均增速分别为 3.00%、2.67%。[①] 持续的低生育水平和不断提高的人口预期寿命都加速了我国人口老龄化发展,应对老龄化带来的机遇与挑战已经成为我国关注的问题。

(一) 改革开放以来计划生育政策、人口转变及其应对历程

1. 从"独生子女政策"到"全面二孩政策"的历史演进

20 世纪 70 年代,我国实施了以"晚稀少"为主要特征的计划生育政策,总和生育率已经从 1970 年的 5.8% 下降到 1978 年的 2.8% 左右。1979 年,我国开始推行以鼓励独生子女为主的新的计划生育政策(简称"独生子女政策"),并在 1980 年 9 月 25 日以《中共中央关于控制中国人口增长问题致全体共产党员共青团员的公开信》的形式在全国各地普遍展开。当时,我国是一个人口年龄结构相当年轻的社会,30 岁以下的人口约占全国人口总数的 2/3,而 65 岁以上的老年人口不到总人口的 5%。大量的劳动年龄人口为中国的改革开放准备了充足的人力资源。在实施独生子女政策的这近 40 年间,是中国改革开放不断深化、社会快速转型、人口快速转变的 40 年。随着社会经济发展、人口快速转变,我国开始调整计划生育政策,从 2011 年 11 月,我国全面实施"双独二孩"政策,到 2014 年的"单独二孩政策",再到 2016 年 1 月 5 日《中共中央、国务院关于实施全面两孩政策,改革完善计划生育服务管理的决定》"全面二孩政策"的进一步调整完善,着力于人口结构优化、促进人口长期均衡发展。

2. 40 年间我国完成了人口转变,步入老龄化社会

改革开放以来的这 40 年间,我国总和生育率、出生率和人口自然增长率持续走低。以总和生育率为例,1995 年前后,已经低于生育更替水平(每个妇女一生生育 2.17 个子女),此后长期在 1.5 个左右徘徊,成为生育水平最低的国家之一。人口预期寿命稳步上升,人口预期寿命从 1982 年 67.8 岁增加到 2017 年的 76.4 岁。老龄化进程加快,60 岁及以上老年人口的比重从 1982 年的 7.62%,提升到 1990 年的 8.57% 和 1999 年的 10.10%,第一次步入老龄化社

---

① 丁玉龙. 农村人口老龄化与城乡收入差距 [J]. 华南农业大学学报, 2018 (1): 105.

会，其后老龄化进程加速，到2017年已达17.30%。

3. 改革开放以来我国积极应对人口老龄化的历程

1980年中共中央发表有关计划生育的公开信时，已经意识到持续下降的生育水平会导致人口迅速老龄化，就开始提出"生产发展了，人民生活改善了，社会福利和社会保险一定会不断增加和改善，可以逐步做到老有所养"。为了配合干部制度改革，中央政府在1982年颁发了有关干部离退休制度的相关文件，但老龄工作在整体上没有纳入政府的议事日程。随着改革开放的不断深化，20世纪90年代，特别是国企改革以来，国家相关部委陆续出台相关政策和制度，逐步完善和健全我国的养老保险、医疗保险、低保制度、农村养老保险制度、农村初级卫生保健和新型合作医疗制度、社会救助制度、农村扶贫计划等。1996年，全国人大常委会颁布《中华人民共和国老年人权益保障法》，1999年，国务院批准成立了全国老龄工作委员会，确定中组部、中宣部、民政部、劳动保障部、财政部等25个有关部门为成员单位。这一时期，中国的老龄政策与老龄机构建设并重，并逐步完善。2013年，对于养老事业、养老行业、养老产业、养老企业来说，是"养老元年"，国家和地方层面出台了一系列法律法规及相关的配套政策措施，主要有《中华人民共和国老年人权益保障法》修订版，《养老机构设立许可办法》《养老机构管理办法》《国务院关于加快发展养老服务业的若干意见》《国务院常务会议：深化改革加快发展养老服务业的任务措施》《北京市人民政府关于加快推进养老服务业发展的意见》《北京市人民政府关于加快本市养老机构建设的实施办法》《上海市养老机构条例（草案）》《2013年民政部关于推进养老服务评估工作的指导意见》《中央专项彩票公益金支持农村幸福院项目管理办法》等养老政策和制度，拉开了我国新一轮积极应对人口老龄化的序幕。

(二) 改革开放以来我国人口老龄化的特点

1. 人口老龄化发展速度快

发达国家65岁及以上老年人口占总人口的比重从7%提高到14%一般需要50年左右的时间，而中国与日本相仿，仅用了27年。未来20年是我国老龄化波动最大、进展最快的20年，尤其是2018—2021年的4年间还将出现短暂的顶部和底部老龄化同时弱化现象[1]，也是我国积极应对人口老龄化战略战术储备的最佳机遇期。

2. 区域发展不均衡

我国区域间的社会经济发展、老龄化发展历程、城乡老龄化态势都存在较

---

[1] 彭希哲. 人口模式变化下的中国老龄化 [EB/OL]. http://www.thepaper.cn/new.

大差异。上海最早在1979年就步入了老龄化社会,而西藏等省区至今还尚未步入老龄化社会。在改革开放以后巨大的人口流动进一步扩大了这种区域性老龄化进程的差异。中国的东南部地区由于吸纳了大量来自中西部省区的年轻的流动人口,人口老龄化的进程在近年来有所缓解,广东省就是一个典型。而在内陆省区,由于年轻人口的迁出和中老年流动人口的返迁,老龄化呈加剧的态势,重庆市、四川省就是这样。同样的原因,中国农村老龄化的态势也较城市更为严峻。

3. 老年人口基数大

老年人口的绝对数量持续增加,60岁及以上老年人口从1982年的0.8亿人,增加到2000年的1.3亿人,再到2017年的2.4亿人。国家卫生健康委员会党组成员、全国老龄办常务副主任王建军在2018年7月19日表示,我国老年人口预计在2050年达到峰值,达4.3亿人左右,超过总人口的1/3[①],成为老年人口最多的国家,而且这一状态将持续很长时间。

4. 高龄老年人规模大

老龄化快速推进的同时,高龄化随之而来。我国老年人口高龄化主要表现在80岁及以上的高龄老年人占老年人的比重不断加大,并徘徊在较高的水平。2015年,我国80岁及以上老年人口的规模达3 039万人,占老年人口的比重超过20%。按照现有人口规模推测,2032—2037年将是我国80岁及以上老年人口数量快速增长的时期,高龄老年人口规模将达1亿人左右。

5. 老年人口家庭模式变迁快

在社会转型和人口变迁的双重因素影响下,我国的家庭结构、户均规模和居住模式发生了急剧变化。根据历次人口普查的数据结果来看,我国家庭结构不断简化,一人户和一代户比重不断上升,而标准核心户(即夫妇与未婚子女的二代户)也从"三普"(全国第三次人口普查,简称"三普",后同)时的48.20%下降到"六普"时的33.38%;家庭户规模在不断缩减,全国家庭户均规模从"四普"时的4.0人下降到"六普"时的3.1人;户均老年人口和孩子数量变化较大,从"三普"到"五普",我国家庭户的户均老年人口数量基本维持在0.22~0.24人/户,"六普"时增至0.41人/户,与此同时,户均孩子数量却从"三普"时的1.48人/户陡降至"六普"时的0.51人/户,平均每户家庭少了差不多1个孩子;老年人居住模式发生了结构性转变,纯老家庭逐渐增多,传统家庭养老面临挑战。

---

① http://www.gov.cn/xinwen/2018-07/19/content_5307839.htm.

6. 计划生育政策对老龄化进程的影响较大

除了上述人口学特征外,我国人口老龄化进程还受到计划生育政策的影响。中国实施独生子女的计划生育政策在生育水平下降的初期对加速人口老龄化发挥着重要的影响,后来随着社会经济快速发展以及人们生育文化观念变化等因素对人口老龄化的推动作用越来越大。2016年实施"全面二孩政策"以来,虽然人口生育政策的调整对我国未来的经济社会持续、稳定、和谐发展非常必要,但仍不会根本改变我国人口老龄化的基本态势。

(三) 新时代我国人口老龄化带来的挑战

老龄化社会在我国还是一种新的社会形态,快速发展的人口老龄化使得我国积极应对挑战的准备时间较短。新时代,快速发展的人口老龄化给中国经济社会发展带来了机遇,同时也形成了较大的挑战,最主要的是反映在未来劳动力减少、养老金的长期平衡、医疗和长期照护压力等方面。

1. 未来劳动力减少问题

我国15~59岁的劳动年龄人口在过去的30余年间保持持续增长态势,直到2012年,这一态势达到峰值后,劳动年龄人口开始缓慢下降。按照经典的人口红利理论,我国劳动年龄人口的下降并不必然意味着我国劳动力的短缺,人口红利的收获机会窗口还将继续开启,并一直持续到2030年左右才会最终关闭,届时人口红利转变为人口负债。与此同时,过去20年间中国高等教育的快速扩张,我国劳动力的素质不断提高。短短20年间,我国高校招生人数从100万人(1997年)增到700多万人(2017年),这为我国以不断提高劳动生产率和劳动力质量来补偿劳动力数量减少创造了十分有利的条件。诚然,未来劳动力数量的变动趋势在很大程度上仍取决于当今的育龄人口的生育行为。

2. 养老金的长期平衡问题

虽然发达国家也面临老龄化的挑战,但其社会保障体系相对完备且长期运行。与西方发达国家不同,我国是在社会保障制度建立初期以及社会保障制度初步完善的进程中就面临着较为严峻的老龄化挑战。在严峻的老龄化形势下,我国要实现养老金缴付的长期平衡和在不同人口群体间的基本平等所要应对的挑战和困难更为严峻,而留给我们的时间则更有限。虽然总体而言,目前我国养老金不存在缺口,但地区之间不平衡问题十分突出。以社保基金为例,2016年收不抵支的省区已经增加至7个,分别为黑龙江、辽宁、河北、吉林、内蒙古、湖北、青海。

3. 医疗和长期照护压力问题

随着人口老龄化的发展,我国全民整体健康状况和疾病谱也不断变化,尤其是高龄化快速发展给我国医疗保险制度的持续稳定运行和长期护理制度的建立健全发展带来了巨大挑战。"六普"数据显示，我国老年人口的中重度失能率为3%~4%，按照这一比例推算，2017年我国中重度失能老年人口规模为720万~960万人，这部分老年人口是我国长期照护服务的刚性需求群体。《全球阿尔兹海默症报告（2015）》的预测显示，我国认知症患者超过950万人，为全世界认知症患者的1/5；到2030年，中国认知症患者预计将达到1600万。老龄化社会需要为超过千万的失能失智老年人口提供医疗照护服务，将直接考验中国政府和社会的应对能力。

（四）新时代我国人口老龄化的应对之道

1. 新时代我国老龄工作取得长足发展

21世纪以来，我国老龄工作稳步发展。2016年5月27日，习近平总书记在中央政治局会议上针对老龄化问题讲话强调，坚持应对人口老龄化和促进经济社会发展相结合，坚持满足老年人需求和解决人口老龄化问题相结合，努力挖掘人口老龄化给国家发展带来的活力和机遇，推动老龄事业全面协调可持续发展；划拨国有资产充实社保基金等举措为老有所养配置了更多的资源，以养老服务和养老医疗保障为核心的老龄政策体系基本形成。党的十九大报告中提出构建养老、孝老、敬老政策体系和社会环境，推进医养结合，加快老龄事业和产业发展。十九大报告为新时代背景下解决人口老龄化问题提供了更新的理念和举措。2018年国务院机构改革更为有效应对老龄化的挑战从国家行政体制的高度作出了安排。

2. 新时代应对老龄化挑战需要全新的治理理念

老龄化社会是一种全新的社会形态，新时代应对老龄化挑战并不仅仅是如何为老年人口提供公共服务，老龄化挑战也不仅仅是政府的职责。原建立在年轻人占人口绝大多数基础上的传统的相关的制度安排等都需要根据老龄化发展态势做出调整甚至重构。个人、家庭、社区、单位，乃至整个市场、社会和政府都需要为适应这种人口变化而调整资源配置、生产和生活方式、制度安排和政策设计。代际平等和多主体共同分担责任理应成为更加重要的治理理念。

3. 新时代赋予了构建老年美好生活需要的时代内涵和意义

国际社会经济形势的快速变化，现代科学技术的迅猛发展，以及我国的文化传统、家庭伦理、政治体制、经济大国等基本国情为我国积极应对人口老龄化问题提供了更多机遇和实现途径。中国老龄化的长期进程与中国实现社会主义现代化强国的发展进程在时间上基本同步，满足老年人口对美好生活的需求也是实现"两个一百年发展目标"的内涵之意，老龄中国也应当是美好的，新时代构建老年美好生活更具有时代意义和现实价值。

第二节　研究目的和意义

一、研究意义

随着我国城乡之间、地区之间经济社会发展差距的拉大，各种养老支持资源分配不公，农村老年人自我养老意识缺乏，农村年轻劳动力外流等现象的出现，导致家庭养老功能的弱化，农村社会化养老方式尚未全面展开等原因，农村老年人的经济生活、精神生活方面均存在不少问题，无论是内部家庭因素，还是外部环境因素，都无形中增加了农村老年人养老话题的沉重感，其中涉及的因素之多、涉及的社会网络之广，抓住主要因素就显得非常关键。由于养老需求具有微观差异和宏观共性，因此，通过定性和定量结合的办法，探讨新时代我国农村老年人养老需求及其社会支持就具有十分重要的意义。

（一）现实意义

面对较为严峻的农村人口老龄化形势，尤其是在当前农村老年人的正式支持资源不充足、非正式支持也出现弱化趋势的情况下，研究农村老年群体的养老需求及其社会支持问题就更具有现实意义。从政府层面看，加强对农村老年人的养老需求的认知，建设完善的社会支持体系，有利于提高农村老年人的社会保障水平，增加老年人的福利，最终有利于平稳度过老龄化社会带来的社会危机，从而更好地促进社会和谐发展。从社会层面看，"百善孝为先"，孝道是人伦道德的基石，也是中华民族文化的瑰宝，从一定程度上而言老年人生活需求满足的过程是尽孝道的过程。强化对老年人生活需求和社会支持的认知，有利于形成"养老敬老""常回家看看"的社会风尚。同时，满足老年人需求，也有利于改善民生、扩大内需，促进经济发展。从个人层面看，对生活需求和社会支持的研究，可以最大限度地寻求养老资源，减轻子女的养老压力，促进代际关系的和谐，开创老年人的美好生活。研究农村老年人养老需求，从微观角度来探讨老年人养老所需的各个方面以及得以满足的程度，关系到老年人能否有足够的收入来安享晚年。另外，由于养老需求具有共性，探讨如何解决目前农村老年人的养老需求问题，关系到我国能否实现健康老龄化，也有利于保障现在和未来农村老年人的基本生活，从而有效应对未来老龄高峰时期农村人口老龄化的挑战。

（二）理论意义

本研究将老年人养老需求放在多元的社会支持网络系统中进行研究，通过量化研究与质性研究相结合的方法进行讨论，目的在于从零散的现象中挖掘本质，从众多小因子里提取出主要因素，然后抓住主要因素做文章，为健全农村老年人养老社会支持网络、提高农村老年人身心健康、提高其生活质量提供理论依据，并为积极的老龄化社会找到实用而有效的应对策略，也在一定程度上丰富了学术界关于老年人生活需求和社会支持方面的研究。本研究内容较为细致，涉及老年人的经济需求和支持、日常照料需求和支持、健康保障需求和支持以及精神慰藉需求和支持四个方面。本研究对象较为具体，将研究对象界定为农村老年人这一特殊脆弱群体。本研究层次较为深入，本研究深入挖掘老年人生活需求和社会支持的多个角度，试图清晰还原农村老年人的多维度养老生活视角。总之，调查和研究农村老年人养老需求满足情况对于国家制定科学合理的养老保障政策，探讨既能适应社会经济发展水平，又能满足老年人个性需要的社会养老保险制度理论体系，具有重要的理论意义。

二、研究目的

改革开放以来，中国经济快速发展，离不开默默为之奉献的农村老年人。进入新时代，他们年事已高，不少人疾病缠身，理应成为"多予"和"反哺"的优先对象，对他们的援助已是刻不容缓。养老保障是一个由个人、家庭、社区、单位、国家等主体共同承担的综合性的社会支持问题，因此，探讨老年人养老社会支持体系，首先应该整体把握老年人的养老需求，分析和评估现有社会支持网络在满足老年人需求过程中的定位和出现的偏差，从而更有针对性地对老年人进行社会扶持，尝试构建我国农村养老需求与养老供给相平衡的社会养老服务体系。生活方式的变化和现代科技的应用延伸了传统养老方式的功能空间，也在一定程度上为变化了的传统养老提供了更多的社会支持。为此，本研究将探析人口老龄化背景下我国农村老年人养老需求现状和社会支持情况，从专业角度去解读当前农村老年人面临的问题，进而对研究结果进行思考和总结，提出相关的政策建议。为此，本研究的主要内容与目的如下：

根据已有的研究成果和农村老年人的实际需要，将"养老需求"操作化为经济供养、健康保障、生活照料和精神慰藉四个维度，以问卷调查和实地访谈的方式收集原始数据。

探索农村老年人各个需求维度的满足程度，了解农村老年人的经济需求及经济供养支持状况；了解农村老年人的生活照料需求及生活照料支持情况；了解农村老年人的健康保障需求及健康保障支持情况；了解农村老年人的精神需求和精神慰藉支持情况。

以农村老年人生活需求和社会支持指标作为可能的因素，对农村老年人总体的生活满意度进行分析，发现影响农村老年人生活幸福感的主要因素。根据需求情况及影响因素，有针对性地提出满足农村老年人养老需求的政策措施和可行性的建议。

第三节 研究思路与研究方法

一、研究思路

在国内外现有研究的基础上，对新时代我国农村老年人养老需求和社会支持进行概念界定和系统分析，并认为在供需平衡视角下养老需求即是养老社会支持的目标和主要内容。基于宏观数据，在对我国当前农村老年人的养老需求及社会支持现状分析的基础上，采用问卷调查和个案访谈方式，对农村老年人的养老现状及满意度进行补充调查。充分利用调查数据，从经济供养、生活照料、健康保障、精神慰藉四个维度，探讨农村老年人的社会支持状况，并积极探讨农村老年人社会支持体系所存在的问题及其成因，分析中国特色社会主义农村涉老思想和涉老政策的理论价值、实践意义与政策效应，最后构建中国特色社会主义农村养老社会支持体系。本研究技术路线如图1.3所示。

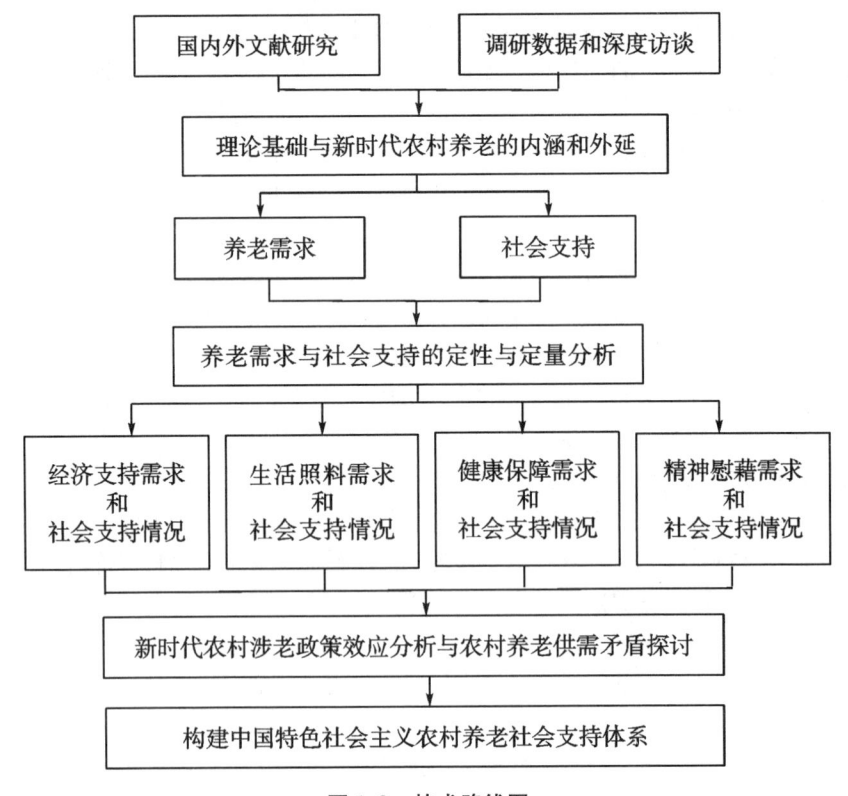

图 1.3 技术路线图

二、研究内容

本研究的主要内容包括：

——中国特色社会主义视域下我国人口结构转变历程与人口老龄化发展趋势；新时代我国老龄化带来的挑战；新时代我国人口老龄化应对之道；

——本研究所涉及的相关学科与理论基础、国内外相关研究；

——改革开放以来我国农村养老的历史演变与现实选择；中国特色社会主义农村养老思想的历史溯源；中国特色社会主义农村养老思想的相关理论；中国特色社会主义农村养老思想的内容与价值；

——新时代我国农村老年人养老需求的理论构建；新时代我国农村老年人养老需求的实证分析；

——新时代我国农村养老社会支持系统的定性分析；新时代我国农村养老社会支持的供需分析；新时代我国农村养老社会支持系统的计量分析；

——我国农村老年人经济供给需求及其社会支持；

——我国农村老年人生活照料需求及其社会支持；

——我国农村老年人健康保障需求及其社会支持；

——我国农村老年人精神慰藉需求及其社会支持；

——中国特色社会主义农村涉老政策演变历程；中国特色社会主义农村涉老政策及政策效应；

——农村老年人社会支持与生活满意度的总体分析；新时代我国农村养老社会支持的行动路线建设；中国特色社会主义视域下农村养老支持体系构建。

三、研究方法

（一）文献研究法

基于研究设计，通过搜集、检索选题相关的学术论著及改革开放以来的涉老政策，对已有研究文献资料和涉老政策等进行系统梳理，归纳整理农村养老社会支持研究脉络及观点以及改革开放以来，我国农村涉老政策的发展历程。

（二）问卷调查法

通过发放问卷，对我国农村老年人的人口社会学特征、养老意愿、养老公共服务的需求、需求的影响因素以及他们的社会支持状况进行阐述。并通过数据分析，构建他们之间的联系。

（三）深度访谈法

通过对农村老年人的入户访谈，了解他们最真实的生活状态和需求，了解他们对养老社会的支持内容和来源方面的观点和看法，由此获得相关的定性资料。

（四）统计分析法

运用统计软件对获得的农村老年人养老社会支持系统相关的数据资料进行汇总，对汇总的数据进行描述分析，根据分析所反映出来的问题提出相应的对策建议。

第四节 创新与不足

一、可能的创新

通过整理现有文献，发现针对我国农村涉老政策发展历程及其政策效应的研究不足，因此，本研究在梳理我国农村涉老政策的基础上，构建实证模型验证涉老政策的政策效应。目前的研究大多针对老年人的需求问题，而专门针对农村老年人养老需求与社会支持的深入研究并不是很多，本研究通过对农村老年人的养老需求及社会支持进行深入调查，发现农村老年人的社会支持在满足他们养老需求上仍存在很大缺口，且该情况尚未引起社会足够的重视。同时，本研究对精神慰藉的类型进行界定，将精神慰藉提到新的高度，希望得到社会的高度重视；将养老需求与社会支持相结合，从理论上探讨二者之间的关系，提出养老需求就是养老社会支持的目标与内容。本研究对农村老年人养老需求和社会支持状况进行问卷调查和个案访谈，将理论研究和实证研究相结合，充分运用人口学、社会学的相关学科理论和方法，进行定性和定量分析，力求分析结果的科学性、准确性和可靠性。

二、不足之处

一是第六至第九章的研究数据来源于自行组织的一项调研，由于人力、物力、财力有限，在具体的调查过程中，研究对象是采取滚雪球式抽样的方法选定的，所以在样本的选取上可能会出现一些偏差。其内容主要涉及老年人养老与社会支持，问卷设计上具有一定的局限性，问卷的样本量较小。二是农村养老社会支持研究是一个复杂的系统问题，需要深入翔实地展开，本研究围绕主题努力展开研究，仍有待深入和完善，并将成为作者未来继续研究的主题。

第五节 主要数据说明

本研究主要采用了两套调查数据，根据研究问题的需要和调查数据的问卷，本研究第四章、第五章、第十章、第十一章均采用中国高龄老人健康长寿跟踪调查（CLHLS）2014 年数据，本研究的第六章、第七章、第八章、第九章均采用 2015 年作者组织的一项关于老年人福利与家庭情况的调查数据。

一、中国高龄老人健康长寿跟踪调查（CLHLS）2014 年数据

本研究主要采用的数据之一是中国高龄老人健康长寿跟踪调查（CLHLS）2014 年数据。CLHLS 是目前中国，同时也是国际上样本规模最大的全国性老年人纵贯调查数据之一，其基线调查和跟踪调查涵盖 31 个省份及地区，样本区域代表了全国 85% 的总人口。本章研究对象为 60 岁及以上农村老年人口，剔除无关及缺失样本后，有效样本量为 2 053 份，其中男性老年人 1 015 人，占比 49.44%，女性老年人 1 038 人，占比 50.56%。

调研概况介绍。从农村老年人的生活满意度来看，满意的占 67.66%，没有满意的占 32.34%，总体而言，农村老年人对生活较为满意。从社会养老保险的购买来看，农村老年人购买养老保险的比例为 26.69%，比重较低。从与子女同住情况来看，与子女同住的农村老年人占 54.36%，家庭养老资源较为缺乏。从子女供养来看，农村老年人由子女供养的比重为 61.67%，说明现阶段多数农村老年人仍以子女养老为主。从健康状况来看，认为身体健康的农村老年人占 47.2%，说明半数以上的农村老年人身体健康状况较差。从孤独感来看，农村老年人有时感到孤独的比重为 31.17%。从家庭收入水平来看，农村老年人认为比较困难和比较富裕的比重均较低，生活水平一般占比 74.04%。从农村社区提供上门看病、组织社交娱乐活动来看，提供上门看病服务的比重为 38.92%，组织社交娱乐活动的比重为 15.54%，可见，当前农村社区的养老服务需要进一步完善。从农村老年人的积极养老观来看，经常认为自己越老越没用的农村老年人占比 24.55%，有时感觉自己越老越没用的农村老年人占比 38.87%，可见，部分农村老年人缺乏较为积极的养老观念（见表 1.1）。

表 1.1　　　　　　农村老年人社会支持的描述性统计

变量	频数	频率(%)	变量	频数	频率(%)
生活满意度			社会养老保险		
没有满意	664	32.34	购买	548	26.69
满意	1 389	67.66	未购买	1 505	73.31
子女供养			同子女居住		
是	1 266	61.67	是	1 116	54.36
不是	787	38.33	不是	937	45.64
自我养老			不同子女居住		
是	320	15.59	是	663	32.29
不是	1 733	84.41	不是	1 390	67.71
性别			健康状况		
男	1 015	49.44	一般	297	14.47
女	1 038	50.56	好	787	38.33
婚姻状况			很好	969	47.2
有配偶	1 022	49.78	孤独感		
无配偶	1 031	50.22	有时	640	31.17
受教育程度			很少	825	40.19
非文盲	893	43.5	从不	588	28.64
文盲	1 160	56.5	家庭收入水平		
越老越没用			比较困难	228	11.10
经常	504	24.55	一般	1 520	74.04
有时	798	38.87	比较富裕	305	14.86
很少	511	24.89	上门看病送药		
从不	240	11.69	提供	799	38.92
			组织社交娱乐活动		
			提供	319	15.54

资料来源：根据 CLHLS（2014）数据整理。

二、老年人福利与家庭情况 2015 年调查数据

本研究主要采用的数据之二是 2015 年作者组织的一项关于老年人福利与家庭情况的调查。该调查的目的是探索老年人生活质量与社会、家庭支持之间的关系。因为本研究为探索性研究，所以，该次调查未选择特定区域进行概率抽样，而是由指定调查员在全国范围内自行选择符合条件的城乡老年人口收集数据。调查一共发放问卷 1 000 份，收回有效问卷 831 份，其中农村老年人样本共 539 个，结合所选变量数据缺失情况，本书每部分参与分析的样本数量可能不一致，具体在分析时予以报告。调查样本主要集中于陕西省和四川省，另

外还有部分样本分布在重庆、河南、吉林等 11 省（市）。调查对象为 60 岁及以上老年人，一个家庭仅一位老年人参与调查。纸质问卷经数据录入和数据清理后用于统计分析，分析类型主要为单变量描述性统计、均值比较、相关分析和多元线性回归分析。

调研概况介绍。本次调研中，60 岁以上的农村老年人共 539 位，男女比例为 1.79：1，男性老年人多于女性；年龄以 60、70、80 岁为界点将农村老年人分为 3 组，分别占总体的 66.98%、23.93%、10.39%；农村老年人文化水平总体偏低，以小学及以下为主，两者占比为 71.99%。婚姻状况方面，有配偶的农村老年人占 71.8%，无配偶占 28.3%；自评健康方面，36.73% 的农村老年人认为自己身体健康，而 63.27% 的老年人认为身体状况不健康；劳动状况方面，55.29% 的农村老年人仍从事农业种植劳动，44.71% 的老年人没有进行农业种植劳动；留守状况方面，调查样本中留守老人居多，占 70.13%；职业类别方面，务工者人数最多，占 72.17%，27.83% 老年人从事非农职业；收入状况方面，54.22% 的农村老年人对自己的收入状况不满意，45.08% 的老年人满意；经济支持满意度方面，超过半数的农村老年人对自己所获取的经济支持不满意；生活照料满意度方面，对自己接受的生活照料满意度高的农村老年人占 60.85%；精神生活满意度方面，仅 49.54% 的农村老年人对自己的精神生活感到满意。（见表 1.2）

表 1.2　　　　农村老年人养老需求的描述性统计

样本特征		频数	百分比（%）	样本特征		频数	百分比（%）
性别	男	346	64.19	留守状况	留守	378	70.13
	女	193	35.81		未留守	161	29.87
年龄段	60~70 岁	361	66.98	职业类别	农业	360	72.17
	70~80 岁	129	23.93		未就业	29	5.38
	80 岁及以上	56	10.39		非农	150	27.83
文化程度	小学以下	218	40.45	收入状况	满意	243	45.08
	小学	170	31.54		不满意	276	54.92
	初中及以上	151	28.01	经济支持满意度	满意	236	43.78
婚姻状况	有配偶	387	71.8		不满意	303	56.22
	无配偶	152	28.2	生活照料满意度	满意	328	60.85
健康状况	健康	198	36.73		不满意	211	39.15
	不健康	340	63.27	精神生活满意度	满意	267	49.54
劳动状况	结束劳动	241	44.71		一般	176	32.65
	继续劳动	297	55.29		不满意	130	24.11

资料来源：调研数据整理。

第二章 研究回顾与理论基础

第一节 理论基础

梳理和提炼与研究主题相关的理论，对了解与分析农村老年人的养老需求及其社会支持具有重要的指导作用，同时，对相关政策的制定与实施具有重要的借鉴意义。

一、需求层次论

需求层次论是需求研究最基本最重要的理论，是由美国著名的心理学家马斯洛提出的。他认为人是一个综合体，人的需求是多层次的，它们构成了一个金字塔形，从低到高依次为：生理需求、安全需求、爱和归属的需求、尊重需求和自我实现需求。人只有在满足低层次需求后，才能发展到较高层次的需求。对老年人而言，最根本的需求就是"衣食住行"等维持自身生存的需求，其次是维护人身安全、免遭疾病困扰的安全需求，只有这些需求得到满足后，才会追求较高层次的精神需求。而在当今社会，生存需求最重要的前提就是经济保障，医疗需求同样面临经济的问题，因此，经济供养是老年人的第一需求。由于老年人器官的衰退和身体机能的下降，医疗需求和照料需求也成为老年人的重要需求。基于此，本研究在构建农村老年人养老需求时，将养老需求主要分为四大类进行研究。

二、经济供给"填补"理论

经济供给"填补"理论是由西方国家发展而来，指老年人从子女那里得到的净经济供给总量，大体相当于"填补"老年人维持其正常生活所需的金额与其各种非子女经济供给金额之间的"缺口"。其前提条件是子女愿意并有能力为老年父母"填"平这个"缺口"。根据填补理论，子女们将分担并填平这一缺口，但不会提供超出此缺口的经济供给，即子女对父母的经济资助不会随子女人数的增加而增加。但是，我国农村"老年人正常生活所需金额"是多少，缺口有多大，填补多少合适？这些问题都有待商榷。目前，在农村养老保障覆盖面不断扩大的背景下，这一经济缺口还很大，尤其是农村高龄女性老年人，其代际的支持更为重要。因此，为了满足人口老龄化下的农村老年人的生活需要，减轻子女尤其是独生子女的负担，应鼓励有条件的农村实行新型社会养老保险制度。

三、社会交换论

社会交换论的典型代表是美国社会学家霍曼斯，他认为社会中的个人都是理性的经济人，人与人之间存在着一种互惠的交换模式，其理论特色是行为交换论，认为可以把行为当作一种有形或无形的商品和服务来交换，即在交换过程中双方都能得到自己想要的东西，交换才能持续下去。这是分析、理解人际关系中大多数行为的最佳方法。社会交换论强调的基本社会过程是价值资源的交换。所有的社会互动都是围绕着行为者之间的资源交换展开的。我国农村家庭养老是建立在道德约束力基础之上的代际经济交换。父母和子女间存在一种双向的、均衡互惠的反哺关系，父母养育了子女，长大后的子女赡养老年人。然而，在这一交换中，我国农村老年人处于不利地位，他们的利益难以得到保障。其原因一是这种以道德规范为准绳的家庭养老法律效力低；二是随着传统孝文化淡化，这一养老存在极大的道德风险；三是农民家庭养老经历的时间跨度往往长达几十年，这种权利和义务高度分割的特征使农村老年人处于被动地位。社会交换论为我们研究满足农村养老需求对策指出了这样的方向：农村老年人应拥有一定的生产和生活资源，以此作为换取子女经济支持、生活照料和精神慰藉的资源；农村老年人加入农村养老保险、农村合作医疗保险，事实上就是在个人和社会之间进行交换，为未来储存财富。

四、系统支持论

系统支持论认为养老支持是一个多维的体系，分为个人支持系统和社会支持系统，它们共同影响老年人的生活质量。养老支持系统是一个由个人、家庭、社区、社会四要素由内至外的合力作用构成的环状层次性结构，以个人为内环，后三者依次起层层补充支持作用，支持力的合力共同支撑整个系统。任何时候系统都是作为一个整体出现，系统支持力也必然是各力的总和。依据这个理论，我国农村老年人养老需求的满足方式可以通过系统的四个要素共同作用来实现，支持力合力的大小会影响养老需求满足程度。但是，这四个要素何者起主要作用，如何相互支持满足老年人多样化的需求，以保证和维护系统的正常运行，是一个很值得研究的问题。

五、社会支持理论

社会支持其实不仅仅是一方为另一方提供帮助，而是一个体系、一个网络。在这个支持网里，包含几个重要的元素：主体、客体、内容和手段。社会支持的主体就是提供帮助的一方，它涵盖了各种正式的、非正式的支持；客体也就是接受帮助的一方，一般而言，社会弱势群体会被视为客体；而主体向客体提供了什么帮助，社会支持的内容就是什么，它将主体和客体紧密联系起来；而主体要提供帮助必然需要通过采取一些途径、一种方式才能实现，这些方式与途径就是社会支持的手段。基于此，本书将政府、社区、家庭作为社会支持主体，是提供支持的一方；将农村老年人作为社会支持的客体，也就是接受帮助和照顾的一方；主体向客体提供的帮助是与老年人需求相匹配的养老服务；而要使得这一服务做到完善与供需平衡，还需要社会支持主体通过一些有效手段来促进养老服务这一社会支持内容得到长效发展，这些手段和措施的确定需要本书在前期调查的基础上，进行深入分析来实现。只有把这一支持网络体系每一环节做好，才能真正帮助到社会支持客体，实现农村老年人的最优养老。

六、分任务理论与分级补偿模型

分任务理论，即研究非正式支持群体和正式支持组织之间如何协调、整合他们的行动和资源，以满足老年人的养老服务需求的问题。此理论关注于在为老年人提供养老服务或相关社会支持时，非正式支持群体与正式支持组织之间相互补充、协调的作用。分任务理论提出这样一个问题，当为老年人提供的社会支持发生冲突时，非正式群体和正式组织应怎样协调他们的行为。简单地讲，即当老年人有服务需求时，由配偶提供哪些服务，亲属提供哪些服务，朋友、邻里提供哪些服务，正式支持组织提供哪些服务？在预测一些社会组织或社会关系提供哪种服务时，分任务理论非常有效。

分级补偿模型，即当老年人有照料需求时，按照与提供支持者之间的亲密程度，依次寻求照料支持。首先寻求配偶支持，其次寻求其他亲属支持，再次是朋友、邻里，最后寻找正式支持组织。分任务理论与分级补偿模型为指导我们理解宏观社会变迁如何改变社会与家庭在农村老年人供养和让老年人受益等方面的相互关系提供了重要的理论视角。

第二节 研究综述

一、国内相关研究

（一）有关养老需求的研究

国内学者对我国农村养老需求进行了大量的实证研究，然后甄选出老年人养老需求的影响因素，提出更好满足老年人多样化需求的对策建议。

1. 关于养老需求现状的研究

学术界关于养老需求的研究，既有宏观视角研究，包括养老需求各个方面的内容，也有微观视角的研究，只探讨养老需求的某个方面的内容；既有针对性研究，也有散见于有关老年问题的个别研究。

对养老需求的研究，更多的是一些专门性的微观视角的研究。时代变迁、空巢化和独居化趋势将更加显著（孙鹃娟，2013），老年人的养老需求也在不断提升（姚远，2015），但老年人更多的是对医疗保障（周绍斌，2006；殷俊，2010；刘湘玲，2006；马润生、焦丽娟，2009；梁鸿，2008）和生活护理的需求（殷俊，2010），对精神慰藉（章芸芸，2007；卢名华，2005）和文化娱乐的需求则成为一种奢望（卢名华，2005）。在家庭养老负担较重（翟振武、张现苓等，2014）的背景下，家庭支持尤其子女支持依然是农村老年人养老支持的主要来源（宋健，2006；钟涛、吴国清，2008）。在老年照料等方面的家庭资源与社会资源都变得相对稀缺（彭希哲、胡湛，2011）的同时，农村老年人的生活照料呈现出社会化的倾向（张旭升，2003）。从经济交换的角度，老年人要拥有一定的生产和生活资料，并以此作为换取子女生活照料和经济支持的手段（陈彩霞，2000）。从社会养老嵌入角度，发展老年人互助小组的社会工作介入模式（屈勇、崔香芬，2006），提高农村老年人的养老生活水平。探讨养老需求宏观视角的相关研究，主要散见于一些分析养老问题或调查老年人生活状况的研究中。从老年人的需求出发，进行分析老龄研究和政策必须面对这种复杂多样的现实（邬沧萍、杜鹏，2012），老年人对外界的需求具有很大的伸缩弹性（陈功，2003），农村老年人对社会养老保险需求存在一种敬而远之的态度（陈文玲，2003）。通过构筑老年人的需求和供给模型（陈功，2003），在判断老年人需求时应注意到他们的实际困难。

2. 养老需求的影响因素

对养老需求的影响因素进行的总体分析较少，更多的是从某一方面分析。中国社会对福利服务的需求必然会越来越多（黄黎若莲，2006），不同家庭结构的农村老年人的经济需求、生活照料需求和精神需求存在着明显的差异（张红、李会，2008），老年人选择养老方式除了会受年龄、子女和自身婚姻状况等个人因素影响外，其选择养老方式也会受到生理状况、社会功能、每月基本社会费等因素的影响（邓颖、李宁秀等，2003；陈功，2003；宋健，2006）。老年人与其子女的代际交换存在明显的性别差异（宋璐、李树茁，2008），老年人对养老服务需求与其日常生活自理能力、经济负担能力、居住方式和老年人主观愿望有关（郅玉玲，2011）。不再婚、无子女及住老年公寓的老年人获得正式关系生活照料的可能性大（许传新、陈国华，2005）。

3. 满足养老需求的对策建议

要满足农村老年人特殊而多样化的养老需求，不是单个组织单个人能解决的，而是家庭、社区和国家都应承担相应的责任，这已是学者们的共识。我国农村老年人养老需求大，不可能仅依靠某种单一的养老方式（曹晓燕，2011），政府应加大社会养老保障力度（王树新、赵智伟，2007；周沛、管向梅，2011），大力发展专业化、制度化养老机构（于潇，2001），从政策上鼓励和扶持社会服务体系的发展，对社会养老机构实行分类别、分档次管理，能满足不同收入阶层老年人的养老需求（曹晓燕，2011），建立以社区为依托的老年照料服务体系（钟涛、吴国清，2008），形成国家、家庭、社区、个人相结合的老年照料体系，通过增加养老储备和生活收入的方式来提高老年人的经济独立性（宋健，2006），积极推进新型农村合作医疗，建立农村老年人口医疗救助制度（周绍斌，2007），开通慈善捐赠渠道，积极发展社会扶助（张善斌，2006），从制度安排、社会支持、社区建设和老年人自身等多个方面协同推进（周绍斌，2007；周沛、管向梅，2011）我国农村养老事业和产业协调发展。

（二）社会支持研究

1. 农村正式养老支持研究现状

20世纪80年代中期，社区型养老保险方案的提出，广泛引起了社会对农村养老问题的关注。随着经济社会发展，人口乡城流动频繁，农村人口老龄化问题也逐步凸显，传统的农村家庭养老压力越来越大，因而，亟须建立农村社会养老保险，从而实现家庭养老向社会养老的转变（崔乃夫，1991）；为了缓解养老保险在筹资上的压力，可以建立自我储蓄为主的农村社会养老保险制度

（熊建国，1997）；为了逐步建立起全国统一标准的农村养老保障模式，可以建立多元化养老保障模式（郝金磊，2010）；在非农人口数急剧增长的大背景下，进行农村养老保险向城市基本养老保险过渡的兼容性设计更稳妥（丁永利，2002），将新型农村社会养老保险的"社会统筹"部分以城镇职工社会养老保险标准为标尺建成农民普惠式的养老制度（李珍、王海东等，2010）。

随着我国新型农村医疗合作制度的建立，学术界对于农村老年人医疗保险问题的研究主要集中在医疗保险费用的筹集机制及其对于农村老年人医疗支持状况等方面。建立长效的筹资机制是使新型农村医疗合作制度成功建立以及良性运行的关键（陈志宏，2012）。另外，农村居民医疗费用问题也是当前农村医疗保障制度发展的最大问题，在农村老年人医疗保障制度面临的筹资来源匮乏的困境下，"低水平、宽领域、深层次、广覆盖"成为目前我国医疗保险制度改革的方向和目标（邓大松、杨红燕，2005）。

在我国关于老年人医疗保障方面存在的城乡二元化差异，不仅体现在医疗保险制度建设上，还体现在医疗服务资源的供给上。农村老年人的健康状况较之于城市老年人来说总体上较差（陈红敬，2012），尽管新型农村合作医疗制度以提高报销比例来鼓励农村老年人在村、镇两级基层医疗机构就医，但由于农村基层医疗机构的医师和设施水平均不高，使得农村老年人在患病尤其是在患"大病"时更加倾向于到县级以上的大型医疗机构就医，农村合作医疗制度解决农民看病贵、看病难的初衷难以实现（杨宇霞，2012）。

由此可见，新型农村医疗合作制度筹资水平较低且支出水平不高，而且村、镇两级基层医疗服务资源匮乏且质量偏低，看病难、看病贵的问题依然无法得到有效的解决。要解决这些问题，关键的一步就是要建立起一种能够覆盖全体农村居民的农村医疗保障制度，满足农村老年人的基本医疗需求。

2. 农村非正式养老支持研究现状

在传统的农业社会中，非正式支持中的家庭代际支持在农村老年人养老支持中占有较大比例。通过分析老年人生活满意度与养老支持之间的内在联系，学者们发现非正式养老支持对老年人的养老支持有很大的影响，并且最大贡献来自其子女，这其中又有一大部分源自家庭养老支持中子女的供养和子女的孝顺。因而，非正式支持对提高农村老年人的生活满意度有着重要的作用（梁渊、曾尔亢，2004），家庭养老是影响农村老年人生活满意度的主要因素（景睿、李向云，2008；王萍、李树茁，2011），同时，和谐的邻里关系对提高农村老年人的生活满意度也有重要意义（金岭，2011）。

至20世纪90年代中后期，社会支持这一社会学概念开始纳入老年人弱势群体的研究视野。关于老年人社会支持的研究较多，主要集中在如下几个方面：①老年人社会支持现状和问题研究。在我国老年人社会支持现状的研究（刘萍、席淑华，2009）基础上，对农村老年人社会支持状况的分析（谷玉冰，2009）。②老年人社会支持的比较研究。家庭居住与机构居住的老年人社会支持进行比较研究（陈传锋，2008）；中国和英国老年人的主观幸福观和社会支持情况进行比较研究（赵阿勐，2011）。③老年人社会支持与心理健康、生活质量的关系研究。空巢老年人社会支持与心理健康进行定量研究（汪莹，2007）；老年人社会支持情况与生活质量的关系研究（张嘉、李立，2004）；生活信心和社会支持情况对生命质量影响的调查研究（张磊、邵晨，2002）；农村社会支持的数量和质量与老年人的生活满意度及身体状况都有显著关系（贺寨平，2002），其中网络的变化对老年人身心状况的影响最大；分析了社会支持与生活满意度之间的关系（李建新，2007）。④老年人社会支持的影响因素研究。对老年人社会支持的影响因素进行系统分析（赵和丹、王金龙，2011）；对社区老年人社会支持情况进行相关因素分析（徐琳、谭小林，2013）。⑤老年人社会支持的对策研究。转变对老年人的社会支持观念，完善村民委员会服务职能（谷玉冰，2009），加强政府立法（谷玉冰，2009）；建立以家人和亲属为中心的老年人社会支持模式（陈成文，2000）等。⑥老年人口社会支持体系的建构。只有通过逐步完善社会保障体系才能使对老年人的正式和非正式支持达到更好的平衡（Du Peng，2013）。采用正式与非正式的社会支持体系划分方法（徐勤，1995），分析老年人需求的满足程度及对老龄政策的选择。在上述研究中，小样本研究居多，城市老年人研究较多，系统研究少，专门针对农村老年人社会支持的研究更为缺乏。

（三）养老需求与社会支持的关系研究

一些学者也探讨了社会支持和心理健康的关系，他们的结论更多的支持社会支持的主效应模型。社会支持对老年人心理健康和生活满意度有显著的正向预测作用（陈立新、姚远，2005；贺寨平，2002），社会支持对老年抑郁有普遍增益作用（王兴华、王大华等，2006），主观支持和对支持的利用度与心理健康显著相关（岳春燕、王丹等，2006）。从老年人需要的内容角度分析，老年人亲情需要、归属需要、人际交往和尊重需要都与社会支持有着较密切的关系，而需要的满足很可能是社会支持与生活满意度和幸福感之间的中介变量。因此，了解老年人社会支持对需要满足度的影响，能够为更好地满足老年人的各种需要提供理论依据。

二、国外相关研究

(一) 养老需求研究

国外学者从家庭功能、女权主义、公共事务等角度对养老资源的供给主体和供给责任进行研究。由于西方国家大都在工业化以后进入老龄化社会,他们所遇到的养老问题不是养老经济资源供给问题,而是老年人的日常照料和精神慰藉等养老服务资源的提供问题。

国外将养老需求的界定归结为"3M":一是 Money(钱),即物质需求或曰经济保障;二是 Medical(医疗保障),也叫医疗保险;三是 Mental(精神需要),包括精神慰藉、心理满足等。素有"福利国家之父"之称的英国经济学家威廉·贝弗里奇在其经典著作《贝弗里奇报告——社会保险和相关服务》中指出,老年人(即超出工作年龄的退休人员)的保障需求有三种:医疗、丧葬补助金、退休养老金或工伤养老金。

国外专家学者对"谁应该为老年人提供养老服务"进行了探讨研究。随着社会和家庭的变迁,家庭养老功能已经不如以往(Walker, 2000)。个人必将对其自身的养老负有越来越重的责任(Chen Sheying, 2009)。一些学者认为,家庭成员仍然是老年人生活照料的主要提供者(Sussan·Hillie, 1999)。而且随着老年人寿命的延长,子女对父母的照料会越来越普遍。随着家庭规模的小型化和妇女劳动参与率的提高,家庭养老资源支持系统功能弱化。因此,通过对欧盟国家的研究,有些学者提出应该由国家和家庭共同提供养老服务资源[1]。当家庭结构不再胜任老年照料任务时,社区应该成为养老资源的供给主体,这也是主流看法之一[2]。

有学者对农村空巢老年人的情感缺失与生活照料问题进行研究,认为很多外出子女在经济上供养着老年人,但这些老年人得到的精神慰藉与生活照料却越来越少(Hugo, 2001)。对农村留守老人的精神状况进行了研究,发现农村老年人的精神状况受到了子女外迁的负面影响,虽然子女对他们提供了良好的经济供养和物质支持,但是他们精神上的孤寂感却与日俱增,变得更加消极

---

[1] Allen Walker, Sharing Elderly? Singapore and the Long-term Care Between the Family Perspective, Who Should Care for the State-A European University Press, 2000.

[2] Rhonda J. V. Montgomery, Edgar F. Borgatta and Marie L. Borgatta, Societal and Family Change in the Burden of Care, Who Should Care for the Elderly? Singapore University Press, 2000.

悲观和沉默少语①。通过对阿尔巴尼亚农村老年人的生活照料状况的研究，发现当地农村老年人的生活照料需求和供给矛盾非常突出。这是因为子女的外迁导致进行日常生活照料主体减少和当地的养老服务资源配置不公平，使农村老年人享受不到足质足量的养老公共服务（J. Vullnetari，R. King，2008）。通过对赞比亚乡城迁移对农村老年人口供养影响的研究发现，由于社区中养老设施的匮乏，老年人的精神需求得不到满足（Macwangi，2004）。通过对阿尔巴尼亚跨国移民研究提出，一方面由于不能自由穿越边境、往返路费成本高等原因，外出子女减少了对老年人的生活照料；另一方面，由于非政府组织支持的老年人照料机构、国家养老机构主要设立在城市并且数量有限，最终造成农村老年人健康状况的恶化以及农村老年人福利和城市老年人福利的不均衡（Russel King，Julie Vullnetari，2008）。

（二）社会支持研究

1. 社会支持的分类

许多研究者运用因子分析等多种方法对社会支持进行了区分。例如运用因子分析方法，将社会支持分为感情支持、小宗服务、大宗服务、经济支持、陪伴支持5项（Wellman and Wortley，1989）；将社会支持区分为归属性支持、满足自尊的支持、物质性支持和赞成性支持4种（Cohen & Mckay，1984）；将社会支持区分为情感性支持、网络支持、满足自尊的支持、物质性支持、工具性支持和抚育性支持（Cobb，1981）；将社会支持区分为情感性支持、社会整合或网络支持、满足自尊的支持、物质性支持、信息支持（Cutrona & Russell，1990）。凡此种种分法，实际都可归纳为情感支持、物质支持（物资、金钱和服务）、信息及陪伴几种类型（Walker，M. E，S. Wasserman & B. Wellman，1994）。

2. 老年人社会支持研究

在诸多的文献中，国外的老年人社会支持研究主要集中在三个方面：

（1）对于弱势群体社会支持现状和问题的研究。对于患有疾病的老年人来说，良好的社会支持可以作为老年人战胜疾病、维持良好心理状态的重要因素；亲属的社会支持对处在危机事件中的对象有着重要作用（Antonucci，1985）。

---

① Mitiades H B. The Social and Psychological Effect of an Adult Child´s Emigration on Non-Immigrant Asian Indian Elderly Parents [J]. Journal of Cross-Cultural Gerontology, 2002 (17)：33-55.

（2）对于研究对象的角色关系和社会支持提供的关系研究。当研究者发现不同的个人关系提供不同种类的社会支持后，许多研究者抛弃了将社会支持当作整体结构的看法，开始进一步检验关系的数量和性质以及它们如何影响支持的提供。不同角色提供不同的支持，提供支持的种类与关系强度有关（Wellman，1988）。

①关系强度。格拉诺维特于1973年在美国《社会学》杂志上发表了"弱关系的强度"，对于关系强弱的测度及弱关系的作用进行了深入探讨。他从互动的频率、情感强度、亲密程度和互惠交换四个维度定义了关系强弱，认为互动的次数多、感情较深、关系亲密、互惠交换多则为强关系，反之则为弱关系。还把关系强度和资源的提供与个人的行动联系起来（Lin，1982）。工具性行动（如购买物资、寻找工作、找对象）需要多种多样的资源，因而更可能利用弱关系来达到目的。表现性行动（如倾诉心中的苦恼、共同娱乐等）则主要是保持个人的资源，因而更可能通过与自己相似、关系亲密的人即强关系来解决问题。用逻辑斯蒂克回归表明强关系比其他关系提供更多的服务和情感支持，而且强的朋友关系提供更多的陪伴支持（Wellman & Wortoley，1990）。

②亲属关系与朋友关系。一些研究比较了朋友和亲属提供的社会支持的差异，如果亲属和朋友都不提供社会支持，人们对朋友的不满胜于亲属（Crohan and Antonaci，1989）。朋友提供的感情和工具性支持没有父母和成人子女多，但和兄弟姐妹几乎一样，且比兄弟姐妹提供更多的陪伴性支持。许多没有亲属关系的人经常有亲密的朋友，这些朋友像亲属一样提供各种各样的支持。另外，邻居则主要提供日常陪伴和较少的物质支持（Wellman & Wortley，1989）。

③空间接近与交往联系。空间接近仍在个人社会网络中起着重要作用。有研究证明，10%~25%的有活力的关系在本地。空间接近程度与相互交流的频繁度成正相关，第一次东约克调查证明，调查者与那些住得近的人交往频率更高，但是此研究并未发现面对面互动的频率与关系强度存在多大的关系。调查者大多数时候与弱关系（如邻居或同事）频繁接触（Wellman & Wortley，1990）。频繁的接触能够导致更多的支持性关系（Homans，1961）。与强关系（如关系亲密的邻居和同事）的经常性的面对面交往能使双方得到物品和服务上的支持。然而，与强关系的交流与感情支持或金钱支持没有关系，且与弱关系的经常交往与任何社会支持都没有关系（Wellman&Wortley，1990）。

④相似性。因为具有相似性的人们容易形成共同的兴趣，从而容易相互取得理解和支持（Marsden，1988）。而具有不同地位的人更容易相互支持（Barone, 1991)。因为具异质性的人们更愿意产生互补性,相互交流物资和服务。对东约克人的调查则证明,只有年龄异质性和职业地位同质性才与提供支持高度相关。那些具有相似职业地位的网络成员更愿意交换小宗服务,年轻人更可能向老年人提供体力劳动的支持,而老年人则更可能向年轻人传授知识、技能(Wellman & Wortley, 1990)。

（3）对于社会支持的比较研究,包括国家间、城乡间等。利用北京和利物浦两市老年人的数据得出结论:性别、家庭成员构成、出生地和宗教是影响利物浦老年人社会支持的因素;而对于北京老年人而言,家庭成员构成、受教育程度、房屋居住时间等是影响老年人社会支持的主要因素（Wenger, 1998）。

（三）养老需求与社会支持的关系研究

对老年人而言,健康积极的老龄化过程,不仅需要必要的物质和精神生活条件,社会支持系统也起着非常重要的作用（Besser & Priel, 2008）。社会支持通常是指来自社会各方面如父母、子女、亲戚、朋友等给予个体的精神或物质上的帮助和支持的系统,它有助于人们应对各种生活变迁、危机事件和不利的环境,提高生活质量和幸福感（Cohen & Wills, 1985; Schnittker, 2008）。已有研究表明,具有良好社会支持的老年人通常会有较高的生活满意度、积极情感和较低的消极情感（Gow, Pattie, Whiteman, Whalley & Deary, 2007; Kahn, Hessling & Russell, 2003）。

三、研究述评

综上所述,我们可以发现农村现有的养老支持系统研究现状包括以下特点:第一,从正式的养老支持来看,一方面农村社会养老保险制度的不完善,实施力度的不够以及政府经济支持力度的不足,农民个人的缴费意愿不高,筹资方面存在一定的难度,从而使得社会养老保险在农村的覆盖范围小,保障水平较低,而且在法律规范方面存在着无法可循的状况,同时在制度管理上也存在着许多缺陷等。这些问题的存在对于农村社会养老保险的发展来说都是挑战,而从目前的发展来看,社会化养老在未来将是农民养老的必然选择和最优选择,因此,这些问题都亟待解决。另一方面,我国新型农村医疗合作制度筹资水平较低且支出水平不高,而且相对于城市而言,村、镇两级基层医疗服务资源匮乏且质量偏低,从而看病难、看病贵依然是农村老年人得不到可靠的医疗保障的严峻问题。因此,要解决这些问题,关键就是要建立起一种能够覆盖全体农村居民的农村医疗保障制度，使农村老年人看得起病，治得好病，满足农村老年人的基本医疗需求。第二，从非正式养老支持来看，家庭养老作为保障农村老年人日常生活的主要方式，配偶及子女对老年人的支持对老年人来说有着重要的影响，但是随着家庭结构的不断转变以及家庭规模的不断小型化，家庭养老的负担不断加重，子女对老年人定期或不定期的经济支持对于保障其生活的稳定性有一定的难度。因此，从老年人自身来看，老年人应树立自我养老的意识，主动参与到家庭和社会生活当中，从而可以提高老年人自身的养老水平。从政府方面来看，应加强对农村尊老、爱老的宣传教育，从而可以加强子女对老年人全方位的支持，发挥子女在老年人养老支持中的积极作用。

国内外学者均对养老服务需求、老年人社会支持等给予了较大的关注。在养老服务需求方面，都认为有必要开展养老服务，并对养老服务需求的内容、影响因素以及养老服务支持进行了研究与分析。在老年人的社会支持方面，分析研究了社会支持网的测度、社会支持网的类型和模式。大多数研究者将社会支持分为物质支持、信息支持、情感支持和陪伴支持四种。在养老服务体系的研究中，都将政府责任放在首位，并系统提出了我国养老服务体系的基本框架。

纵观以往的研究，存在着一些不足。首先，对于养老支持的研究较为分散，缺乏系统性论述，国内对于农村养老问题的研究成果大多数是集中在农村老龄人口的生活现状、农村养老模式的探索、农村养老保险问题等方面，对农村老年人的养老服务需求关注较少，或者是单独考察机构养老需求、社区养老需求，缺乏对不同类型养老服务需求的比较；其次，理论较为成熟，但可行性分析与实践性较为薄弱；最后，研究视角、层次略显单一。只有多层次、多角度研究养老社会支持问题，才能提供多样化服务以满足农村老年人的养老需求。不难发现，我国以往关于老年人社会支持网络的研究主要侧重于理论范式的引入和本土实证过程的研究。本书认为养老保障是一个由家庭、社区、单位、国家等主体共同承担的综合性的社会支持问题，因此，探讨农村老年人的社会支持，首先应该整体把握农村老年人的养老需求，分析和评估现有社会支持网络在满足农村老年人需求过程中出现的偏差，从而更有针对性地对农村老年人进行养老社会支持。同时，充分考虑农村老年人个性化需求，对农村老年人社会支持体系进行重构，尝试构建养老需求与养老供给相平衡的农村社会养老支持体系。

第三章　中国特色社会主义农村养老思想概述

实践充分证明，中国特色社会主义，是中国共产党和中国人民团结的旗帜、奋进的旗帜、胜利的旗帜，是当代中国发展进步的根本方向。中国特色社会主义农村养老思想是植根于社会主义初级阶段，将中国实际和发展需求相结合产生的保障农村人口老年生活的观念和观点，是中国特色社会主义民生思想的重要组成部分。梳理、明确中国特色社会主义视域下的农村养老思想，有助于保障和改善中国特色社会主义新时代下农村养老社会支持体系，进而提高农村老年人的生活品质。

第一节　改革开放以来我国农村养老的历史演变与现实选择

一、改革开放以来党和国家对农村养老问题的重视

马克思在《资本论》中指出，有劳动能力的人必须为社会上还不能劳动或已经不能劳动的成员而不断的劳动。其中"已经不能劳动的成员"就主要是指那些因年长、体弱而不能参加劳动的老年人，这就为构建中国特色社会主义养老保障制度奠定了坚实的理论基础。

改革开放以来，我国历届领导人都十分重视"三农"问题，农村养老问题更是备受关注。邓小平认为社会保障的核心是通过发展生产力来发展社会保障事业。从生产力发展出发，阐述了养老与经济发展程度的关系，强调要发展好养老事业，必须坚持社会保障与经济发展水平相协调这一原则，这一原则对于我们思考当前养老问题仍具有启示意义。

改革开放以来,我国一直在适时调整社会保障体系建设方针。20世纪80年代,我国开始恢复"国家—单位保障制度"。20世纪90年代,我国开始推进"国家—单位保障制"向"国家—社会保障制"转型,我国社会保障体系建设的方针是"广覆盖、低水平、多层次"。进入21世纪,社会保障方针调整为"广覆盖、保基本、多层次、可持续"。党的十八大报告则提出"全覆盖、保基本、多层次、可持续"的社会保障方针,把"广覆盖"改为"全覆盖",一字之改,意义重大,充分体现了我国始终坚持社会保障水平与生产力发展水平相协调这一原则。

习近平总书记在党的十九大报告中指出,"积极应对人口老龄化,构建养老、孝老、敬老政策体系和社会环境,推进医养结合,加快老龄事业和产业发展。城乡区域发展和收入分配差距依然较大,群众在就业、教育、医疗、居住、养老等方面面临不少难题""带领人民创造美好的生活,是中国共产党始终不渝的奋斗目标""要抓住人民最关心、最直接、最现实的利益问题",突出重点,优先解决。建立与完善社会保障体系是改善民生、提高人民获得感和幸福感的基本途径,农村老年人的养老问题又是社会保障体系建设中的重点和难点。加强社会保障体系建设,"全面建成覆盖全民、城乡统筹、权责清晰、保障适度、可持续的多层次社会保障体系"是解决农村养老问题的关键环节[①]。新时代下积极应对养老问题依然是发展的重中之重,我国农村养老问题必须提上日程。亟待解决的农村养老问题在新时代下依然是实现社会健康发展和人民共同富裕的关键所在,刻不容缓。

二、新时代我国农村人口老龄化现状与特点分析

(一)城乡倒置

我国人口老龄化呈现城乡倒置的特点。在乡村人口流动加快、农村经济条件落后的同时,农村人口老龄化水平却较城市更高。由表3.1可见,"五普"和"六普"时农村老龄人口的数量和比例均高于城镇。由图3.1可见,2005年以来,我国农村人口老龄化水平呈逐年上升趋势,增速快,而城镇人口老龄化率增速缓慢,其中2010年还在下降,之后一直缓慢增长,农村人口老龄化的绝对量和增长率均显著高于城镇[②]。

[①] 习近平. 决胜全面建成小康社会夺取新时代中国社会主义伟大胜利——在中国共产党第十九次全国代表大会上的报告 [EB/OL]. 2017-12-16. http://news.xinhuanet.com/2017-10/27/c_1121867529.htm.

[②] 丁玉龙. 农村人口老龄化与城乡收入差距 [J]. 华南农业大学学报, 2018 (1): 105.

表 3.1　　　　"五普""六普"城乡人口老龄化水平

	2000 年 65 岁及以上人口（%）	2000 年 60 岁及以上人口（%）	2010 年 65 岁及以上人口（%）	2010 年 60 岁及以上人口（%）
农村	7.48	10.89	10.06	14.98
城镇	6.42	9.68	7.80	11.69

数据来源：根据全国第五次与第六次全国普查数据计算得出。

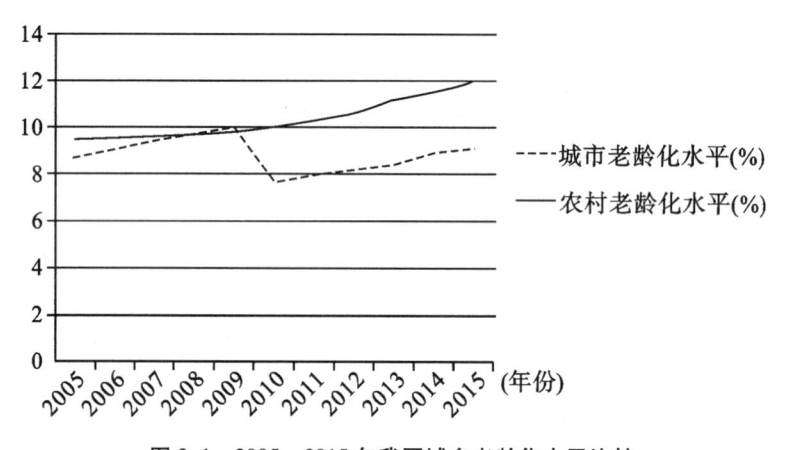

图 3.1　2005—2015 年我国城乡老龄化水平比较

（二）"三化"现象并存

农村"三化"现象是指农村老龄化中"少子化""高龄化""空巢化"三种现象共同存在。"三化"现象势必将农村养老问题显性化。有数据显示，2000—2010 年的十年间，我国农村空巢老人的比重由 37.9%上升到 45.6%[①]。《2011 年度中国老龄事业发展统计公报》也显示，2010 年我国农村空巢老人的比例为 45.6%，其中独居老人达 10.6%，且这一比例仍呈上升趋势。空巢老人面临最严峻的问题就是生活照料无保障，精神慰藉较为匮乏，对于养老服务的需求也更为迫切。传统的养儿防老逐渐淡化，新型社会养老在农村的发展还一波三折，"三化"叠加的农村老龄化形势带来的挑战是可想而知的。

（三）家庭养老为主的养老方式

在农村，多数老年人的养老主要还是依托家庭来完成。在农村人口老龄化进程速度加快的同时，农村老年人的家庭结构、居住模式都发生了较大的变

---

① 罗瑶, 孙建娥. 我国农村空巢老人养老服务研究综述 [J]. 社会福利（理论版），2017 (7)：18.

化，传统的农村家庭养老很难继续长期发展下去。农村年轻人赡养父母的压力更大，既要兼顾经济支持又要负责照料支持，二者时常不能兼得，因而农村年轻人赡养老人的情况比城镇的情况更为严峻，如果不做好随时迎战的准备，社会和谐稳定也会受到影响。所以在"三化"共同存在的情况下，在家庭养老难以长期持续下去的情况下，农村养老问题要更加积极寻找可行的措施，更迫切需要完善农村养老保障体系等来应对这一情况。

（四）多数农村老年人口受教育程度低和劳作时间长

与其他年龄结构的人相比之下，我国农村现有老年人具有以下特征：从文化水平上来看，目前农村60岁以上的绝大多数老年人接受教育的最佳时间均在改革开放前，当时农村的经济社会状况以及农村教育发展严重滞后，所以他们受教育程度普遍较低。从职业来看，他们基本上都是资深的农业劳动者。从劳动时间来看，他们属于终生为农业付出劳动的人，再加上农村土地经营的分散性、农业生产的脆弱性以及农业生产受季节气候地理位置等因素影响的局限性，尽管看起来农村老年人的自主权比较大，但实际可支配收入远远没有想象的多。

（五）未富先老，贫困老人多

在我国农村人口老龄化越来越严重的同时，农村老年贫困问题也日益凸显出来。据全国老龄办数据显示，农村老年人贫困发生率为8.5%，相当于城镇的3倍以上[1]，农村老年贫困发生率远远高于城镇。新时代，随着农村经济社会结构的改变，家庭结构发生了较大变化，形成了大量空巢老人"老无所依"的局面，他们收入有限，仅靠微薄的土地和养老金收入以及子女的支持度日。这部分老人的社会保障缺乏或不到位的现象严重，因病致贫、因病返贫的风险较大，养老生活处境艰难。

三、新时代我国农村主要养老模式分析

新时代，受城市化和现代化的影响，农村老年人子女数量减少和子女流动频率增加，老年人的家庭规模、结构和功能发生了变化，老年人和子女们的养老思想观念也发生了较大变化，我国农村养老模式重构俨然已成为配合我国经济发展不可或缺的一个重要环节。国内专家学者们大都认为我国农村以家庭养老为主的传统养老模式正面临前所未有的挑战。

（一）家庭养老依然是主要养老模式

当前我国农村经济社会发展的客观现实、农村生产力的发展水平以及农村

---

[1] 严佩升，等.农村老年贫困问题研究综述[J].河南科技，2014（2）：215.

社会化养老配套政策不完备等因素，制约着农村实施全面社会化养老的现实发展，家庭养老依然是当前我国农村老年人最主要的养老模式。但在城市化带来的农村空心化背景下，农村家庭养老的功能发生了变化。家庭能否给老年人提供养老保障受文化认同、家庭成员经济支持和照料支持的可获得性、在地理意义上的可获得性、家庭成员的经济能力和提供养老服务的意愿等多因素影响。农村大量青壮年向城市转移，长期留守在农村的往往是"6199"的老年人和孩子，留守老人主要靠夫妻相互扶养，老年人不仅要自我养老，还要从事农业生产、孙辈照顾，传统意义上的家庭养老功能逐渐弱化。

（二）家庭和社区联合养老等新模式初见端倪

从整体来讲，我国农村社会养老发展还处于探索阶段、起步阶段，表现为多种实践形式，但发展力量相对薄弱。新时代，各地农村积极推进社区居家养老服务，它结合了传统家庭养老与新型机构养老的优势，将传统家庭养老和现代社会养老进行有效衔接，成为实现农村社会养老的重要过渡阶段，为广大农村老年人所认同。从经济因素上看，由于财政对农村养老的投入不足，农村社区建设相对滞后等因素影响，当前在农村展开大规模普惠式农村社会化养老服务较为困难。而农村社区居家养老方式降低了社会养老投入难度。从养老形式来看，将家庭和社区结合的养老形式，是一种具有准公共服务的公益性和福利性的养老形式。社区居家养老服务摆脱了养老机构服务的弊端，老年人既不需要离开自己熟悉的生活场域，也不需要改变原来的生活习惯，不中断原有社会网络，非常契合当前我国农村老年人的养老心理。从社会意义上来看，农村社区居家养老能成为提升农村居民社会化服务意识的有效途径，虽然现在只是作为一种过渡的养老形式存在，但最终仍能推进农村养老的社会化进程。目前，我国农村社区居家养老还在进一步探索中，政府支持力度不够、农村社区组织力量不强、社会参与积极性不高，致使农村社区居家养老服务的协同化运作短期内难以实现，仍需要政府提供相应支持。

（三）机构养老为有益补充

党和政府非常重视农村老年人社会保障和生活福利问题。全国各地陆续对农村"五保"老人实行了带有救济性质的"五保"制度。目前我国农村机构养老主要是以公益或低收益的方式为农村"五保"老人提供养老福利服务，具有公益性、救济性但覆盖面窄，也就是只有无子女的"五保"老人才在公共养老机构的覆盖范围内。由于农村经济发展水平较城市低，受农村居民养老观念的限制，农村私营养老机构较少。农村老年人中养老需求最迫切的往往是子女经济较差，子女又长期在外务工，难以对老年人提供恰当生活照料的老年人，而这部分老年人常常在经济上需要自给自足，而随着年龄的增长，劳力的衰退，他们又不能成为机构养老覆盖的对象。这对于空心化背景下的农村来说，养老机构的福利性和最边缘最弱势养老对象的养老需求之间存在错位。

总之，通过对当前农村老年人经济供养方式的考察可知，我国绝大多数农村老年人基本上还停留在家庭养老阶段，其供养类型不够完善，供养渠道单一，传统的养老模式尚未得到根本性改变。目前开展的社会化养老方式，许多措施带有一定的过渡性，在市场经济条件下难以稳定；从严格意义上讲，中国农村老年人的经济供养体系及良性运行机制并没有真正形成。建立符合我国实际的农村养老模式，从根本上解决农村老年人的养老问题，是我国农村经济社会发展和人口老龄化进程中亟待解决的重大问题。

四、新时代我国农村养老困境分析

（一）家庭养老服务功能弱化与养老保障水平不足并存

1. 农村家庭形态发生变迁——农村空心化

农村家庭居住分散，这本身就加剧了农村社会养老发展的难度。伴随人口迁移流动，农村家庭形态发生着变迁，主要体现在：一是家庭规模小型化，由于长期的独生子女政策实施带来的农村生育率下降，农村出现大量的家庭规模小型化现象；二是家庭结构核心化，传统农村家庭多为联合家庭及主干家庭，而现在却以核心家庭为主；三是居住方式空巢化，城市化带来农村空心化，家庭中同时存在留守人口及流动人口，农村空巢老人逐渐增多；四是迁移方式家庭化，以前主要是家庭部分人员迁移，而现在出现了越来越多的家庭整体迁移。

2. 家庭养老服务功能弱化

伴随着新型城镇化、工业化和现代化的发展，农村人口流动频繁，农村家庭人口与经济结构发生了较大的变化，传统的家庭养老趋于解构或严重弱化。年轻一代崇尚核心家庭化，"独生子女"计划生育政策带来的农村"独子养老"现象开始出现，而与农村空巢老人、独居老人和留守老人相对应的农村现代型居家养老、农村社区养老、农村公立社会养老机构等养老服务尚未建立和完善。

3. 养老保障水平不足

在农村土地保障功能弱化的同时，农村社会保障体系还不完善，农村商业保险发展不足。现行农村社会保障体系主要为新农保（新型农村社会养老保险，简称"新农保"）、城乡居保（城乡居民保险，简称"城乡居保"）、新农合（新型农村合作医疗，简称"新农合"）和农低保（农村居民最低生活保障，简称"农低保"）。上海财经大学发布的《2014中国农村养老现状国情报告》中指出，"从收入来源上看，超过样本68.4%的人主要靠子女资助生活；其次是新农保，比例为53.1%；依靠土地收入占比51.4%。新农保政策是农村老年人年满60岁开始每月可以领取至少55元的基础养老金，这对于收入有限的农村老年人来说，这样的保障水平显然过低。至于"五保"供养和农村最低生活保障制度，因其惠及和覆盖的人群有限，显得其服务效力不足。对于我国农村老年人来说，"未富先老"现象普遍，低收入与老龄化进程不相匹配，依靠自身的经济收入提供养老的能力有限。

4. 社会养老基础被侵蚀

农村劳动力人口迁移流动加速了中国农村传统社会结构的瓦解和转型，导致人们之间的交往关系发生着深刻的变化，同时对农村的制度选择和治理绩效产生了一定的冲击作用。大量青壮年频繁外流，致使部分农村社会建设主体缺乏，造成大量土地闲置，大量农村留守老人继续进行小规模、低技术性的农业耕种，导致农村土地收益降低，农业收入不再是农村家庭收入的最主要来源，传统的土地养老保障功能逐步缺失，土地的社会保障功能越来越弱化。农村青壮年人口持续频繁外流导致农村的生活方式、价值观念、交往规则等发生了较大变化，导致农村社会人与人之间的关系更为松散，传统熟人社会下人们的社会支持网络体系被打破，传统农业社会基于血缘、地缘等因素建立的社会交往方式也受到较大影响。老年人可获取的养老社会资源更为单一，尤其是来自非正式支持部分越来越缺乏。在此背景下，农村社区建设，社区文化才刚刚起步。虽然近年来政府不断介入农村社会养老服务体系建设，政府引导不断增强，但农村发展社会养老的金融支持、社会参与、市场运作等因素仍缺乏生长的土壤。农村社会养老发展的基础仍然较差。

（二）农村老年人地位下降与传统孝文化淡化并行

1. 农村家庭内部利益结构发生变化

老年人经济能力下降、生产经验效用递减、照料小孩功能弱化等因素共同导致农村老年人在家庭中的地位下降，成为农村中真正的弱势群体。在传统农业社会里，子女对父母比较依赖，表现在家庭财产、耕种经验、孩子照料、家务料理等方面。城镇化的推进导致老年人对各种资源的控制能力不断下降以及生产经验的作用日益减少。虽然家庭成员之间的交换与互惠关系依然存在，但交换所带来的利益回报难以对等，老年人处于明显弱势的一方。家庭内部利益结构的变化必然带来家庭内部权力结构的改变，改变的结果最终是老年人在家庭中的地位不断下降，亲子关系不再是家庭关系的核心，取而代之的是横向的夫妻关系，这样就会减少家庭其他成员对老年人的关注。

2. 传统孝文化淡化

尊老、敬老、爱老、养老是中华民族的传统美德，子女负有赡养父母的责任和义务是中国传统文化的一个重要特点，儒家文化对"孝"的强调，使赡养老人成为所有中华儿女的内在责任和自主意识，也是衡量其人格的一个重要标准。而伴随着城镇化的推进和农村经济发展水平的提高，多元的新文化极大地冲击了农村地区的传统文化观念，年轻人的自我意识提高，崇尚年轻和自由，个人更注重自身价值的实现，追求个人发展的需求取代了原来家庭至上的观念，这在一定程度上改变了传统家庭中以老年人为中心的文化模式，老年人在家庭中的地位逐渐降低。有些年轻人，不仅认识不到对赡养父母的义务和责任，逐渐丧失了家庭责任感，而且在生活中，还出现对父母不管不问、虐待甚至遗弃父母等现象，严重损害了老年人的合法权益。尊老、敬老、爱老、养老观念的衰退，传统孝文化的淡化，使得家庭支持失去了文化依托，从文化方面弱化了家庭对老年人的支持功能。

（三）养老需求逐渐增加和社会支持满意度低之间的矛盾

1. 养老需求发生变化且存在差异化

改革开放前，农村主要有两种养老方式，一是有儿女的老年人由家庭负责养老，二是无子女的老年人由集体供养，以"五保"供养为主要形式。改革开放以来，由于人口转移、农村空心化，农村的经济获得形式、社会关系结构、人口结构、居住方式、思想观念等都发生了极大变化。家庭养老提供的经济养老功能、生活照料功能、精神养老功能变得弱化，尤其是对生活照料、疾病送医及陪护和精神慰藉方面的需求，成为空心化农村养老最大的问题。

由于农村经济发展的非均衡性，不同地区农村在经济发展、社区治理、社会资本方面均存在较大差异，这决定了不同农村地区对养老形式及养老资源需求的差异化。即使在同一地区的农村，不同老年人的养老需求也有所差异。空心化背景之下，农村老年人居住方式存在较大差异，一部分人随迁到城市永久定居或暂时居住，一部分老年人与孙辈留守在农村，一部分与儿媳及孙辈居住在农村，一部分老年人则夫妻单独居住。目前多数地区的农村老年人均为自主养老，经济自给自足，靠农业为生，这部分老年人对于养老方式最大的需求在于患病时有人送医、医疗照护、生活陪护等。

2. 老年人养老社会支持不足

经济供养支持状况。经济供养支持是指农村老年人从正式的和非正式的社会支持中所获得的钱物支持。它主要用于满足农村老年人的经济需求，并对农村老年人的生活需求起到支撑作用。通过对 CLHLS（2014）数据分析发现，对于 60 岁及以上农村老年人来说，资金来源非常有限，需要依靠子女经济供养的超过一半，约占 61.20%，劳动收入占 11.98%，其次为最低生活保障金占 9.71%，离退休金养老金占 7.71%。

生活照料支持状况。在日常生活照料上，农村老年人主要依靠家庭照料，其中配偶所起的作用非常突出，子女的作用减弱。通过对 CLHLS（2014）数据分析发现，需要日常生活照料的农村老年人中有 95.39% 由家人提供日常生活照料服务，有 1.52% 无人照料，社会照料比例不到 1%。儿子提供日常生活照料的比例（36.14%）排在首位，其次是老年人的配偶、子女的配偶（分别提供的概率为 27.21%、13.88%），其他亲属（包括老年人的父母、兄弟姐妹、其他亲属等）成为家庭照料主体的概率不到 2%。配偶是农村老年人可靠的支持者，但是农村中的独居老年人，他们多数为丧偶和无偶，在获得配偶照料支持方面严重缺失。照料老年人是子女应尽的义务和责任，但是由于子女需要工作或者外出打工等原因，子女对老年人的照料严重缺乏。在农村主要的正式支持应来自村委会，但不管是非独居老年人还是独居老年人，当他们生活照料需要支持时，他们都不会首先选择正式支持。

健康保障支持状况。2003 年起，我国试点实施个人缴费和政府扶持相结合的新型农村合作医疗制度，到 2010 年新农合基本实现了全覆盖，但农村老年人参合率仍未达到 100%。通过对 CLHLS（2014）数据分析发现，"不健康"的农村老年人口中，子女经济供养的农村老年人占 67.92%，其次是劳动收入占 9.43%，最低生活保障金占 7.55%；"不健康"的农村老年人口中，家庭其他成员供养的农村老年人占 89.02%，其次是最低生活保障金占 14.29%。由此看来，在农村范围中，身体不健康的老年人的晚年资助源于家庭，社会保障所占的比重则很小。

精神慰藉支持状况。满足农村老年人精神慰藉需求的范围人群较小，往往集中在血缘或地域较为亲密的人群中。农村老年人的精神慰藉主要依赖家庭成员，配偶不仅是自己生活照料方面的主要支持者，还是自己遇事时的主要倾诉对象，由于老年人夫妇长时间生活在一起，夫妻双方对彼此的性格情绪和精神需求更为敏感，能够找到最直接有效的方法彼此安慰。子女与老年人之间的亲情关系，是老年人精神慰藉的重要方面，和子女同住的老年人自然和子女联系密切，不和子女同住的老年人缺乏及时的情感关注。邻居也成为老年人遇到烦心事的主要倾诉对象，说明邻里间的精神支持是老年人重要的心灵释放途径，特别是对于失去配偶的独居老年人而言,对于这种地缘性的精神支持更为重要。

(四)家庭、社区和政府的叠加效应缺失

家庭、社区和政府是农村老年人养老需求的主要提供者,但各社会支持主体受自身发展条件限制,在为老年人提供支持的过程中逐渐出现了功能弱化、服务缺位、保障不到位等问题,导致目前农村老年人需求得不到满足、部分支持出现真空的问题。

1. 家庭支持的功能弱化

家庭作为非正式支持的一个重要手段,在为农村老年人提供经济支持、日常生活照料、情感慰藉等方面有着其他支持主体无可比拟的优越性。但从本次调查状况看,家庭的支持功能面临一些新的挑战。

给老年人提供养老支持,涉及时间、精力以及情感上的多重付出。尤其是随着工业化和现代化进程加快,越来越多的农村劳动力进入劳动力市场,因此,家庭成员在赡养老年人方面的"困难"其实是时间成本、机会成本和心理成本的上升,这是市场竞争带来的一个普遍问题。许多子女在为老年人提供家庭照料时面临着身体和精神上的双重压力。另外,家庭结构的小型化成为子女照护老年人的又一障碍。如前所述,纯老年人家庭的比例较高,空间的分离使子女照顾父母产生了一定的困难。同时,承担照护角色也会增加子女的经济负担。由于农村老年人的积蓄不足,劳动能力退化,收入极为有限,一旦患病,其治疗费、医药费等将花费不少,在老年人收不抵支的情况下,只能由子女负担这些费用,在一定程度上加大了子女的经济压力。

2. 农村社区支持的服务缺位

我国大部分城市社区已初步形成了以生活照料、医疗保健、文化娱乐、权益保护为主要服务内容的社区助老服务格局,社区通过各项助老服务的开展,解决老年人的生活困难,丰富老年人的生活。但目前绝大多数农村社区为老服务的格局尚未形成,其发展还存在很大问题。

农村社区为老服务的发展受到老年人消费观念、经济资源、技术条件等多种因素制约。开展农村社区助老服务必须有一定的经费支持,但多数农村社区筹资渠道有限,致使社区服务发展的资金支持力度不够。社区助老服务本质上具有社会福利性质,我国的社区服务一直都是由政府投资,依靠政府资助发展起来的。但是随着社区助老服务需求的日趋壮大,单纯依靠政府投入很难满足社区发展的需要。造血能力不强、投资渠道不畅成为制约社区养老服务发展的一大"瓶颈"。另外,我国尚未建立起社区为老服务的管理制度体系和评估体系，为老服务的社会化水平不高，相对制约了其整体效能的发挥。同时社区为老服务也存在着专业工作人员缺乏、志愿者队伍不足等问题。"为老助老"服务的工作人员没有接受过相关的专业教育或有关老年服务知识的正规培训，不仅影响了"为老助老"服务的质量，也制约了社区为老服务事业的发展。

3. 政府支持的保障不到位

现代社会由于家庭养老功能的逐渐弱化，老年人的经济来源和权益保护越来越多地依赖于国家和政府。但是国家和政府在老龄事业中的重要作用还没有引起社会各界足够的重视，也没有得到充分发挥，这成为制约我国老龄事业发展的重要因素。

养老保障是社会保障的重要组成部分，我国城市已实行社会统筹与个人账户相结合的社会养老保险制度，但是由于其遵循"低水平、广覆盖"的原则，对老年人的保障范围和程度均十分有限，很难保证"老有所养"。因此，要尽快完善社会养老保险制度，使社会保障制度法制化，并逐步提升基本养老保险社会统筹层次，提高保障水平。

另外，针对老年人"看病难、看病贵"的现状，国家和政府应逐步完善医疗保障制度，扩大其覆盖范围，并给予老年人群更多的优惠政策，减轻老年人的看病负担。

老龄问题是现代社会热点问题之一，国家和政府应当起到主导作用，努力协调和整合一切积极因素，加速完善老年社会保障体系，逐步满足老年人经济保障、生活照料、医疗保健、精神慰藉等方面的需求，建立完善的社会养老支持体系。

第二节　中国特色社会主义农村养老思想的历史溯源

中国共产党领导的中国特色社会主义国家便是在无产阶级冲击资本主义的背景下应运而生的，是对中国实际和世界格局的最好解答。随着世界多极化、经济全球化、科学技术的日新月异以及文化的不断交融，中国特色社会主义进入了新的历史发展阶段，在纷繁复杂的世界舞台上展现出新的生机和活力。

一、中国特色社会主义的历史进程

中国特色社会主义是科学社会主义与中国特色的有机统一，包括中国特色社会主义发展道路和中国特色社会主义理论体系。中国特色社会主义的发展进程实质上就是中国特色社会主义发展道路不断发展和中国特色社会主义理论体系不断丰富的过程。

(一) 中国特色社会主义阶段性梳理

1. 中国特色社会主义发展历程

中国特色社会主义的发展是以党的十一届三中全会为标志的。十一届三中全会后,中国共产党带领中国人民对社会主义进行了全新的探索,成功的开辟了中国特色社会主义道路,并形成了中国特色社会主义理论体系,确立了中国特色社会主义制度,使马克思主义和科学社会主义发展步入了全新的阶段。

党的十一届三中全会将党的工作重心放到经济建设上,做出了改革开放的重大历史决策,拉开了中国特色社会主义的伟大历史序幕;十一届六中全会通过的《关于建国以来的党的若干历史问题的决议》意味着拨乱反正任务完成,并指出十一届三中全会以来,中国正逐步找到一条适合中国国情的社会主义现代化建设道路[1]。此后的十二大,邓小平提出"把马克思主义的基本原理同我国的具体实际结合起来,走自己的道路,建设有中国特色的社会主义,这就是我们总结长期历史经验得出的基本结论"[2]。这意味着中国特色社会主义这一重大命题正式成立,也意味着中国从此走上一条立足于中国国情实际的特色社会主义道路。中国改革开放和现代化建设全面开展表明中国特色社会主义进入了发展快车道。在此基础上1987年党的十三大提出了社会主义初级阶段理论,并明确了党的基本路线是"领导和团结全国各族人民,以经济建设为中心,坚持四项基本原则,坚持改革开放,自力更生,艰苦创业,为把我国建设成为富强、民主、文明的社会主义现代化国家而奋斗"[3]。党的十四大进一步明确了"建设中国特色社会主义的理论",党的十五大在此基础上做了总结和概括并提出"邓小平理论",这表明中国特色社会主义事业正在不断发展、丰富和完善。

20世纪80年代末90年代初期,以江泽民为代表的中国共产党人坚定走中国特色社会主义道路,通过政治、经济、文化的全面改革推动了中国经济社会的高速发展,并在回答"什么是社会主义""怎样建设社会主义",创造性地回答了"建设一个什么样的党""怎样建设党",提出了"三个代表"重要思

---

[1] 中国共产党中央委员会. 中国共产党中央委员会关于建国以来党的若干历史问题的决议[M]. 北京:人民出版社,1981:54、61.

[2] 邓小平文选:第3卷[M]. 北京:人民出版社,1993:2-3.

[3] 中共中央文献研究室. 十三大以来重要文献选编:上册[M]. 北京:人民出版社,1991:15.

想，意味着中国特色社会主义正昂首阔步迈入 21 世纪，以崭新的面貌站在世界舞台上。

进入 21 世纪，以胡锦涛为核心的党中央沉着应对世界多极化、经济全球化、科学技术飞速发展带来的挑战，全面深化改革，使中国特色社会主义进入了新的历史发展阶段。党的十六大以来，中国特色社会主义在总结历史经验、立足当代中国现实的基础上提出了科学发展观，将中国特色社会主义提升到新的发展水平；党的十八大将科学发展观确立为党的指导思想之一。

党的十八大以来，以习近平同志为核心的党坚持"四个全面"战略部署，统筹推进"五位一体"总体发展布局，进一步推动了中国特色社会主义更深层次的根本性的变革。十九大是中国特色社会主义进入新阶段的起始点，习近平总书记在十九大报告中提出中国特色社会主义进入了新时代，这是中国特色社会主义从诞生到发展至今的又一大历史性飞跃。

2. 中国特色社会主义发展阶段

中国特色社会主义主要经历了以下几个发展阶段：

一是邓小平理论阶段，党的十一届三中全会以来，以邓小平为核心的党中央第一次比较系统地回答了在中国如何建设社会主义和发展社会主义，开辟了中国特色社会主义的新阶段，党的十二大明确提出"走自己的路，建设中国特色社会主义"，党的十三大将中国特色社会主义道路概括为十三条关键概念，这标志着中国特色社会主义理论体系的初步形成；邓小平"南方谈话"和党的十四大指明了中国特色社会主义发展道路，逐渐形成了中国特色社会主义理论体系，党的十五大进一步形成了邓小平理论。

二是"三个代表"重要思想阶段，以江泽民为代表的党中央领导人提出了"三个代表"重要思想，意味着中国特色社会主义理论的发展步入了新阶段。

三是科学发展观阶段，以胡锦涛为核心的党的第四代领导人坚持邓小平理论和"三个代表"重要思想，在综合国内外发展实际的基础上提出了科学发展观，党的十六大首次提出"中国特色社会主义"的概念，此后，党的十七大将邓小平理论、"三个代表"重要思想、科学发展观等重大思想统一为"中国特色社会主义理论体系"，这意味着中国特色社会主义的发展进入了新的历史阶段并不断发展和成熟。

四是新时代阶段，以习近平同志为核心的党中央领导人在党的十九大提出，"中国特色社会主义进入了新时代"，这表明中国特色社会主义进入了全新的阶段，也意味着中国特色社会主义的内涵将更加丰富，中国特色社会主义的形成和发展阶段，就是中国社会不断发展和进步的过程。

（二）中国特色社会主义进入了新时代

党的十九大报告开篇就强调了"不忘初心，牢记使命，高举中国特色社会主义伟大旗帜"，并明确指出"经过长期努力，中国特色社会主义进入了新时代，这是我国发展新的历史方位"，充分显示出中国特色社会主义在新时代将面临着重大的机遇和挑战。

"时代"是指"历史上以经济、政治、文化等状况为依据而划分的时期"①，对中国特色社会主义而言，新时代是党和国家对过去发展经验和未来发展方向综合思考下的重大政治判断，是中国自身发展与世界格局变化的综合产物，意味着从此中国特色社会主义进入了新的历史阶段，也意味着从此以后中国特色社会主义的内涵更加丰富、责任更加重大。历史进程是客观的、不可逆的，中国特色社会主义进入了新时代，中国发展进入了新的历史方位，这"意味着近代以来久经磨难的中华民族迎来了从站起来、富起来到强起来的伟大飞跃，迎来了实现中华民族伟大复兴的光明前景；意味着科学社会主义在21世纪的中国焕发出强大的生机活力，在世界上高高举起了中国特色社会主义伟大旗帜；意味着中国特色社会主义道路、理论、制度、文化不断发展，拓展了发展中国家走向现代化的途径，给世界上那些既希望加快发展又希望保持自身独立性的国家和民族提供了全新选择，为解决人类问题贡献了中国智慧和中国方案""是承前启后、继往开来、在新的历史条件下继续夺取中国特色社会主义伟大胜利的时代，是决胜全面建成小康社会、进而全面建设社会主义现代化强国的时代，是全国各族人民团结奋斗、不断创造美好生活、逐步实现全体人民共同富裕的时代，是全体中华儿女努力同心、奋力实现中华民族伟大复兴中国梦的时代，是我国日益走近世界舞台中央、不断为人类作出更大贡献的时代"②。进入新时代，意味着中国特色社会主义的发展由量变的积累到质的飞跃，是当代中国特色社会主义与时代现实相结合的必然产物，是当代中国特色社会主义与中国实际相结合的必然产物，也是中国特色社会主义与世界发展相适应的必然产物。在中国特色社会主义新时代，中国"社会主要矛盾已经转化为人民日益增长的美好生活需要和不平衡不充分的发展之间的矛盾"③。

---

① 现代汉语词典 [M]. 7版. 北京：商务印书馆，2017：1183.
② 习近平. 决胜全面建成小康社会 夺取新时代中国特色社会主义伟大胜利——在中国共产党第十九次全国代表大会上的报告 [M]. 北京：人民出版社，2017.
③ 习近平. 决胜全面建成小康社会 夺取新时代中国特色社会主义伟大胜利——在中国共产党第十九次全国代表大会上的报告 [M]. 北京：人民出版社，2017.

中国面临着前所未有的机遇和挑战，中国特色社会主义新时代既为未来中国的发展指明了方向，也奠定了中国特色社会主义要不断完善的基调。中国特色社会主义进入新时代表明中国的政治、经济、文化、生态、民生等各个方面均进入了新的历史发展阶段，尤其是习近平新时代中国特色新时代思想的产生，作为马克思主义中国化的最新成果，"八个明确""十四条坚持"为中国特色社会主义的未来发展提供了战略支撑。"尽管我们所处的时代同马克思所处的时代相比发生了巨大而深刻的变化，但从世界社会主义五百年的大视野来看，我们依然处在马克思主义所指明的历史时代。这是我们对马克思主义保持坚定信心、对社会主义保持必胜信念的科学根据"①。

二、中国特色社会主义农村养老思想演变历程梳理

中国特色社会主义新时代是以习近平同志为核心的党中央立足于中国实际，是对新的历史进程下中国政治、经济、社会、文化等多方面综合分析的判断，具有高度的前瞻性。在这个背景下，对中国特色社会主义农村养老思想的进程进行梳理，有助于丰富和完善新时代中国农村养老保障体系。

（一）改革开放以来农村养老思想的产生和发展

改革开放以来，中国共产党带领中华民族，在马克思主义的指导下，不断发展和丰富中国特色社会主义形成了中国特色社会主义民生思想，中国特色社会主义视域下的农村养老思想也发生了翻天覆地的变化。

1. 邓小平：共同富裕

改革开放以来，以邓小平为核心的党中央领导集体提出"效率优先、兼顾公平"的经济发展准则，并在此基础上形成了中国特色社会主义民生思想，即实现共同富裕，并将"富民"作为其民生思想的核心。在这个阶段，"独生子女政策"刚刚实施，中国人口结构十分年轻，以邓小平为核心的党中央意识到实施严格的"独生子女政策"将加快我国未来人口结构转型，意识到改革开放对农村经济社会带来的翻天覆地的影响，受当时经济发展水平的限制，该阶段，在城市开始恢复国家—单位保障制，并推动国家—单位保障制向国家—社会保障制转型，在农村还主要聚焦于如何解决基本的温饱上，"敬老""爱老"思想也主要保障农村老年人的"有所依""有所食""有所住"等基本生理需求层面。尤其是人民公社的逐渐解体使过去的单一社会福利制度逐渐

---

① 习近平. 深刻认识马克思主义时代意义和现实意义 继续推进马克思主义中国化时代化大众化 [N]. 人民日报，2017-09-30（1）.

由特殊救济向普通救助转变，农村老年人的老年生活逐渐由政府、社会以及家庭养老共同保障。

2. 江泽民：代表最广大人民的根本利益

随着市场经济的发展和改革开放带来的经济红利，中国的经济飞速发展，人们的生活水平不断提高，以江泽民为核心的党中央领导集体将实现最广大人民的根本利益作为己任，在社会主义市场经济建设的过程中努力改善和推行民生，将"利民"作为其民生思想的核心。"独生子女政策"实施了十余年，人口年龄结构由年轻型向成熟型转变，中国的经济储备足以应对当时的社会变迁和人口转型，此阶段，以江泽民为核心的党中央高度重视如何提高我国农村老年人的生活品质。

3. 胡锦涛：以人为本、老有所养

进入21世纪，中国特色社会主义理论体系继续发展，以胡锦涛为核心的党中央提出了科学发展观，并指出要发展社会主义就要"以人为本、执政为民"，并指出民生思想的核心是"为民"。在这个阶段，中国步入人口老龄化，以胡锦涛为代表的党中央高度重视老龄化带来的机遇与挑战，农村老龄事业得到了前所未有的发展，2003年开始建立新型农村合作医疗，2004年"国家建立健全同经济发展水平相适应的社会保障制度"被写入宪法，2007年建立农村最低生活保障制度，2009年启动新型农村养老保险试点。农村养老思想由追求"衣食住行"的基本生理需求向满足更高层次的养老需求转变，农村养老保障体系的构建日益呈现出"国家—社会保障制"的特征，也更能满足农村老年人的养老需求。截至2008年年底，我国已将4 284.3万人纳入农村低保，还有63.2万农村人口享受传统的农村社会救济，686.5万人次享受农村临时生活救助；全国农村敬老院有29 452个；全国农村"五保"对象有543.4万人，基本实现了应保尽保。

（二）新时代农村养老思想不断丰富和发展

随着中国特色社会主义进入新时代，经济社会发展，老龄化程度加深，我国老龄事业和产业快速发展，2013年被称为中国"养老元年"，国家和地方层面出台了一系列法律法规及相关的配套政策支持我国老龄事业和老龄产业的发展。中国特色社会主义新时代的民生思想更加丰富，在此基础上的养老思想的内涵更加丰富。

习近平同志在党的十九大报告中明确提出健康中国战略，并指出"积极应对人口老龄化，构建养老、孝老、敬老政策体系和社会环境，推进医养结合,加快老龄事业和产业发展"①。可见,积极应对人口老龄化成为新时代实践健康中国战略的重要途径之一。中国特色社会主义进入新时代,面临新的机遇和挑战,人口老龄化速度加快,城镇化建设加速推进,青壮年劳动力大规模频繁流动,导致了城乡人口老龄化倒置,农村人口老龄化程度不断加大、范围不断扩大,而与此同时,农村养老保障体系建设不完全,农村养老问题更为严峻,这就意味着中国特色社会主义进入新时代这一重大历史阶段,正视农村老龄化问题、解决农村养老问题、提高农村老年人生活水平和生活质量成为新时代保障和改善民生的关键之一。

中国特色社会主义进入了新时代,中国社会的主要矛盾已经发生了变化,人民日益增长的美好生活需要和不平衡、不充分发展之间的矛盾成为新时代中国社会的主要矛盾。在此背景下,以习近平同志为核心的党中央坚持以人为本的发展理念,初步形成了以"惠民"为核心的民生思想,即中国特色社会主义新时代的养老思想也有了新的内涵,也必将发生新的变化。一方面,进入中国特色社会主义新时代,农村老年人养老的主要矛盾在于日益增长的美好老年生活需要和养老保障体系构建不完全,以及养老思想发展不充分之间的矛盾;另一方面,农村老年人对高品质老年生活的追求和现阶段所能提供的养老供给之间的不平衡,农村老年人在物质需求得到满足的基础上对娱乐和亲子的需求增加,同时对医疗保障的需求也增大,但目前的农村养老保障体系发展水平较低,外出就业的子女难以满足农村老年人的亲子需求,农村公共设施建设程度低、娱乐设施匮乏的现实也难以满足农村老年人的娱乐需求,这意味着要提高农村老年人的生活品质就要从多方面着手;此外,中国特色社会主义进入了新时代,社会建设要坚持"效率与公平并重,更加注重公平"的发展理念,农村养老保障体系的构建也要以此为准则,不断缩小城乡差距,进而促进城乡一体化建设的推进和社会主义和谐社会的建设。

可见,中国特色社会主义是不断发展的,中国特色社会主义民生思想是不断发展和完善的,在此基础上的中国特色社会主义养老思想也是不断发展和进步的。同时,随着中国特色社会主义养老思想的不断进步,中国特色社会主义民生思想的内涵势必更加丰富,中国特色社会主义理论体系也必将更加完善,中国特色社会主义农村养老保障体系也必将逐渐完善,中国特色社会主义农村老年人的老年生活水平和生活质量也必将逐步提高。

---

① 习近平. 决胜全面建成小康社会 夺取新时代中国特色社会主义伟大胜利——在中国共产党第十九次全国代表大会上的报告 [M]. 北京:人民出版社,2017.

第三节　中国特色社会主义农村养老思想的相关理论

孝文化是中华民族的传统文化。尤其随着人口老龄化和少子化程度的加剧，养老问题成为中国社会健康发展的民生关键问题之一。党的十三大曾明确提出，"要注意人口迅速老龄化的倾向，及时采取正确的对策，"这表明养老问题在党的十三大就已经成为中国社会经济健康发展必须着力解决的关键点。

随着我国老年人规模的扩大，养老成为现代化建设的重头戏，尤其是地区之间经济发展水平的差异导致大量农村劳动力迁移的距离范围日益扩大，中国人口老龄化呈现出明显的城乡倒置特点。相对城市而言，农村老龄化程度更深。在城乡经济发展水平差异较大、公共建设和养老保障体系建设差异化程度更深的背景下，对中国特色社会主义视域下的养老思想进行审视，不仅是中国特色社会主义民生思想的展现，也是对新时代下中国农村养老问题的又一番创新。

一、相关概念界定

（一）养老思想

"养老"一词可以拆分为"养"和"老"两个字，"养"表示供养、奉养、伺候，"老"表示老年人口，"养老"主要指对老年人日常生活，如"衣食住行"、医疗健康等养老需求的照料和满足。"养老思想"可以拆分为"养老"和"思想"两个词，"思想"是思维和想法，是对待某件事情的看法和观点。因此，可以将养老思想看作是奉养老年人的态度和想法。改革开放以来，随着中国经济社会的不断发展，人均寿命增加，庞大的人口基数导致老年人比例不断增大，老年人对养老的需求不断增加，而养老社会保障体系却没有随之完善，养老供给显得不足。为此，明确当前中国社会养老现状，端正养老思想，有助于完善老年人的养老保障，提高老年人的生活质量。

养老思想贯穿于中华民族上下五千年的历史中，传统文化中的养老思想对中国特色社会主义阶段中国社会养老思想有深刻的影响。一方面，传统孝道中的养老思想尽管提倡以"孝"为基石进行养老，具有一定的局限性，但不可否认对促进社会主义初级阶段中国家庭的和睦和稳定提供了一定的氛围基础支持；另一方面，养老思想作为中华民族文化的重要组成部分，对中国社会的和谐有序发展有重要的指导意义。

（二）中国特色社会主义农村养老思想

作为世界上人口最多的国家，中国老龄化程度正在不断加深，尤其是城市能够不断吸引年轻的劳动力，农村的老龄化程度更深、范围更广，并呈现出不断加重的趋势。在当前中国，农村的老龄化问题主要体现为养老问题。

中国特色社会主义农村养老思想主要指在社会主义初级阶段背景下，农村人口对于养老的观点和看法，主要表现为对农村老年人基本经济供养需求、生活照料需求、健康保障需求、精神慰藉需求等养老需求以及现阶段农村养老支持和养老社会保障体系的思考和满足情况。

二、中国特色社会主义农村养老思想建立的理论依据

随着中国经济社会的高速发展，保障、改善民生成为中国特色社会主义新时代要面临和着力解决的重要问题，而中国特色社会主义新时代民生思想在"以人为本、以民为本"的根本立场上具体体现为"学有所教、劳有所得、病有所医、老有所养、住有所居"五个方面，其中，老有所养成为当前中国社会老龄化、少子化大背景下必须要着重考虑的内容。与此同时，在城乡一体化建设进程的推进下，大量农村闲置劳动力涌入城市，导致农村居民大多为年老、体弱的老年人口和幼龄儿童，而且农村人口老龄化速度快、程度深，这就意味着满足农村居民"老有所养"成为提高农村居民生活质量的关键。

（一）社会福利制度理论

农村老年人属于社会弱势群体，其养老面临着多种困境。一是农村老年人的贫困程度重、范围广。农村老年人往往在青壮年时期以务农或者外出务工为主要职业，在其进入老年后由于身体机能下降退出劳动力市场，自身没有工资收入也没有退休金支持，生活保障往往依靠国家社会的补助以及子女的支持，而国家社会的补助往往水平较低，子女支持又常常仅能满足基本的生理需求，故农村老年人的贫困问题较其他群体更加严峻。二是农村老年人的社会保障低。根据2016年的《城市蓝皮书：中国城乡发展报告No.9——迈向健康城市之路》一书所述，中国农村居民的平均寿命远远低于城镇居民的平均寿命，农村老年人的健康状况较差、生活质量较低，且能享受的社会保障也远远低于城市老年人。三是农村老年人的精神压力较大。《2016年中国卫生和计划生育年鉴》显示，中国农村60岁及以上的老年人自杀率明显高于同年龄段的城市老年人，而且随着年龄的增加，农村老年人的自杀率呈现快速上升的趋势，且农村男性老年人的自杀率远远高于城镇男性老年人。而通过进一步的研究发现，造成农村老年人高自杀率的主要原因在于农村老年人的养老困境，尤其是

农村养老保障体系和医疗保障体系的不健全程度重,农村老年人在遭遇重大疾病或者长期处于"长寿而不健康"的状况中,极易产生极端思想而造成悲剧。

养老保障体系是为了降低国民老年风险进而提高人们老年生活品质的规章制度和保障措施,实质上是一种社会福利体系。社会福利制度指的是国家依照法律法规,结合社会的发展现实,以保证人们一定的生活品质,并尽可能提高人们的生活质量而制定和实施的制度①。社会福利制度要兼顾效率和公平,尤其要重视社会弱势群体。农村老年人作为弱势群体,其本身的养老思想很受限,对养老的诉求常常难以被社会重视,但其养老需求相较于城市老年人而言更加迫切。与此同时,中国社会的福利大多由政府来提供,尽管福利多元理论认为,政府、市场和非正式组织是社会福利的供应方,但中国处于社会主义初级阶段的基本国情下,因此中国社会的福利往往由政府主导和供应。对农村老年人而言,其老年生活容易陷入贫困、压力大、健康水平低的困境中,其老年生活的保障和改善可以随着政府养老保障体系的发展和完善得到提高,这就意味着政府福利制度的完善能够为农村老年人的养老提供一定的保障。

(二)农村养老风险理论

人口老龄化、少子化、城乡发展不均衡、区域发展不平衡等国情现实下,农村老年人的养老有一定的风险性。改革开放 40 年以来,中国共产党带领中国人民坚持走中国特色社会主义道路,高举中国特色社会主义伟大旗帜,不断探索和实践,整个中国社会发生了翻天覆地的变化,社会生活逐步从传统走向现代化,人们的生活水平不断提高。但与此同时,改革开放以来,中国在经济社会转型期过分强调经济增长,其经济发展水平长期处于高速增长阶段,这导致了经济发展水平和社会建设水平存在一定的失调,尤其是在转型期间,城乡发展水平差距较大。尽管城乡一体化建设和城镇化发展取得了一定的成就,但城乡之间户籍壁垒和相对隔离的发展模式仍导致了中国社会的城乡二元结构,尤其是在城市经济社会快速发展吸引了大量农村青壮年劳动力后,农村与城市之间的发展更加不平衡,这也造成了农村老年人的养老风险增加。而农村养老社会保障制度与城镇养老保险制度之间较大的差距便使这一差距得以彰显。农村养老保障体系的不健全、农村养老保障制度的不完善,导致了农村养老思想具有更高的风险性。

风险理论可以追溯到 1986 年,乌尔里希·贝克《风险社会:通向一种新

---

① 彭华民. 中国组合式普惠型社会福利制度的构建 [J]. 学术月刊, 2011, 43 (10): 16-22.

的现代化》中提到,风险社会阶段,工业化的发展势必导致风险占据主导地位,人们就必须将缓解和分配这种风险作为核心;吉登斯将风险社会理论与现代制度相结合,指出现代社会是机遇和风险相结合的产物,并提出"失控的世界"。当代中国社会正进入经济发展、社会发展诸多问题交织的阶段,经济社会的发展中面临着较多的不确定性和风险性,尤其在老龄化程度不断加剧的现实下,农村大范围的老龄化为社会主义和谐发展带来了诸多的风险,农村老年人在面对老龄化加剧带来的诸多挑战和不确定性时更加缺乏相应的制度保障,势必产生更多的担忧和恐慌,而这种处于担忧和不确定性的农村养老恐慌不仅会带给整个农村家庭压力,严重的话还会形成整个村庄,甚至整个社会的养老恐慌。中国特色社会主义进入新时代,要提高农村老年人的老年生活品质,就必须正视农村养老思想中这种源自制度不完善、体系不健全带来的养老恐慌,通过健全农村养老保障体系,降低农村养老风险,减少农村养老恐慌来提高农村老年人的晚年生活品质。为此,要保障农村老年人的养老品质,就要从以下方面来提高社会福利制度的有效性:一是社会福利要以"需要"为前提,要明确农村老年人的养老需求进而"对症下药",切实保障农村老年人的基本生活;二是社会福利要满足"公平"原则,区域发展不平衡和城乡发展差距较大的现实是中国社会的国情之一,养老保障作为一项社会福利制度,就必须兼顾"公平"原则,将不断提高农村养老保障体系完善性作为一项重要的民生工作来做,要逐步缩小城乡老年人由于养老保障制度差异带来的差别;三是社会福利要吸纳社会资本,中国社会的社会保障,尤其是养老保障主要由政府承担,但老龄化程度的加剧使政府的养老保障资金入不敷出,甚至在多地出现"养老金匮乏"的状况,这就要求养老保障系统吸纳社会资本的进入,并将养老作为产品纳入市场运作,进而增加养老金的多样性来源,减轻政府的养老负担。

(三) 马斯洛需求理论

根据马斯洛需求理论,将人类的需求按照从低到高依次分为生理需求（Physiological needs）、安全需求（Safety needs）、爱和归属感（Love and belonging）、尊重（Esteem）以及自我实现（Self-actualization）五个方面,且只有满足了前一层次的需求,人类才会对下一个层次产生需求。中国农村老年人的养老需求是一个发展和变化的过程,且随着中国社会经济的发展而不断变化。中国农村老年人的养老思想发展史实质上是不断满足其养老需求的历史,虽然大致上符合马斯洛的需求层次理论,但在表现形式上呈现出一定的中国特色。

第一层次是生理需求。满足农村老年人的生理需求指的是满足农村老年人的"衣食住行"需求。现阶段，我国农村老年人有所依、有所食、有所住、有所行基本上得到了满足。但在个别偏远的落后地区，交通不便和自然生态环境恶化使其难以得到基本的物质保障，部分老年人由于身体机能较弱而需要长期照料，这就可能由于缺乏子女供养或者经济状况较差而难以满足基本的生理需求，这就要求必须加快农村老年人的社会保障体系的建设，尽可能地将所有老年人纳入养老体系中。

第二层次是安全需求。农村老年人作为弱势群体，其对安全的需求主要体现在对安全感和慰藉感的追求上，而农村养老保障体系的完善和农村医疗保障体系的建设能在一定程度上增加农村老年人的安全感。

第三层次是爱和归属感需求。农村劳动力的大量迁移流出导致农村的老龄化程度重、范围广，老年人长期缺乏子女在身边陪伴，社区融入和人际交往受限，强烈的爱与被爱的感情没有归属，导致农村老年人往往较城市老年人的心理压力更大。

第四层次是被尊重的需求。中华民族自古推崇"孝悌"之义，主要体现在"养老"和"敬老"两方面。一般而言，尊敬父母长辈往往是中国农村养老思想建立的基石，且在中国的历史长河中一直保留至今，即农村老年人对尊重的需求是一直存在的，即使农村老年人的养老问题主要还是处于解决温饱的阶段，农村老年人对尊重的需求也一直存在。但随着经济社会的发展，农村老年人和后辈之间的观念存在较大的差异，如何满足老年人的尊重需求也是农村养老思想的关注重点之一。

第五层次是自我实现的需求。农村老年人由于身体技能退化而赋闲在家，"老有所为"难以实现，其自我价值的实现往往体现在照顾孙辈方面，这就要求在构建农村养老保障体系的时候要关注农村老年人"被需要"的需求，进而提高农村老年人的心理满足感。

第四节　中国特色社会主义农村养老思想的内容与价值

中华民族拥有几千年的灿烂文化，养老思想自古在中华民族传统文化中占有重要地位。随着我国老龄化程度的加重，养老问题成为中国民生思想的主要内容之一，尤其是作为人口基数大、老龄化程度深和范围广的农村，农村养老问题已成为中国特色社会主义现代化建设的基本民生问题。

一、主要内容

立足于中国特色社会主义视域对农村养老思想进行分析，不仅要正视中国特色社会主义新时代背景下农村养老的需求和供给，还要正视经济、社会发展给农村养老思想带来的冲击与变化。思想是行动的指南，要提高农村老年人的生活水平和生活质量，就必须不断丰富中国特色社会主义视域下的农村养老思想，并不断调整以使其与经济社会的发展相适应。丰富中国特色社会主义视域下的农村养老思想主要在于正视农村老年人的养老需求，并通过相应的社会支持、措施和政策保障这些需求得以满足。

想民之所想，行民之所求，这是保障和改善人民生活水平和生活质量的必要条件。农村老年人口之所以面临的养老问题更加严峻，主要在于养老的需求得不到重视和满足。农村养老不仅仅局限于满足农村老年人的"衣食住行"，还包括满足老年人的亲子需求、医疗需求、娱乐需求等多方面内容，要保障农村老年人的物质和精神需求同步得到满足。

（一）满足农村老年人的物质需求

解决"衣食住行"是解决农村老年人养老问题的基础，就阶段而言，农村老年人的物质需求不再受限于吃饱、穿暖、住好、行方便，对物质需求也发生了较大的变化。城乡一体化建设的推进使农村的经济发展水平不断提高、交通不断便利、物流不断便捷，农村老年人居住条件得到大幅度改善，想穿啥想吃啥买啥，公共交通的便捷方便了他们与外界的沟通，物质需求得到了较高水平的满足。但与此同时，一些经济发展水平较低、交通不便的偏远农村，农村老年人在青壮年劳动力大量流出后成为农村的"留守老人"，与外界联系较少，满足物质需求是保障这些地区农村老年人老年生活的最迫切的需求。

对满足农村老年人的物质需求而言，养老思想主要体现在如何对待老年人的"衣食住行"上。要正确认识老年人对物质的需求，在穿着上要考虑舒适和老年人的喜好；在食物上要以老年人的口味和消化状况为基本要求；在住宿上要考虑到老年人起居的特点；在交通上要考虑老年人腿脚不便和身体状况。在保障老年人的健康基础上充分满足老年人对"衣食住行"的需求，提高农村老年人基本的生活保障水平。

（二）满足农村老年人的精神需求

如果说物质需求不再是现阶段农村老年人的主要追求，那么精神需求就成为老年人追求的主要内容。改革开放以来，工业化进程不断推进、户籍壁垒逐渐被打破以及城乡一体化的发展使农村的闲置劳动力不断向经济水平更高、工作机会更多、工资水平更高的城镇迁移，而农村老年人受限于自身职业技能缺失、学习能力较低以及自身思想观念不愿意离开农村，以及部分老年人需要在农村照顾孙辈，兼顾祖产等继续留在农村生活。与此同时，农村地区，尤其是偏远的农村地区，交通不便、资源匮乏、思想闭塞，国家虽有优惠政策但经济社会的发展水平仍然很低，这就意味着农村老年人的老年生活养老保障处于较低的水平。

农村经济不断发展使农村老年人对"衣食住行"的需求得到了一定的满足，而相对于物质需求，农村老年人的精神需求内涵更加丰富。就现阶段而言，农村老年人的精神需求主要源自三个方面。一是亲子需求，农村老年人往往受到传统"孝悌"文化的影响深远，而孝悌文化最基本的是子女对父母的尊重和照料，外出务工就业的子女既因远离家乡而难以近身侍奉，又由于吸收新的文化和观念与老年人存在较大的思想观念差别，这种源自空间和观念上的距离往往导致老年人陷入"不被子女尊重"和"不被子女需要"的精神状态中，往往导致其受到较大的压力而影响其老年生活质量；二是安全需求，老年人由于身体技能下降不得不停止劳动而进入"无所事事"的老年生活中，由于农村养老保障体系的不健全和农村医疗保障体系的不完善，对于身体素质较差或者处于"长寿而不健康"状况的老年人而言，老年生活是充满病痛与不适的，这也是农村老年人自杀率较高的关键原因；三是自我实现的需求，农村老年人在退出劳动力市场之前往往以务农或者外出务工为生，在退出劳动力市场之后往往难以找到实现自我价值的事情，而农村基础设施建设落后，娱乐休闲产业发展缓慢，农村老年人的生活单一，"没有人需要我，日子太没劲了"成为困扰农村老年人，尤其是农村空巢老人的主要观点之一。可见，农村老年人的精神需求是多样的，要保障和改善农村老年人的生活品质，就必须从多个角度着手来满足其精神文化需求。

二、主要特色

社会主义视域下的农村养老思想具有一定的特殊性，表现出明显的时代特色，主要可以从以下角度进行理解：

（一）以传统文化为基础

中华民族历来将"养老""敬老"当作齐家、治国、理政的基本，并将"孝道"大力推行，为此，学者们大力推崇，政府颁布了相关法律政令，整个社会均在推崇和奉行"养老""敬老"思想。养老思想可以追溯到2 000多年前的《管子》，管仲将"孝悌"作为"义有七体"的七体之首，并将养老敬老看作是修身立本的基本,"爱亲善养,思敬奉教,子妇之常也。以事其亲,终而复始……子妇不失其常,则长幼理而亲疏"①。1 000多年前的周朝的《礼记·王制》中有言:"凡养老,有虞氏以燕礼,夏后以飨,殷人以食礼,周人修而兼用之。五十养于乡,六十养于国,七十养于学,达于诸侯,八十拜君命,一坐再至九十使人受""养衰老,授几杖,行糜粥饮食",详细阐述了商周时期人们对不同年龄段老年人口的奉养情况;《后汉书·礼仪志》中也有相似描述:"年始七十者,授之以玉杖,哺之糜粥。"此外,儒家思想也是以"孝"为根本,强调养老、敬老是根本之一。例如,《说文解字》中有云:"孝善事父母者,从老者,从子,子承老也。"《论语·为政》中有言:"今之孝者,是为能养,至于犬马,皆能有养,不敬,何以别?"《孟子·离娄下》中对不孝有以下描述:"世俗所谓不孝者五,惰其四肢,不顾父母之养,一不孝也;博弈好饮酒,不顾父母之养,二不孝也;好货财,私妻子,不顾父母之养,三不孝也;从耳目之欲,以为父母戮,四不孝也;好勇斗狠,以危父母,五不孝也。"《孟子·万章上》中云:"孝子之至,莫大于尊亲。"《孝经》作为儒家经典,尤其对养老思想进行了较系统的阐述,如《孝经·开宗明义篇》中云:"夫孝,德之本也,教之所由生也。"《孝经·庶人章》中云:"用天之道,分地之利,谨身节用,以养父母"等,都对中华民族的传统美德,即养老、敬老、孝老思想进行了较详细的阐述。中国特色社会主义新时代农村养老思想要想切实保障和改善农村居民的老年生活,就必须立足于传统文化中的养老思想。

一是以"孝"文化为基础,发扬养老文化。作为中华民族传统文化的文化基石,"孝"是维持家庭和谐、社会稳定的基础,而养老思想是"孝"文化的基石。以"孝"文化为基础,就要切实理解传统文化中养老思想的内涵并发扬光大。

二是发扬"老吾老以及人之老",提高农村老年人的养老自主性。养老是每个人都要面临的问题,中华民族传统文化中的儒释道均对"孝悌"有所记载和提倡,包括政治制度中的"以孝治国"、寻常百姓家庭的"孝悌之义"等,均将养老、敬老作为社会道德的出发点。而"老吾老以及人之老"无疑是规范人们对待老年人行为的核心准则之一。

三是顺应时代的文化变迁。随着改革开放和经济全球化发展,中国逐渐站在世界历史舞台的中央,世界多民族多种族文化的相互交融,这势必为中国传

---

① 宋玉顺. 论管子"孝"道 [J]. 管子学刊, 2011 (1).

统文化注入新的生机和动力。就"养老"而言,其内涵更加丰富。传统文化中的"奉养"在过去主要表现为子女和父母长辈生活在一起,亲子照顾年迈父母的"衣食住行",并给予父母长辈基本的尊重、满足老年人的基本生理需求,但现代社会中的养老可以在此基础上延伸为雇佣护工照顾老年人的"衣食住行",为老年人购买医疗社保以保障老年人的健康与医疗需求,政府为老年人添置公共设施以丰富老年人的精神需求等。可见,时代的变迁使敬老、孝老、养老的方式更加多样化,内涵也更加丰富。

(二) 立足中国特色社会主义国情的现实

传统文化中的养老对中国社会中家庭的稳定、社会的和谐发挥着重要的作用,但随着中国社会的发展,传统的家庭结构发生了较大的变化。在传统农耕文化中,社会的经济单位往往是以家庭为主,一个家庭的祖孙几代人往往生活在同一屋檐下,大家共同劳作、共同食宿、共同分享劳动成果,而家庭中的老年人也往往是一家之主,在家庭中有最大的权威和话语权,因此对老年人的"养老"集中体现在对老年人的"孝顺"之上,即听得老人言,而此时老年人的精神需求也多为在"子女孝顺"下获得的精神满足,因此比较容易获得满足。但随着城乡一体化和工业化建设的推进,大量年轻劳动力流入经济发达的地区升学或者就业,导致农村"留守老人"比比皆是,甚至出现"独居留守老人";与此同时,随着全球化发展,西方文化对中国传统文化造成了一定的冲击,传统的"孝顺"受到"独立自主、互不干涉"观念的冲击,由于观念和习惯的差异,老年人往往与年轻一代分立而居,老年人的养老问题更加严峻,而树立正确的"养老思想"则是解决农村老年人养老困境的思想根源。

中国特色社会主义初级阶段是我国的基本国情,尽管中国特色社会主义的发展进入了新时代,但中国的基本国情没有变。这意味着中国老年人的养老进入了新时代,意味着农村养老也要进入新的历史发展阶段,立足于国情上满足多层次、多样化的养老需求成为新时代的农村养老思想的主题。随着城镇化建设和城乡一体化进程的推进,大量的农村闲置劳动力由农村转移到城镇,而由于观念和劳动能力的限制,老年人往往难以随之迁移,这就导致现阶段农村出现"老人多、幼龄孩童多、无青壮年"的现实状况,而这些留守于农村的老年人往往难以享受到来自子女的近身奉养,同时还要负责看护照料年幼的孙辈,与此同时,相较于城市的养老保障体系和公共设施建设情况,农村的养老保障体系不完善程度深、养老机构和设施极度匮乏,且农村老年人往往没有退休金,不能满足其基本生活需求而必须依靠后辈,这些因素的综合作用导致了农村养老现状较城市更加严峻。因此,要改善农村老年人的养老现状就必须立足于中国特色社会主义的现实情况,切实考虑到农村老年人的居住和养老现状,同时也要充分考虑与此相关的政策、机构、公共设施建设等现状,从而真正保障和改善老年人的老年生活,提高农村养老支持体系的有效性。

(三) 坚持以民为本

"民惟邦本,本固邦宁",民生问题是一切问题的根本,是经济社会发展的根本性问题。中国特色社会主义民生思想不是一成不变的,是随着中国特色社会主义的发展而不断进步的。马克思的民生思想可以简单归纳为满足人的物质需求、解放工人阶级乃至全体人类进而实现共产主义;列宁在继承和发展马克思民生思想的基础上提出,社会主义制度是解决民生思想的唯一制度,制定切实可行的政策并加以落实才能改善劳动人民的生活。党的十一届三中全会以后,邓小平指出中国处于并将长期处于社会主义初级阶段,而社会主义就是要消除贫困、改善民生,实现共产主义,并针对人口多、底子薄的国情提出了"解放生产力,发展生产力,坚持以经济建设为中心,发展经济,解决人民群众的温饱"的民生思想。此后,以江泽民为核心的党中央继续将民生问题作为社会主义事业的中心工作之一,以最广大人民群众的利益为最高标准,以全面建设小康社会为目标,并规划了"新三步走"发展路径,着力解决民生问题[1];以胡锦涛为核心的党中央领导人坚持以人为本,将民生问题提到战略高度,并提出社会主义新农村建设,并着力完善社会主义社会保障体系来提高农民的生活质量[2]。党的十八大以来,以习近平同志为核心的党中央领导人带领中国共产党和中国人民不断深化改革,将切实保障和改善民生与中国当前实际相结合,坚持以人为本、以民为本的根本立场,将"学有所教、劳有所得、病有所医、老有所养、住有所居"作为民生建设的目标,通过守住底线、突出重点、完善制度、引导舆论的整体思路,并将人民是否真正得到实惠,生活是否真正得到改善作为民生问题解决与否的检验标准,使中国民生事业进入了新的历史发展阶段。

可见,改革开放以来,随着经济水平的不断提高,人们的物质生活得到了保障,保障和改善民生成为中国特色社会主义现代化建设的重要任务之一,也成为中国特色社会主义事业发展的应有之义。农村养老问题作为中国民生问题的重要内容,尤其在中国特色社会主义进入新时代阶段时期,必须给予高度重视。也就是说,中国特色社会主义农村养老思想必须建立在民生基础上。一切

---

[1] 江泽民文选:第3卷 [M]. 北京:人民出版社,2006.
[2] 胡锦涛. 高举中国特色社会主义伟大旗帜为夺取全面建设小康社会新胜利而奋斗——在中国共产党第十七次全国代表大会上的报告 [M]. 北京:人民出版社,2007.

为了人民，一切依靠人民，这是马克思主义政党最鲜明最坚定的政治立场，也是中国特色社会主义农村养老思想的指导思想。保障和改善中国特色社会主义农村养老体系必须立足于中国特色社会主义实际，以民生思想为基础，将农村老年人的养老问题和农村现实情况相衔接，真正做到满足农村老年人的美好生活需要，切实提高农村老年人的生活质量和生活水平。

(四) 具有高度实践性

作为贯穿中国特色社会主义养老思想的主线，实践性是保证养老思想能够切实落地，指导养老政策和养老行动的保障。中国特色社会主义农村养老思想是与中国特色社会主义现实、中国农村社会现实高度契合的，通过切实可行的措施提高农村老年人生活水平和生活质量，同时也是不断丰富和发展的，也是与中国特色社会主义社会的现实紧密结合的。正如中国特色社会主义民生思想是不断发展的，中国特色社会主义养老思想自诞生之日起便是不断发展和完善的，随着社会经济的发展，我国农村养老思想也在不断丰富和完善之中。

中华人民共和国成立伊始，作为典型的农业大国，国家的养老集中体现在农村养老中，而此时的农村养老问题主要是解决最基本的温饱，尤其面对当时国家经济发展水平低、社会百废待兴的现状，农村养老思想也主要是如何满足老年人的基本的生理需求。改革开放以后，中国发生了天翻地覆的变化，尤其是市场经济的不断发展使中国人民的生活水平大幅度提高，解决温饱不再是民生思想的主流，兼顾公平成为保障和改善民生的重中之重。相比于城市养老思想，农村养老思想发展相对缓慢、发展水平较低，虽然绝大部分农村的养老思想是围绕着如何提高老年人的生活品质，但仍然有部分偏远地区的农村的养老思想还局限于解决老年人的"衣食住行"的基本生理需求上，这就意味着对于此时的农村养老思想而言，保障公平成为社会养老保障体系的关键，即提高农村养老保障水平、完善农村养老保障体系成为社会主义社会民生思想的关键。随着中国特色社会主义现代化进程的不断推进，中国特色社会主义视域下农村社会的养老思想也在不断完善，尤其是中国特色社会主义的发展进入新时代后，农村养老思想势必立足于更好地满足民生建设的诉求，势必在社会主义初级阶段的基本国情基础上逐步完善，以保障和改善中国特色社会主义新时代农村老年人的生活需求和生活品质，进而更加适应中国特色社会主义新时代的经济和社会发展要求。

三、当代价值

中国特色社会主义视域下的农村养老问题的本质在于提高农村老年人的生

活水平和生活质量，其核心在于农村老年人的养老需求是否得到满足。中国特色社会主义新时代的农村养老思想是在继承和发扬新时期养老思想的基础上，立足于中国特色社会主义新时代的经济社会现实，提出的有利于保障和改善中国农村老年人生活水平和生活质量的观点和看法，对于着力解决中国特色社会主义新时代的民生问题有着重要的理论与实践价值和意义。

（一）理论价值

中国特色社会主义农村养老思想是中国特色社会主义养老思想的重要组成部分，也是中国特色社会主义民生思想的有机构成，体现了中国特色社会主义在这一新的历史阶段的飞跃。

1. 发展了马克思主义养老思想

中国特色社会主义视域下的养老思想是立足于马克思主义立场、观点和方法论基础上的，是在坚持马克思主义民生思想理论的基础上将其中国化并加以发展，是建立在中国化的马克思主义民生思想上的养老思想，充分体现了马克思主义养老思想的精髓。马克思主义养老思想认为，老年人要生活就要优先解决"衣食住行"问题，并在有所食、有所饮、有所宿、有所行的基础上进一步满足精神文化需求。在中国特色社会主义视域下，农村养老思想要坚持马克思主义养老思想中国化形成的社会主义养老思想，充分考虑农村老年人口基数大、医疗社保系统不完善、养老保障体系不健全等现实，重视农村养老现实，发展农村养老思想，改善农村养老体系，通过经济建设、城乡一体化建设、户口制度改革、完善养老体系等一系列措施逐渐提高农村老年人的老年生活水平和生活质量，进而实现农村老年人的"老有所养、老有所医"，实现马克思主义养老思想在中国特色社会主义农村的落地和进一步发展。

2. 体现了中国特色社会主义民生思想

中国特色社会主义民生思想是中国特色社会主义理论体系的重要组成部分，是中国特色社会主义养老思想的基石。中国特色社会主义民生思想包括四个方面的内容：一是发展教育事业，强化政府办学、增加公共教育投资，不断完善公共教育投资体系，并在此基础上推进公益性教育和公平性教育，尤其要推进农村户口的适龄学子享受到和城市户籍学生同样的教育资源；二是促进就业，保障平等就业和公平分配，就业是民生之本，保障就业公平和分配公平为民生建设奠定了基础，而促进就业就是要建立相应的保障机制，拓宽就业渠道，破除城乡壁垒并提倡公平就业和自主就业，减少信息不对称导致的就业障碍和失业，提倡"一分劳动一分收获"，促进公平分配，并不断完善劳动力市场；三是完善社会保障体系，要以人为本，充分考虑社会主义社会的现实和人们的生活需求，不断完善住房保障体系、养老保障体系、医疗保障体系、失业保障体系等体系的建设；四是要对弱势群体进行维护，社会主义社会的目的是促进共同富裕，要推进社会主义和谐社会建设就要在推动经济社会大力发展的同时兼顾社会弱势群体，尤其是弱势群体的生计问题往往是社会主义社会民生建设的底线和整个社会发展速度和活力的底线，这就要求在现阶段的发展中必须充分考虑弱势群体的需求，并结合中国特色社会主义的实际对其加强维护。

随着中国社会经济的发展，人民的生活水平不断提高，改善民生的实践也在不断推进。农村老年人作为相对弱势群体，其生活既涉及养老保障，又涉及对弱势群体的维护，是社会主义民生问题的重要内容。明晰社会主义视域下农村养老思想是保障和改善该弱势群体生活水平和生活质量的基础，有助于切实解决农村老年人的养老社会保障问题，也有助于推进中国特色社会主义养老保障体系的构建，进而促进中国特色社会主义和谐社会的建设。

3. 丰富了中国特色社会主义新时代养老思想

中国特色社会主义进入了新时代，是中国特色社会主义发展历程上的又一次大飞跃，意味着中国特色社会主义的内涵更加丰富，未来更加光明。步入新时代，中国在实现全面建成小康社会、建设社会主义现代化强国的新的历史任务基础上，必须正视中国社会正处于人口老龄化和少子化并存的基本国情和社会现实[①]。

（二）实践价值

实践是检验真理的唯一标准，中国特色社会主义养老思想的实践是检验中国特色社会主义养老保障体系的唯一标准。不断丰富和发展中国特色社会主义养老思想有助于提高农村老年人的生活品质，有助于推进城乡一体化的发展进程，有利于中国特色社会主义养老社会保障体系的构建，增加了中国特色社会主义实践的基本内涵，同时也为世界其他社会主义国家和发展中国家的养老体系构建提供了中国模式的借鉴，为世界的发展贡献了中国力量。

1. 提高了农村老年人的美好生活水平

完善社会主义农村养老保障体系是提高农村老年人生活水平和生活质量的基本保障。随着农村经济的发展，农村老年人的养老需求不再拘泥于满足基本的衣食住行需求，而在于如何满足其精神文化需求和医疗保障需求等更高层次需求。明晰中国特色社会主义视域下的农村养老思想，不仅有助于"对症下

---

① 陆杰华，阮韵晨，张莉.健康老龄化的中国方案探讨：内涵、主要障碍及其方略 [J]. 国家行政学院学报，2017 (5).

药"地完善农村的养老保障体系,而且有助于切实满足农村老年人的养老需求,例如通过设立老年娱乐活动室、增加老年健身设施、组织老幼联谊活动等来满足老年人的精神需求,再比如通过吸纳社会资本进入养老保障体系和医疗健康体系来提高老年人对不可预知风险的抵抗能力,减少老年人的心理压力等,这些建立在明晰农村老年人养老思想基础上的措施才能有效提高农村老年人的美好生活。

2. 加快了城乡一体化发展进程

"效率与公平并重,更加注重公平"是社会主义新时代要坚持的发展理念,尤其是在地区经济发展不平衡、城乡发展不均衡的背景下,推进产能共享一体化发展成为中国特色社会主义现代化建设的必要条件。城乡一体化的概念最早出现在霍华德《明日的田园城市》一书中,并提出"用城乡一体化的新社会结构形态来取代城乡对立的旧社会结构形态"的构想[1],此后,恩格斯在《共产主义原理》中提出"通过城乡的融合,全体成员的才能得到全面的发展"[2],其基本内涵是要实现城镇和农村的公共服务均等化,而公共服务均等化必须建立在公共服务品质均等化和公共资源的配置均等化基础上。就城乡一体化而言,一方面,国家政府应当在现有基本财政支持的基础上尽量平衡城镇和乡村的财政投入,尤其是涉及民生实践的教育、医疗以及养老等领域;另一方面,国家政策要努力平衡城镇和农村的公共服务责任。尽管农村的贫困程度深、社会状况复杂、发展困难,但要实现城乡一体化发展,就必须平衡直接关系到人们基本生活的公共服务。就目前而言,农村养老社会保障体系和城市养老保障体系之间仍存在较大的差距,且农村民生问题集中体现在农村老年人的养老问题上,这就要求在推进城乡一体化发展的过程中必须将完善农村养老保障体系作为农村民生项目的重中之重。

3. 推进了中国特色社会主义新时代的民生实践

农村养老保障体系的构建作为民生工程的重要组成部分,其发展和完善不仅可以保障和改善农村老年人的生活,而且能够推进中国特色社会主义民生实践的发展。中国特色社会主义农村养老思想是中国特色社会主义民生思想的体现,其核心在于明晰农村老年人的养老需求,并在充分考虑农村社会养老现实的基础上,立足于中国社会主义初级阶段的基本国情和老龄化、少子化严峻的国情之上形成的,通过制度建设来降低农村老年人的养老风险,并提高其老年

---

[1] [英]埃比尼泽·霍华德. 明日的田园城市[M]. 金经元,译. 北京:商务印书馆,2000.
[2] 马克思恩格斯选集:第 I 卷[M]. 北京:人民出版社,1995:243.

生活保障，对中国特色社会主义视域下的农村养老思想的分析势必会促进中国特色社会主义农村养老保障体系的完善，进而会促进中国特色社会主义养老保障体系的发展，进而推动中国特色社会主义新时代的民生实践。

4. 为世界养老体系建设提供了可参考的中国模式

尽管随着经济全球化的发展，世界各国的经济、社会发展均有了一定程度的相互作用和相互影响，但各国的发展仍然不平衡，尤其是广大的发展中国家，由于社会历史、资源储备、宗教信仰、战争疾病等各方面的影响，往往处于经济发展水平较低、社会基本建设有待提高、人民生活水平较低等现实中，甚至难以解决温饱而出现老年人自愿去往人迹罕至的沙漠或者森林饿死的极端情况。与此同时，世界各国的社会文化不同，相比中国上下五千年的文化将"养老""敬老"作为社会风尚、立国安邦之本，大多数社会主义国家的养老思想还局限于小家庭的"人本"思想，但随着经济社会的进一步发展，许多发展中国家逐渐将改善人民生活品质作为了国家的主要任务之一，但养老保障体系的构建仍然比较落后。中国作为世界上最大的发展中国家和社会主义国家，在构建养老体系、改善民生方面取得的一系列成果和经验，不仅可以为世界发展中国家、社会主义国家提供消除贫困、改善人民生活水平、提高老年人生活质量的经验借鉴，而且为与中国国情相似、发展水平相近的国家提供了共同发展的机遇。可见，明晰中国特色社会主义养老思想不仅有助于保障和改善中国特色社会主义视域下中国农村老年人的美好生活，进而完善中国特色社会主义养老保障体系，而且中国改善老年人生活的经验和改善中国人民生活水平的民生实践，可以作为世界上其他社会主义国家以及广大发展中国家学习和借鉴的对象，对于提高世界人民的生活水平、促进全球化发展具有很强的实践意义和借鉴意义。

第四章 新时代中国农村老年人养老需求分析

党的十九大报告中，14次提及"美好生活"这一概念，并明确指出，"中国特色社会主义进入新时代，我国社会主要矛盾已经转化为人民日益增长的美好生活需要和不平衡不充分的发展之间的矛盾"。新时代，人们的生活需要，不仅包括最基本的吃饭、住宿、医疗等，而且已经上升到对美好生活的更高追求。随着经济社会发展，医疗科技的进步，人民的生活质量不断得以改善，预期寿命也大幅度提高，我国人口老龄化已是大势所趋。老龄化发展速度快、老年人口规模大、未富先老、家庭养老功能弱化、社会养老发展不足。必须积极应对人口老龄化问题，满足老年人日益增长的美好生活需要。本章围绕我国农村老年人养老需要的内涵、主要内容、需要层次展开研究。

第一节 新时代我国农村老年人养老需求的理论构建

老年期是人一生中比较特殊的一个时期。一方面，由于生理原因，老年人的劳动能力出现不同程度的衰竭，他们基本上已经退出了生产领域；另一方面，随着年龄的增长，老年人身体器官机能下降，他们在物质和精神的各个层面都出现了一些特殊的需要。本章中的"需求"不同于它在经济学中的含义，而是指农村老年人老年生活的一些欲望。相应地，养老需求是指农村老年人对用以满足养老生活欲望的某些资源的需要。因而，养老资源效用具体表现在对老年人养老需要的满足上，养老需求的满足需要养老资源的支撑，养老需求的内容和结构反映了老年人对养老资源的具体需求，老年人的养老需求是分析养老资源需求的基础。

一、概念界定

国内有关养老需求研究的定义较多，但概念界定并未统一。班晓娜，李东阳（2013）指出老年人的需求是多样化的，人到老年，除了物质上的养老需求、医疗上的养老需求、生活照料上的养老需求，更多的是精神上的养老需求，多姿多彩的老年生活才是老年人所向往的晚年生活。在国内，根据笔者掌握的材料，既有研究大部分都将养老内容界定为经济支持、生活照料和精神慰藉三方面，而将医疗费用和护理分别包括在经济和生活照料中，没有将医疗保障单独列出。王宁（2011）将农村老年人的养老服务需求概括为经济供养的需求、生活照料的需求、医疗保健的需求和精神文化生活的需求四个方面，并通过实证研究得出，生活照料是老年人最基本的需求，精神文化生活是最向往的需求，健康护理服务是最急切的需求[①]。刘一玲（2010）将老年人养老需求划分成了四个层面，第一层为经济供养层面，第二层是医疗需求层面，第三层是生活照料层面，最后为精神慰藉层面，并对桂林市四个县的农村老年人在不同层面的需求满足的状况和其影响因素进行了实证研究。穆光宗（1998）、邬沧萍（1998）等提出老年人的需求是从1996年《中华人民共和国老年人权益保障法》的第十一条"赡养人应当履行对老年人经济上供养、生活上照料和精神上慰藉的义务"借鉴而来。也有不少研究专门列出了医疗需求。我国提出的"六个老有"就间接地反映了老年人的需求，其中，老有所养和老有所医属于物质需求，也是初级需求；老有所学和老有所乐反映的是精神需求，是属于高级需求；老有所为和老有所教介乎其间。周伟文（2001）将城市老年群体的需求分为物质生活需求、日常生活照料需求、健康保健需求和精神及文化生活需求四个方面。卢名华（2005）指出农村老年人的养老需求包括基本生活需求（吃、穿、住），生活照料与医疗需求，精神慰藉与文化娱乐需求。张红等把老年人的养老需求分为基本生活需求、医疗卫生需求、社会参与需求、维权服务需求以及精神需求等几个方面。

在心理学中，需求是指人体内部一种不平衡的状态，是对维持、发展生命所必需的客观条件的反应。经济学中，需求是指由需要而产生的对现实货币支付能力的要求。需求基于欲望，欲望是人类某种需要的具体体现，而消费是解决欲望的手段，因此需求最直接的表现就是消费，包括对物质资料和精神产品

[①] 王宁. 城市社区养老需求与社区养老服务体系建设 [J]. 重庆科技学院学报（社会科学版），2011（11）：77-78.

的消费。本研究的需求是指在一定时期内，为维持人体生命和自身发展而对物质资料和精神产品产生的需要。

本研究认为养老需求对外界而言就是供给的内容，即养老内容，因此，既有研究多将养老需求与养老内容相联系。本研究认为养老需求是指老年人由于生理、心理以及社会生活环境的变化导致其在老年阶段自身资源相对不足或出现困境，从而产生有赖于其他社会成员提供的各种物质和非物质的需要。其主要表现为经济供养需求、健康保障需求、生活照料需求和精神慰藉需求四个方面。其中，经济供养是基础，也是重中之重；健康保障需求是可靠保障；生活照料需求是普遍需求；精神慰藉需求是更高追求（见图4.1）。

图4.1 养老需求的内涵示意图

二、基本内容

学界对于养老需求的概括和分层不一，本章试从经济供养、生活照料、健康保障、精神慰藉四个维度探讨不同养老需求及其相关关系（见图4.2）。

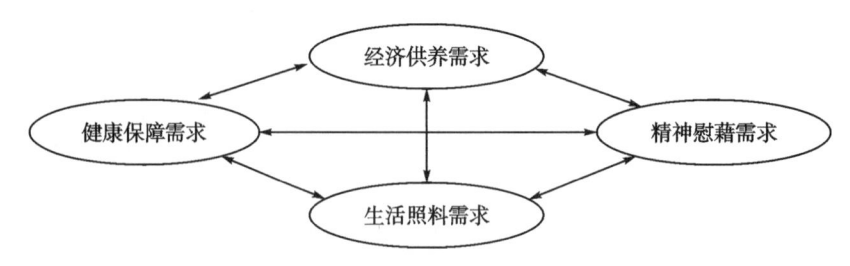

图4.2 不同养老需求相互补充示意图

如图 4.2 所示，老年人养老需求的不同方面在老年人的生活中扮演着不同的角色。养老经济资源是老年人需求体系中最基本的部分，一般是通过代际交换实现的。即老年人通过在生命周期的前期阶段投资，在丧失劳动能力后从家庭或社会获取经济物质资源，从而维持生存，包括养老金、赡养费、粮食和住房等。随着老年人年龄的增长，自理能力不断下降，对生活照顾的需求会随之增加，特别是高龄老年人对生活照顾的需求更大，更为迫切。精神慰藉资源主要是指对老年人情感需要和尊重需要具有实际满足效果的东西，它囊括了老年人的情感寄托、家庭中的亲情、社会上的尊老风尚等方面。生活照顾资源和精神慰藉资源属于养老服务资源的范畴，他们在养老资源需求体系中的地位不断上升。

（一）经济供养需求

经济供养即经济性需求，是老年人养老需求的重要组成部分，也是养老需求层次的第一维度，属于较低层次的物质需求。包括维持老年人基本生活的需求因素，包括住房需求、经济需求，养老保险等基本因素。农村老年人如果离开了经济支持，其最基本的生活将难以得到保障，也会导致老年人晚年生活水平偏低，因此，经济供养需求是养老需求中的最基本需求。

（二）生活照料需求

生活照料即生活性需求，是老年人需求的核心，是养老需求层次的第二维度，分为多个方面，其中包括自我照料和他人照料，这种照料包括"衣食住行"各个方面，成为老年人最常见的需求。这类需求的特点是弹性伸缩较大，不同年龄阶段及不同健康状况的老年人，对生活照顾的需求程度会出现较大差别。随着年龄增加，老年人自我照料能力下降，对他人照料的需求会逐步增加。同时，生活照顾供给主体的有无、意愿及效果也会直接影响需求的满足程度。

（三）健康保障需求

医疗护理需求是老年养老需求中的关键需求。65 岁及以上的老年人多患有慢性疾病，突发性的疾病更有可能随时危及老年人的生命。越到生命最后阶段，老年人对医疗护理需求便越迫切。

（四）精神慰藉需求

精神慰藉是精神性需求，是提高老年人晚年生活质量的主要因素，作为养老需求的第四维度，体现了老年人对精神生活等更高层次的追求。良好的家庭氛围和社区环境，能够有效地满足老年人的精神需求。子女的探望、群体的互动、自我的再发展可以提高老年人的社会参与程度，提高晚年生活质量。穆光宗在论述老龄人口的精神赡养问题时,认为老年人的精神需求主要来自自尊、期待与亲情三方面,与此同时,穆光宗教授还对精神赡养进行了微观和宏观两大层面的区别,即微观上的家庭精神赡养和宏观上的社会精神赡养①。

三、内容和结构

农村养老保障有其自身的特殊性,对养老资源和服务的需求与城市不同。农村老年人的养老需求与农村生产、生活紧密相关,进而对养老资源和服务也有着不同于城市的需要。下面就从养老经济资源、服务资源和制度资源三个方面进行分析,揭示农村养老资源需求的内容和结构。

(1) 经济资源需求。农村老年人对经济资源的需求主要指老年人对吃、穿、住、用、行的基本生存资料的需要,包括老年人自我劳动收入、自我养老储蓄、子女供给的养老物品、集体提供的养老补助以及国家提供的养老金等,主要以货币和实物两种形式存在。农村老年人在很大程度上靠自己的劳动收入养老,劳动收入占老年人收入的很大一部分。另外,在我国农村大都以实物形式提供养老经济资源,不仅充分利用了农村所拥有的物质资源适应了农村家庭生活,而且保证了农村养老成本的低廉性,成为农村家庭养老的优势之一。

(2) 服务资源需求。一方面,我国规定男60岁、女55岁为城镇退休年龄,但是在农村"年龄"对于判定一个人是否为"老年人"没有实际意义,农村老年人只要体能没有完全衰竭,都会继续参加农业劳动,"老"与"不老"取决于身体健康状况和他们所处社区的不同。老年人只有因年岁过高生理机能完全退化,才真正进入"老年阶段",所以农村养老大多指高龄老年人的养老,他们对养老服务资源的巨大需求是高龄老年群体养老资源需求的显著特点。另一方面,农村养老服务资源的供给主要由家庭承担,家庭规模的缩小和中青年劳动力的转移弱化了家庭的生活照顾和精神慰藉功能,使农村老年人的养老服务需求难以得到满足。

(3) 制度资源需求。养老制度资源一般是指与养老保障有关的法律、法规和政策规范等,属于意识形态的范畴。之所以把它作为养老保障的一种资源就在于它可以保证养老资源的有效配置和养老资源持续和稳定的供给。目前,我国农村养老保障体系十分缺乏制度资源的保驾护航,致使养老资源供给能力不断下降。一方面,像自我养老资源、家庭养老资源等非正式制度性养老资源的供给出现弱化的趋势,然而非正式制度性养老资源的稳定供给需要大量的制

---

① 穆光宗. 老龄人口的精神赡养问题 [J]. 中国人民大学学报, 2004 (4).

度资源予以保障。另一方面,正式制度性养老资源的供给也是不稳定的。集体和国家对养老资源的供给责任缺少制度规范,仅有的制度资源也存在立法层次低、执法滞后等问题。

四、特点分析

由以上分析可以看出,中国农村养老资源最显著的特点是需求规模非常巨大,除此之外,还具有以下两个明显的特点值得注意:

一是养老经济资源需求以实物形式满足。我国绝大部分农村地区市场化程度较低,养老资源以非市场化的形态,即实物形态存在。农村养老在很大程度上是一种实物养老,利用的是农村丰富而低廉的农产品资源。虽然保障水平较低,但是能够为广大农户所接受。

二是养老服务资源需求增长迅速。社会流动的加剧,带来了老年人与子女生活上的分离以及多代同堂的扩展家庭数量的减少,在这种情况下农村老年人的生活照料将面临困境。农村流出人口大部分是文化层次较高的年轻人和青壮年劳动力,其父母留守家中是广泛存在的现象。这在很大程度上造成了农村"空巢家庭"日益增多,直接减少了农村的养老服务资源。2011年,中国流动人口已达到2.21亿,农村留守老人约4 000万,占农村老年人的37%,"空巢率"达到8%[①]。由于没有发达的商业和健全的服务业等条件进行自我帮助和照料,农村"空巢家庭"老年人的生活照顾和精神慰藉也就没有实现的条件了,在老龄化的冲击下农村对养老服务资源的需求迅速增长。

五、评价分析

随着经济社会发展和人们生活质量水平的提升,老年人的养老需求出现了多元化的趋势,在满足了生存与安全需求的基础上,着重出现了对健康保障、服务照料、精神慰藉等领域的需求。在规模上,我国农村养老资源需求具有增长迅速、规模大的特点。在农村经济发展落后、农民收入不高的情况下,巨大的养老资源需求必然会给农村家庭带来沉重的负担,使老年人的基本生活需求难以得到满足。在结构上,农村养老服务资源和制度资源十分稀缺,老年人的生活照料和精神慰藉被许多家庭所忽略。同时,制度资源供给不足使得农村养老资源的供给很不稳定,老年人的养老权益得不到切实的保障。所以,现阶段

---

① 中国农村留守老年人4 000万 高龄化空巢化加速发展[EB/OL]. http://blog.sina.com.cn/s/blog_6c0853f10100pma8.html.

需要采取相应的措施提高农村养老资源的供给水平，增加养老服务资源所占的比重，不断开发农村养老制度资源，最大限度地满足农村对养老资源的需求，进而保障农村老年人的养老保障权益。

第二节 新时代我国农村老年人养老需求的实证分析

一、数据与变量

本章将养老需求分成经济供养需求、精神慰藉需求、生活照料需求、健康保障需求四类，根据问卷问题设置，分别构建四方面需求，其中用收入是否够用反映经济供养需求的满足情况；用是否感受到孤独反映精神慰藉需求的满足情况；用日常活动得到的帮助能否满足需要反映生活照料的满足情况；用每年是否接受常规体检反映健康保障的满足情况。同时对这四类养老需求进行二分类处理，分别为够用、不够用，孤独、不孤独，满足需要、不满足需要，体检、不体检。

（一）数据

本章节仍采用中国高龄老人健康长寿跟踪调查（CLHLS）2014年的调查数据，研究对象为60岁及以上的农村老年人，同时考虑养老需求构建的四类需求，在剔除无关及缺失样本后，有效样本量为763人，其中男性老年人317人，占41.55%，女性老年人446人，占58.45%。

（二）变量

因变量：老年人生活满意度。本章以问卷中"您觉得您现在生活怎么样？"来测量生活满意度，对该问题的有效回答分为"很满意""满意""一般""不满意"和"很不满意"五个等级，由于选择"不满意"和"很不满意"的比例非常小，因此，本章保留前三个等级，表示"很满意""满意""一般"，将后两个等级合并为"不满意"。"不满意"到"很满意"占比分别为6.42%、27.13%、49.28%、17.17%。

养老需求变量：健康保障需求方面，根据被访者对"您觉得现在您自己的健康状况怎么样？"的回答进行处理，整理为"健康""不健康"两类；生活照料需求方面，根据被访者对"您认为您目前在六项日常活动中得到的这些帮助能够满足您的需要吗？"的回答进行处理，整理为"满足""不满足"两类；精神慰藉需求方面，根据被访者对"您是不是经常觉得孤独？"的回答进行处理，整理为"孤独""不孤独"两类；经济供养需求方面，根据被访者对"您所有的生活来源是否够用?"的回答进行处理,整理为"够用""不够用"两类。

控制变量:参考以往生活满意度方面的文献,本章选取除养老需求变量外的可能影响老年人生活满意度的其他变量,包括性别、年龄、受教育年限、婚姻状况。

变量的具体定义及类型如表 4.1 所示。

表 4.1　　　　　　　　　　　变量的定义

变量	定义
因变量	
生活满意度	很满意 = 1;满意 = 2;不满意 = 3
养老需求变量	
健康保障需求	健康 = 1;不健康 = 0
生活照料需求	满足 = 1;不满足 = 0
精神慰藉需求	孤独 = 1;不孤独 = 0
经济供养需求	够用 = 1;不够用 = 0
控制变量	
性别	男 = 1;女 = 0
年龄	连续变量
婚姻状况	配偶同住 = 1;其他 = 0
受教育年限	连续变量

二、农村老年人养老需求的描述性统计

农村老年人四类养老需求的分布情况如表 4.2 所示。①经济供养需求方面,农村老年人认为收入够用的比重为 80.73%。可以看出,农村老年人个体感受方面的经济供养状况较好。②精神慰藉需求方面,农村老年人感觉到孤独的比重为 37.48%。可以看出,大部分农村老年人的心理健康状况较好。③生活照料需求方面,农村老年人认为日常生活照料满足需要的比重为 52.03%。可以看出,近半数农村老年人生活照料需求处于欠缺状态,当前的生活照料需求不能完全满足农村老年人的需要。④健康保障需求方面,农村老年人认为身体健康的比重为 39.32%。可以看出,近 2/3 的农村老年人的身体健康状况较差,大多数农村老年人的身体都处于不健康状态。

表 4.2　　　　　　　农村老年人养老需求描述性统计

变量		频数	频率（%）
经济供养需求	够用	616	80.73
	不够用	147	19.27
精神慰藉需求	孤独	286	37.48
	不孤独	477	62.52
生活照料需求	满足	397	52.03
	不满足	366	47.97
健康保障需求	健康	300	39.32
	不健康	463	60.68

数据来源：根据 CLHLS（2014）原始数据整理所得。

三、养老需求的偏好分析

（一）构建模型

根据研究内容及研究目的，本章将采用多元线性回归的方式探究四类需求对生活满意度的作用大小。其中，因变量设为生活满意度，自变量为构建的四类需求。多元线性回归模型的定义式如下：

$$Y = b_0 + b_1 x_1 + b_2 x_2 + \cdots + b_n x_n + \varepsilon \quad (4.1)$$

公式 4.1 中，Y 为因变量，x_1，x_2，…，x_n 为自变量，b_0 为常数项，b_1，b_2，…，b_n 为自变量的回归系数，ε 为误差项，n 表示自变量个数。

同时为探究四类需求对生活满意度的重要性，对回归系数进行标准化处理。本章采取部分标准化回归的偏标准系数，公式如下：

$$\beta^* = \frac{\beta S_x}{\frac{\pi}{\sqrt{3}}} \quad (4.2)$$

公式 4.2 中，β 代表非标准回归系数，S_x 代表自变量的标准差。结合因变量 Y 的实际变异信息，对线性模型中 $R^2 = \sum (\hat{Y} - \bar{Y})^2 / \sum (Y - \bar{Y})^2$ 分子和分母同时除以（n–1）后，等式变为 $R^2 = S_{\hat{Y}^2}/S_{Y^2}$，即 R^2 等于因变量 Y 的预测值方差与其观测值方差之比，那么 $S_r = S_\varphi/R$。同理估计 $logit(Y)$ 的标准差为 S_{logitY}，$S_{(logitY)}/R$。综上，考虑到自变量和因变量的变异信息后，本章的 logistic 部分标准回归系数为 4.3：

$$\beta' = \beta S_x R / S_{logitY} \quad (4.3)$$

(二) 结果分析

首先,本章利用 stata14 对农村老年人生活满意度进行多元回归分析,其次对回归系数进行标准化处理,最后对模型估计结果进行稳健性检验,结果如表4.3所示。

表4.3　　　　　　　　　生活满意度多元回归模型估计

变量	回归系数	标准化回归系数	OLS
经济供养	0.789 2***	0.539 8	0.323 9***
精神慰藉	-0.304 2**	-0.254 9	-0.125 1**
生活照料	0.921 7***	0.798 5	0.328***
健康保障	1.164 6***	0.986 9	0.424 8***

注：*P<0.10，**P<0.05，***P<0.01。

在多元回归模型中,研究发现,经济供养需求、精神慰藉需求、生活照料需求、健康保障需求均对农村老年人生活满意度产生显著影响。参照标准化回归系数值,可以发现经济供养需求、生活照料需求、健康保障需求与农村老年人生活满意度之间均呈正向相关关系,精神慰藉需求同生活满意度呈负向相关关系。影响程度（绝对值化）从大到小排序依次是：健康保障需求、生活照料需求、经济供养需求、精神慰藉需求。四类需求的回归系数均通过显著性检验,表明四类养老需求均对农村老年人生活满意度有独立的影响力。该方程结果的具体解释如下：

（1）回归方程标准化后的系数表明,在四类养老需求中,健康保障需求对生活满意度的影响程度最大,本研究把它阐述为：满足农村老年人的健康保障需求,对于提高农村老年人生活满意度最为显著,也即是增加生活照料的边际效用值是最高的。这就意味着健康保障需求是影响老年生活满意度的最重要因素,只有拥有健康的身体,才能实现真正意义上的获得感、幸福感、安全感,才能真正拥有较高的老年生活质量。

（2）回归方程标准化后的系数表明,在四类养老需求中,生活照料需求对生活满意度的影响程度较大,本研究把它阐述为：满足农村老年人的生活照料需求,对于提高农村老年人生活满意度较为显著,也即是增加生活照料的边际效用值仅次于健康保障需求。目前,家庭照料仍然是农村老年人最重要的照料方式,其中老人自己、配偶是最核心的照料服务供给者,未外出子女也是重要的照料供给主体。但在我国社会转型时期,农村家庭养老面临家庭结构核心化、单一化,代际之间居住距离扩大,人口频繁流动等挑战,农村老年人能够从家庭获取的生活照料需求较少。

（3）回归方程标准化后的系数显示，经济供养需求的影响程度排第三位，次于生活照料需求。可能的原因在于：本章节所用的农村老年人样本年龄普遍较大，其健康状况较差，更多的需要来自家庭方面的日常照料，因此，生活照料需求排序较高。值得注意的是，现有研究与此相似，经济供养需求仍是影响农村老年人生活满意度的最重要因素，物质需求的满足是其他类型需求的基础，农村老年人的物质资源不充裕、生活保障水平普遍较低，在物质基础薄弱的情况下，核心问题便聚焦在"经济供养"与"精神慰藉"孰轻孰重上面。回归方程标准化后的系数显示，农村老年人精神慰藉需求对生活满意度的影响程度低于经济供养需求，其可能的原因在于：在老龄化加剧背景下，农村老年人在传统家庭养老、土地养老功能弱化等社会变革下，如果经济供养水平高，自己的生活独立性和自主权较高，其生活满意的可能性更大。

（4）回归方程标准化后的系数显示，精神慰藉需求对生活满意度的影响程度最低。可能的原因在于：物质需求和精神需求存在一定的层次性，只有当农村老年人的物质需求被满足的情况下，才会开始追求精神需求。本章节研究的目标群体是农村老年人，其经济供养、生活照料、健康保障等多方面都处于相对较低的水平，因此，其对精神健康的诉求相对更低。

最后，本章节对模型进行稳健性检验，从检验结果看，OLS 系数与标准化回归系数存在大小差异，但是从四类需要的系数比较看，两者系数排名结果一致，因此，模型稳健性较好。

综上所述，四类养老需求对农村老年人生活满意度的影响均通过显著性检验，因此，可以说农村老年人的养老需求需要基本的健康保障、生活照料、经济供养以及精神慰藉。参照影响农村老年人生活满意度的各项指标，其需求由大到小依次为：健康保障需求、生活照料需求、经济供养需求、精神慰藉需求。

四、不同特征老年群体的养老需求分析

通过对全样本的多元回归分析，我们已经掌握了农村老年人基本的养老需求特征。本节将继续探讨不同个体特征的农村老年人养老需求的特点。表4.4显示了所有回归结果。

由表4.4可知，农村老年群体的不同特征对四类养老需求影响的显著性不同。具体而言：

（1）从性别角度来看，经济供养需求和生活照料需求具有显著性，精神慰藉需求、健康保障需求不具有统计显著性。具体而言，与农村女性老年人相比，男性老年人在经济供养、生活照料方面具有统计显著性，男性老年人认为经济供养不足的可能性更大，男性老年人认为生活照料不能满足需求的可能性更大。

表 4.4　　　　　　　不同特征老年群体的养老需求回归

变量	经济供养 系数	经济供养 sig	精神慰藉 系数	精神慰藉 sig	生活照料 系数	生活照料 sig	健康保障 系数	健康保障 sig
性别	-0.705	0.001	-0.079 1	0.657	-0.415 8	0.017	-0.010 7	0.952
婚姻状况	0.097 3	0.679	-0.673 3	0.001	0.341 8	0.077	0.226 4	0.248
年龄	0.015 2	0.154	-0.001 2	0.889	0.003 8	0.647	0.012 7	0.138
受教育年限	0.093 7	0.034	-0.129 9	0.716	0.104 9	0.003	0.080 5	0.017
N	763		763		763		763	
Prob>chi^2	0.006 3		0.001		0.005 4		0.316 2	
Pseudo R^2	0.019 2		0.018 3		0.013 9		0.005 6	

（2）从婚姻状况来看，精神慰藉需求、生活照料需求具有统计显著性，经济供养需求与健康保障需求不具有统计显著性。具体而言，与无配偶同住的农村老年人相比，有配偶同住的农村老年人在精神慰藉需求、生活照料需求方面具有统计显著性，有配偶的农村老年人在生活中感受到孤独的可能性更小，认为日常生活照料能够满足需要的可能性更大。

（3）从年龄来看，生活照料需求、经济供养需求、精神慰藉需求、健康保障需求均不具有统计显著性。可能的原因在于，年龄较大的农村老年群体，其身体机能更为弱化，对四类养老需求的感知更为复杂，因此，四类养老需求均不具有统计显著性。

（4）从受教育年限来看，经济供养需求、生活照料需求、健康保障需求具有统计显著性，而精神慰藉需求不具有统计显著性。具体而言，与受教育年限较少的农村老年人相比，受教育年限较多的农村老年人认为经济供养充足的可能性更大，认为日常生活照料满足需要的可能性更大，认为健康状况良好的可能性更大。

五、养老需求间的关联性分析

为探究四类养老需求间的关联性，本节试图通过分析生活照料需求、精神慰藉需求、健康保障需求与经济供养需求之间的相互影响，从而对四类需求进行相关性分析，四类养老需求间的相关性分析结果见表4.5。

表4.5 养老需求间的相关性分析

变量	经济供养	精神慰藉	生活照料	健康保障
经济供养	1	-0.1229***	0.2427***	0.1415***
精神慰藉	-0.1229***	1	-0.1561***	-0.2630***
生活照料	0.2427***	-0.1561***	1	0.2358***
健康保障	0.1415***	-0.2630***	0.2358***	1

注：* P<0.10，** P<0.05，*** P<0.01。

经济供养需求同其他三类养老需求均具有显著的相关性，具体而言：①经济供养需求同生活照料需求的相关性方面，两者的相关系数为0.2427，通过0.01的显著性水平检验。这就说明，经济供养需求能够影响生活照料需求，提高对农村老年人经济供养水平，在一定程度上能够提升其生活照料需求的满意度，反之亦然。②经济供养需求同精神慰藉需求的相关性方面，两者的相关系数为-0.1229，通过0.01的显著水平检验。这就说明，经济供养需求能够影响精神慰藉需求，提高对农村老年人经济供养水平，在一定程度上能够改善农村老年人的孤独状况，反之亦然。③经济供养需求同健康保障需求的相关性方面，两者的相关系数为0.1415，通过0.01的显著水平检验。这就说明，经济供养需求能够影响健康保障需求，提高对农村老年人经济供养水平，在一定程度上能够提升其健康保障的满意程度，反之亦然。

精神慰藉需求同其他三类养老需求均具有显著的相关性，具体而言：①精神慰藉需求同生活照料需求的相关性方面，两者的相关系数为-0.1561，通过0.01的显著水平检验。这就说明，精神慰藉需求能够影响生活照料需求，改善对农村老年人的精神慰藉状况，在一定程度上能够提升其生活照料需求的满意度，反之亦然。②精神慰藉需求同健康保障需求的相关性方面，两者的相关系数为-0.2630，通过0.01的显著水平检验。这就说明，精神慰藉需求能够影响健康保障需求，改善对农村老年人的精神慰藉状况，在一定程度上能够提升其健康保障需求的满意度，反之亦然。

健康保障需求同其他三类养老需求均具有显著的相关性，具体而言：健康保障需求同生活照料需求的相关方面，两者的相关系数为0.2358，通过0.01的显著水平检验。这就说明，健康保障需求能够影响生活照料需求，改善农村老年人的健康状况，在一定程度上能够提升其生活照料需求的满意度，反之亦然。

综上所述，农村老年人的经济供养需求、健康保障需求、精神慰藉需求、生活照料需求四类需求之间是相互影响的，某一类需求的满足能够在一定程度上影响其他需求，这种影响的机理可能是直接的、间接的、交叉的、综合的。这里只是对四类需求可能存在的相互影响进行简单分析，并没有对其中复杂的运行机制进行分析考证。

可以得出的结论是，通过需求间的相关性分析，可以发现各类需求在主观需要的角度上理解可能是独立的，当我们从固定路径探讨四类养老需求的支持情况，可以发现四类养老需求并不是逐个对应满足的，也即是说当一类养老需求得到满足的时候，在一定程度上使得其他方面的养老需求也得到改善，而当一类养老需求得不到满足的时候，在一定程度上也会影响其他方面养老需求的满足情况。也就是说，为缓解农村老年人经济供养方面的不足，可以通过改善农村老年人的其他养老需求。

总而言之，多类别政策的良性实施才能将养老支持的边际效应最大化，不能顾此失彼、避重就轻，要将有限的社会资源整合起来，集中力量解决农村老年人养老需求的主要方面。同时还应注意的是，不同特征的农村老年群体其养老需求也具有差异性，因此，要有针对性地提出保障措施，才能真正提高我国农村老年人的养老质量问题。

第五章 新时代中国农村老年人养老社会支持体系研究

第一节 新时代我国农村养老社会支持系统的定性分析

一、概念界定

一直以来，农村老年人的社会支持体系问题得到了我国学者的广泛关注，而关于"社会支持"的定义却莫衷一是。国内外学者一般认为是社会支持按对象划分后的一种。同时，国内学者对社会支持和社会支持网的区分并不清晰，通常会混淆，因而更多用到老年人社会支持网和老年人家庭支持网两个概念。老年人社会支持网，是指老年人从社会和他处获得的所有支持的总和，具体分为经济支持网、生活支持网和社会支持网（张友琴，2001）；老年人家庭支持网是指家庭其他成员为年长者提供的帮助，这些帮助包括经济支持、生活照顾和情感支持（刘爱玉、杨善华，2000）；而老年人社会支持主要体现为老年人能够从家庭、亲属网络、社区网络以及社会网络等所有可能的途径获取物质和精神的支持（郑杭生，2002）；也有观点认为老年人社会支持既是指老年人从社会和他人处获得的各种支持的总和，也指老年人各种社会关系的总和，包括血缘、姻缘、业缘、地缘关系等方面（徐玲，2002）。

国外对社会支持的概念研究。通常把以往对社会支持的定义归纳为5类：①根据所提供的社会支持的性质。社会支持是那些导致某人相信自己被关心、被爱、有自尊、有价值的信息，或者是导致某人相信自己属于一个相互承担责任的社交网络的信息（Cobb，1976）；②从接受支持者的角度来看，社会支持是个体在多大程度上相信自己对支持、信息和反馈的需要能得到满足（Procidano and Heller，1983）；③社会支持提供者的意图或行为（Shumaker &

Brownell，1984）；④与互惠性相关，即支持的接受者和提供者之间的资源的交换。实际上的支持的给予、得到和交换通常被认为是社会支持的基本作用（Antonucci，1985）；⑤根据社会关系网络，社会支持是个体可以通过其他个体、团体和更大的社交团体获得支持的可能性（Linetal，1979）。

本研究认为社会支持是个体处在危机之中可以获得的资源支持，这种支持来自他人、群体、社区等。本章根据范德普尔的分类方式再结合自身研究的实际状况，把老年人社会支持的内容分为经济供养支持、生活照料支持、健康保障支持、精神慰藉支持四个方面。对于老年人社会支持的来源，本研究借鉴大多数学者的分类，将其分为正式社会支持来源和非正式社会支持来源，其中正式社会支持来源能够借助正式途径来表现对个体行为的支持，主要包括政府支持、社区支持以及养老机构支持这三个方面；非正式的社会支持来源能够借助各种非正式的途径来表现对个体行为的支持，它是解决老年人需求问题的一种自然机制，主要包括家人与亲属支持、邻居和朋友支持这两个方面。

二、基本内容

本章将农村老年人社会支持系统分为社会支持系统的内容和社会支持系统的来源这两大部分，其中社会支持系统的内容包括经济供养支持、生活照料支持、健康保障支持和精神慰藉支持四个方面。社会支持系统的来源分为正式支持来源和非正式支持来源，其中正式支持来源是指来自政府支持、社区支持和养老机构支持等正式支持主体的支持，非正式支持来源是指来自家人和亲属支持、邻居与朋友支持等非正式支持主体的支持。

三、结构要素

通过前面对社会支持理论的介绍，社会支持系统是一个复杂的多维系统，由主体、客体和内容三个要素构成，本章所构建的农村老年人社会支持系统的主体包括政府、社区、养老机构这些正式支持来源以及朋友、邻居、家人、亲属这些非正式支持来源；客体是农村老年人；内容是经济供养支持、生活照料支持、健康保障支持以及精神慰藉支持这四个方面。

四、各要素之间的关系

本章所构建的农村老年人社会支持系统是一个各要素相互联系、相互作用的多维系统。社会支持系统的内容是联结社会支持系统的主体和客体的纽带，通过社会支持系统的内容，社会支持系统的主体才能为社会支持系统的客体提供相应的支持。社会支持系统的主体和内容之间又形成了一种"供给—需求"关系，社会支持的主体是供给方，而社会支持的内容是需求方，社会支持的内容所需的各种支持都是由社会支持的主体来提供的。构成社会支持主体的正式支持来源和非正式支持来源二者也是一种互补的关系，正式支持来源主要在经济方面发挥重要作用，而非正式支持来源主要在精神情感方面发挥重要作用，二者正好形成了互补，有效地把二者的作用结合起来才能真正发挥社会支持主体的功能。

第二节 新时代我国农村养老社会支持的供需分析

一、养老需求与社会支持的关系

建立社会支持系统的目的在于满足老年人的养老需求。良好的社会支持可以促进健康老龄化，提高老年人的生活质量。养老需求是针对老年人而言的，换一种角度讲，养老需求也可以理解为社会支持的内容（见图5.1）。养老需求指老年人由于生理性衰老、社会性衰老以及心理性衰老而导致的在经济供养、健康保障、生活照料以及精神慰藉等方面的脆弱程度；社会支持则是子女、家庭、社区、政府等主体为补偿老年人的脆弱性所提供相应的支持，满足老年人多维度的养老需求。

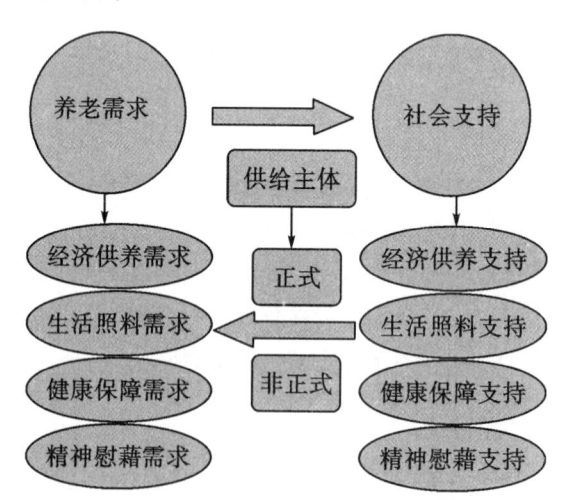

图 5.1 养老需求与社会支持关系示意图

二、供需平衡下的"需要—互惠—责任分担"支持系统

从供需视角来看,农村老年人的养老需求与社会支持其实是接受照顾者和提供照顾者之间的关系。农村老年人社会支持由正式和非正式两个支持系统提供。农村老年人的照顾首先是家庭的责任,家庭是整个照顾支持系统的基础。在目前建设中国特色社会主义市场经济的进程中,政府倡导的是一种渐进式的福利发展路线。一方面政府提出社会福利的发展要与经济发展保持一致,社会福利的增长速度应略低于经济发展的速度,要避免走西方福利国家的道路;另一方面政府又强调社会福利的整合功能以及它在实现社会公平上的重要作用,政府不要将过去大包大揽式的福利服务推向社会,要鼓励在家庭保障的基础上,发挥社区和正规组织的支持作用。就农村老年人照顾而言,除家庭担当主要的照顾老年人的责任以外,村委会(社区服务)和民政部门在推动社会养老,维护家庭赡养功能方面发挥着重要的补充作用。从而形成老年人照顾责任在"家庭—农村社区—政策、制度"三者之间的分担模式(见图5.2)。

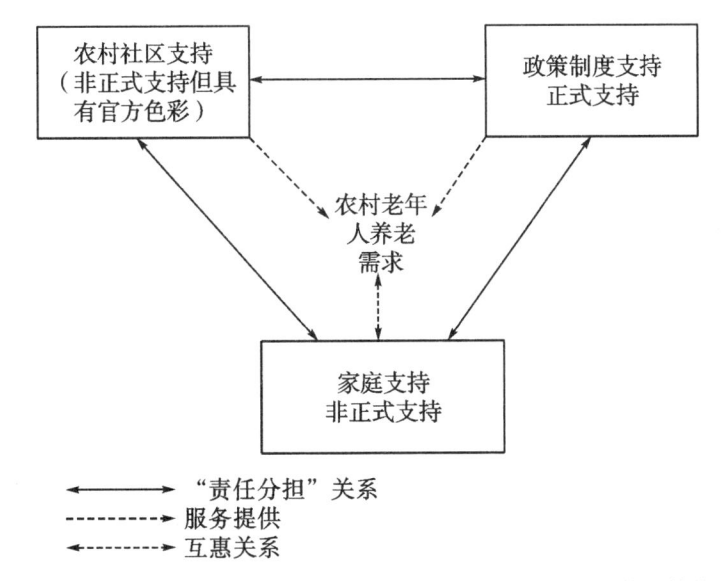

图5.2 "需要—互惠—责任分担"在非正式与正式支持之间体现的关系

三、基于供需视角的分析框架

基于此,本研究将养老需求与社会支持分为经济供养、生活照料、精神慰藉以及健康保障四个方面的内容,根据已有研究和调查研究数据情况,每个方面至少选取1个变量来反映,并对这些变量进行分析,构建本书主体部分的分

析框架（见表 5.1）。

表 5.1　　　　　　　　　　　分析框架

	养老需求	社会支持
经济供养	物质生活满意度	生活来源、子女经济支持、照顾孙辈、做家务、给予子女经济支持
生活照料	生活照料满意度	同住人数、接受照料频率、支持主体、照料期待
健康保障	健康状况、就医状况、住院状况	基本医保、商业医保、居住方式、收入、就医可及性、体育锻炼
精神慰藉	精神生活满意度	接受子女关心问候、接受子女提供建议、照料孙辈情况、给子女提供建议、休闲娱乐活动参与

第三节　新时代我国农村养老社会支持系统的计量分析

随着经济社会的快速发展，中国农村的养老服务模式改变了以往单一的供给方式，逐步向多元化互助的养老服务模式转变，不仅推动了中国农村老龄事业的不断发展，同时也提升了中国农村的养老质量水平。当前农村的养老支持仍以家庭为主，外部的养老支持系统正在逐步发展，因此，考察一个农村地区的养老支持情况，需要从家庭、社会、政府等方面去分析现有的农村社会养老支持水平。

一、研究综述

20 世纪 80 年代中期提出了社区型养老保险，这引起了社会对农村老年人养老的广泛关注。国内学者通过对人们日常生活中的行为动机进行研究分析，发现人们获取资源上的帮助或支持，通常被社会成员个人特征以及所在社区的性质所限制，而农村老年人更愿意选择血缘关系以获取社会支持[1]。随着经济社会的不断发展，人口老龄化问题愈发突出，传统的家庭养老功能逐步弱化，因此，建立农村社会养老保障体系显得尤为重要。

19 世纪 70 年代社会支持作为一个科学的专业术语被正式提出，社会学意义上的社会支持，是指一定社会网络运用一定的物质、精神手段对社会弱者进

---

[1] 付建威. 社会支持视角下农村老年人贫困问题的网络化治理研究 [D]. 武汉：华中师范大学，2015.

行无偿帮助的一种选择性社会行为;从功能和操作层次上来看,社会支持是个体从其所拥有的社会关系中所获得的精神上、物质上的支持以及个体所拥有的社会关系的量化表征①。农村老年人的社会支持网络,从照料主体上可以分为四类,一是以老年人自己和配偶为主的主体型照料主体;二是以未外出子女、其他亲属为主的辅助型照料主体;三是以邻居、同辈群体等社区成员为主的边缘型主体;四是以村集体、政府为主的缺位型主体②。随着现代社会的转型发展,市场竞争、居住方式结构的变化以及子女的社会流动致使农村老年人的社会支持网络资源匮乏,家庭养老所需的非正式社会支持养老功能也逐渐弱化。陈芳研究发现农村老年人自我养老的比重已经超过家庭养老,农村养老从传统的家庭成员经济供养、生活照料、情感慰藉为主转变为老年人的经济自给、生活自理和情感自抚为主③。我国农村仍以家庭养老为主,社会化养老服务体系还未得到迅速发展,农村老年人在生活中只能依靠配偶、子女等其他家庭成员照料,而子女是农村老年人生活照料资源的主要提供者,尤其是当老年人处于失能、半失能状态时④。陈成文等通过对湖南农村老年人的生活状况进行调查,研究发现农村老年人生活水平较低,养老需求没能得到满足,养老问题突出:子女的经济支持较少、缺乏子女的日常照料、老年人慢性病导致健康状况恶化、家庭养老观念退化⑤。

农村老年人社会支持与生活满意度方面。贺寨平以生活满意度反映老年人的生理、心理健康水平,研究农村老年人的社会支持网,结果表明社会支持的数量、质量影响老年人的心理、生理、社交等方面⑥。家庭养老是大多数农村老年人的选择,但事实上大多数农村老年人多与配偶居住,在生活无法自理或需要照料孙辈的情况下才同子女居住,这种较为单一的社会支持网络,导致大部分农村老年人出现精神孤独⑦。田园等研究发现,子女外出流动加重了农村

---

① 王金元.城市老人居家养老的社会支持[J].社会科学家,2008(4):110-113.
② 贺聪志,叶敬忠.农村劳动力外出务工对留守老人生活照料的影响研究[J].农业经济问题,2010(3):46-53.
③ 陈芳,方长春.家庭养老功能的弱化与出路:欠发达地区农村养老模式研究[J].人口与发展,2014,20(1):99-106.
④ 胡强强.城镇化过程中的农村"留守老人"照料[J].南京人口管理干部学院学报,2006(2):25-28.
⑤ 陈成文,肖卫宏.农民养老:一个社会网络的分析框架[J].湖北社会科学,2007(4):57-62.
⑥ 贺寨平.社会经济地位、社会支持网与农村老年人身心状况[J].中国社会科学,2002(3):135-148+207.
⑦ 付建威.社会支持视角下农村老年人贫困问题的网络化治理研究[D].武汉:华中师范大学,2015.

留守老人的日常生活负担，致使农村老年人日常照料主体和生病时的照料主体单一、缺乏，影响其身体健康状况①。

通过简单梳理学界关于农村老年人社会支持及其影响因素分析，本章从家庭支持、社区支持、政府正式支持角度对农村老年人的生活满意度、养老支持方式进行研究，以探讨现阶段农村老年人的养老支持现状，以及存在的问题，为进一步完善农村老年人的养老保障体系提供依据。

二、数据与变量

（一）数据

本节仍采用中国高龄老人健康长寿跟踪调查（CLHLS）2014年的调查数据，研究对象为60岁及以上的农村老年人，在剔除无关及缺失样本后，有效样本量为2 053个，其中男性老年人1 015人，占比49.44%，女性老年人1 038人，占比50.56%。

（二）变量

近年来，农村养老的方式主要包括自我养老、子女养老、社会养老、社区互助等，样本数据显示农村老年人接受社会养老的比重较低，因此，本章将从家庭养老、社区互动、政府正式支持三个角度探讨农村养老社会支持系统及养老保障水平。本章所指的农村养老保障涉及的内容除经济上的支持、生活照料外，还包括精神层面的因素。为探讨农村的养老支持现状，除政府的社会养老保险措施外，还加入社区的参与互动变量。从社会角度看，农村老年人获取养老支持的途径可以通过自己的劳动收入、子女经济供养，这也是农村老年人最主要、最传统的养老支持方式；同时，本章纳入农村老年人的期望居住方式，主要包括同子女居住、独居但子女在附近两种类型。

本章选取的各项指标如表5.2所示，个体层面的指标主要包括：性别、年龄、受教育程度、婚姻状况、孤独感、健康状况六个变量；家庭层面的指标主要包括：同住人数、家庭收入水平两个变量；社区层面的指标主要包括：上门看病送药、社交和娱乐活动两个变量；养老观念的指标主要包括：积极养老观念、家庭开支决定权两个变量。

---

① 田园，胡宏，肖水源，周亮. 农村老年人生活质量及与负性生活事件、社会支持的相关性 [J]. 中国心理卫生杂志, 2013, 27 (10): 734-738.

表 5.2　　　　　　　　　变量的选取与设计

因变量	生活满意度；子女供养；自我养老；社会养老保险；同子女居住；不同子女居住		
自变量	个体层面	性别；年龄；受教育程度；婚姻状况；孤独感；健康状况	
	家庭层面	同住人数；家庭收入水平	
	社区层面	上门看病、送药；社交和娱乐活动	
	养老观念	积极养老观念；家庭开支决定权	

因变量：①老年人的生活满意度。本章以问卷中"您觉得您现在生活怎么样？"来测量生活满意度，对该问题的有效回答分为"很好""好""一般""不好"和"很不好"五个等级，由于选择"不好"和"很不好"的比例非常小，因此，本章保留前两个等级，表示"生活很满意""生活满意"，将后三个等级合并为一类，表示"生活一般"，生活一般到满意的比重分别为 32.34%、53.43%、14.23%。②子女供养。根据问题"您现在主要的生活来源是什么？"从中选取"子女"，将答案整理为二分类变量。③自我养老。根据问题"您现在主要的生活来源是什么？"从中选取"自己劳动或工作"，将答案整理为二分类变量。④社会养老保险。根据问题"您是否参加养老保险"，将答案整理为二分类变量。⑤同子女居住。根据问题"您希望哪一种养老方式？"从中选出"与子女一起居住"，整理为二分类变量。⑥不同子女居住。根据问题"您希望哪一种养老方式？"从中选出"（或仅与配偶居住），子女最好住在附近"，整理为二分类变量。

自变量：①个体层面的自变量：老年人的性别、年龄、受教育程度、婚姻状况等人口学特征指标，以及老年人对孤独感和健康状况自评的主观感受指标。②家庭层面的自变量：根据问题"与您同住的有多少人（不包括您本人）？"将回答整理为连续性变量；根据问题"您的生活水平在当地比较起来，属于哪种？"将答案整理为"比较困难""一般""比较富裕"三类。③社区层面的自变量：根据问题"您所在社区为老年人提供了哪些社会照料？"从中选取"上门看病、送药""组织社交和娱乐活动"，整理为二分类变量。④养老观念的自变量：根据问题"您是不是觉得越老越不中用？"将回答整理为"经常""有时""很少"三类；根据问题"您在家庭中的开支决定能够做主的情况是？"将答案整理为 1~5 的定序变量，决定权逐步降低。

变量的具体定义及类型如表 5.3 所示。

表 5.3 变量的定义

变量	变量类型	定义
因变量		
生活满意度	分类变量	很满意=1；满意=2；一般=3
子女供养	分类变量	是=1；不是=0
自我养老	分类变量	是=1；不是=0
社会养老保险	分类变量	购买=1；未购买=0
同子女居住	分类变量	是=1；不是=0
不同子女居住	分类变量	是=1；不是=0
个体层面		
性别	分类变量	男=1；女=0
年龄	连续变量	递增
婚姻状况	分类变量	配偶同住=1；其他=0
受教育年限	分类变量	非文盲=1；文盲=0
健康状况	分类变量	1=一般；2=好；3=很好
孤独感	分类变量	1=有时；2=很少；3=从不
家庭层面		
同住人数	连续变量	递增
家庭生活水平	分类变量	1=比较困难；2=一般；3=比较富裕
社区层面		
上门看病、送药	分类变量	提供=1；未提供=0
组织社交和娱乐活动	分类变量	提供=1；未提供=0
养老观念		
积极养老观	分类变量	1=经常；2=有时；3=很少；4=从不
家庭开支决定权	连续变量	1~5 递减

三、实证分析

（一）农村养老支持系统的描述性统计

1. 因变量的描述性统计

因变量的描述性统计见表 5.4，具体来看：

在本章选取的农村老年人样本中，认为生活满意程度为一般的农村老年人占比为 32.34%，认为生活满意的比重为 53.43%，认为生活很满意的比重为

14.23%。可以看出，所选取样本的农村老年人主观性生活评价较高。

养老方式上，主要由子女供养的农村老年人占比为61.67%，主要由自己劳动或工作养老的农村老年人占比为15.59%。可以看出，子女养老仍然是农村老年人养老的主要方式，自我养老比例不高。

社会养老保险方面，农村老年人购买社会养老保险的比重为26.69%，可以看出，农村老年人购买社会养老保险的规模较小。

期望的居住方式上，农村老年人期望同子女居住的比重为54.36%，期望独居（或同配偶居住）但子女在附近的比重为32.29%。可以看出，农村老年人期望与子女共同居住的比例较高，仍希望以家庭为单位养老。

表5.4　　　　　　　　　因变量的描述性统计

变量	频数	频率	变量	频数	频率
生活满意度			社会养老保险		
一般	664	32.34	购买	548	26.69
满意	1 097	53.43	未购买	1 505	73.31
很满意	292	14.23	同子女居住		
子女供养			是	1 116	54.36
是	1 266	61.67	不是	937	45.64
不是	787	38.33	不同子女居住		
自我养老			是	663	32.29
是	320	15.59	不是	1 390	67.71
不是	1 733	84.41			

2. 个体层面变量与因变量的列联表分析

个体层面变量与因变量的列联表分析结果如表5.5所示。具体来看：

性别角度。农村男性老年人认为生活满意的比重略高于女性老年人；农村女性老年人由子女经济供养的比重为69.27%，高于男性老年人；农村男性老年人自我劳动养老的比重为23.25%，是女性老年人比重的近4倍；农村男性老年人购买社会养老保险的比重略高于女性老年人；农村女性老年人选择同子女共同居住的比重为62.81%，高于男性老年人；农村男性老年人选择独居或同配偶一起居住，但子女在附近的比重为37.83%，高于女性老年人。由此可见，农村男性老年人的自我经济供养水平更高。

受教育程度。接受过教育的农村老年人认为生活满意的比重高于未接受过教育的老年人；未接受过教育的农村老年人由子女经济供养的比重更高，而接

表 5.5　　　　　　　个体层面变量与因变量的列联表分析　　　　单位:%

变量	生活满意度 一般	生活满意度 好	生活满意度 很好	子女供养 是	自我养老 是	养老保险 购买	同子女居住 是	独居(配偶) 是
性别								
男	32.51	52.91	14.58	53.89	23.25	26.70	45.71	37.83
女	32.18	53.95	13.87	69.27	8.09	26.69	62.81	26.88
受教育程度								
文盲	34.05	53.36	12.59	69.22	9.40	26.64	61.64	28.53
非文盲	30.12	53.53	16.35	51.85	23.62	26.76	44.90	37.18
健康状况								
不好	57.24	36.03	6.73	65.32	10.77	27.95	53.87	30.98
一般	44.60	45.87	9.53	65.57	13.34	27.19	56.42	31.77
很好	14.76	64.91	20.33	57.38	18.89	25.90	52.84	33.13
婚姻状况								
同配偶居住	32.78	51.66	15.56	47.85	26.71	27.69	34.64	45.79
无配偶	31.92	55.19	12.9	75.36	4.56	25.70	73.64	18.91
孤独感								
有时	40.63	50.78	8.59	67.66	11.25	23.59	60.00	29.06
很少	27.88	60.00	12.12	62.55	17.70	24.48	53.09	34.42
从不	29.59	47.11	23.30	53.91	17.35	33.16	50.00	32.82

受过教育的农村老年人由自我劳动供养的比重更高;接受过教育的农村老年人购买养老保险的比重高于未接受过教育的农村老年人;接受过教育的农村老年人选择独居或同配偶居住,但子女在附近的比重更高,而未接受过教育的农村老年人选择同子女共同居住的养老意愿的比重更高。由此可见,受教育程度更高的老年人养老储备能力更强,生活满意度更高。

健康状况角度。农村老年人身体健康状况越好认为生活满意的比重更高;健康状况越好由子女经济供养的比重越低,而自我劳动养老的比重更高;农村老年人健康状况越好,购买社会养老保险的比重越低;农村老年人健康状况越好,选择同子女共同居住的比重越低,而选择独居或与配偶共同居住,但子女在附近的比重更高。由此可见,健康状况越好的老年人对代际支持的依赖程度更低。

婚姻状况。有配偶同住的农村老年人认为生活满意的比重更高;有配偶同住的农村老年人由子女经济供养的比重更低,而自我劳动养老的比重更高;有配偶同住的农村老年人购买社会养老保险的比重更高;有配偶同住的农村老年人选择同子女共同居住的养老意愿的比重更低,而选择独居或同配偶共同居住,但子女在附近的比重更高。由此可见,农村老年人在选择养老支持时,配偶成为其首选对象。

孤独感。农村老年人感受孤独的频率越低认为生活满意的比重越高;农村老年人感觉越孤独,由子女经济供养的比重越高,而自我劳动养老的比重越低;农村老年人感觉越孤独购买社会养老保险的比重越高;农村老年人越孤独,选择同子女共同居住的比重更高,而选择独居或同配偶共同居住,但子女在附近的比重越低。由此可见,孤独感会成为影响农村老年人养老生活质量的重要因素之一。

3. 家庭层面变量与因变量的列联表分析

家庭层面变量与因变量的列联表分析结果如表5.6所示。具体来看:农村老年人家庭收入水平在当地越富裕,认为生活满意的比重越高;农村老年人家庭收入水平越富裕由子女经济供养的比重越低,而自我劳动养老的比重越高;农村老年人家庭越富裕购买社会养老保险的比重越高;家庭越富裕选择同子女共同居住的比重越高,而选择独居或同配偶居住,但子女在附近的比重越低。由此可见,农村老年人的养老经济充裕程度直接关系到养老生活满意度。

表5.6　　　　家庭层面变量与因变量的列联表分析　　　　单位:%

变量	生活满意度			子女供养	自我养老	养老保险	同子女居住	独居(配偶)
	一般	好	很好	是	是	购买	是	是
家庭收入水平								
比较困难	68.86	29.39	1.75	51.75	11.25	25.44	53.51	33.70
一般	32.04	54.67	13.29	64.21	17.70	26.51	53.62	33.16
比较富裕	6.56	65.35	28.20	56.39	17.35	28.52	58.69	29.18

4. 社区层面变量与因变量的列联表分析

社区层面变量与因变量的列联表分析结果如表5.7所示。具体来看:

上门看病、送药服务等健康服务。农村社区为老年人提供上门看病、送药服务等健康服务,老年人认为生活满意的比重更高;农村社区提供上门看病、送药服务,老年人由子女供养的比重略高于社区未提供该服务的老年人,同时自我劳动养老的比重也较高;农村社区提供上门看病、送药服务,老年人购买社会养老保险的比重更高;农村社区提供上门看病、送药服务,老年人选择独居或同配偶共同居住,但子女在附近的比重更高,而选择同子女共同居住的比重更低。农村社区提供健康相关服务支持会直接提升农村老年人的生活满意度。

组织社交和娱乐活动。农村社区组织社交和娱乐活动，老年人认为生活满意的比重更高，由子女经济供养的比重更低，同时自我劳动养老的比重也低；农村社区组织社交和娱乐活动，老年人购买社会养老保险的比重更高，选择同子女共同居住的比重更低，而选择独居或同配偶居住，但子女在附近的比重更高。社交和娱乐活动等丰富了农村老年人的精神文化生活，更好地满足了老年人的精神慰藉需求，增加了老年人的生活满意度。

表 5.7　　　　　社区层面变量与因变量的列联表分析　　　　单位:%

变量	生活满意度 一般　好　很好	子女供养 是	自我养老 是	养老保险 购买	同子女居住 是	独居(配偶) 是
上门看病、送药						
提供	29.91　50.81　19.27	61.83	16.77	32.79	52.69	36.05
未提供	33.89　55.10　11.00	61.56	14.83	22.81	55.42	29.90
组织社交和娱乐活动						
提供	18.18　60.50　21.32	55.49	15.05	36.05	36.99	46.71
未提供	34.95　52.13　12.92	62.80	15.69	24.97	57.55	29.64

5. 养老观念变量与因变量的列联表分析

养老观念变量与因变量的列联表分析结果如表 5.8 所示。具体来看：抱着积极养老观的农村老年人认为生活满意的比重相对较高；有积极养老观念的农村老年人由子女经济供养的比重更低，而自我劳动养老的比重相对更高；有积极养老观念的农村老年人购买社会养老保险的比重略低于消极养老观的老年人；有积极养老观的农村老年人选择同子女共同居住的养老意愿的比重相对更低，而选择独居或同配偶居住，但子女在附近的比重相对较高。积极老龄化，按照自己的需要、愿望和能力参与社会，有益于提升老年美好生活质量。

表 5.8　　　　　养老观念变量与因变量的列联表分析　　　　单位:%

变量	生活满意度 一般　好　很好	子女供养 是	自我养老 是	养老保险 购买	同子女居住 是	独居(配偶) 是
积极养老观						
经常	46.43　39.29　14.29	66.87	10.52	32.14	55.95	30.16
有时	30.70　57.02　12.28	62.28	16.17	27.32	53.01	34.21
很少	22.70　63.60　13.70	60.08	18.20	20.55	57.14	31.31
从不	28.75　49.58　21.67	52.08	18.75	26.25	49.58	32.50

(二)农村老年人生活满意度的回归分析

由于生活满意度为三分类有序变量,因此,本章主要采用 ordered logistic 回归模型对农村老年人生活满意度进行回归分析。模型1为个体层面变量与生活满意度的回归结果,模型2为家庭层面变量与生活满意度的回归结果,模型3为社区层面变量与生活满意度的回归结果,模型4为养老观念与生活满意度的回归结果,模型5将本章构建的所有变量纳入分析的回归结果。模型回归结果见表5.9。

表5.9　　　　　　　生活满意度与各自变量的回归分析

自变量		模型1	模型2	模型3	模型4	模型5
个体层面	性别	-0.183 4*				-0.143 7
	年龄	0.113 6**				0.009 4***
	受教育程度	0.244 3**				0.105 1
	健康状况	0.972 2***				0.833 7***
	婚姻状况	0.069 4				0.078 4
	孤独感	0.235 7***				0.209 9***
家庭层面	同住人数		0.004			0.014 9
	家庭收入水平		1.385***			1.152 9***
社区层面	上门看病、送药			0.250 3***		0.175 8*
	社交和娱乐活动			0.687 1***		0.695 9***
养老观念	积极养老观				0.283 3***	-0.022 9
	家庭开支决定权				-0.037 2	-0.002 7
	N	2 053	2 053	2 053	2 053	2 053
	Prob>chi^2	0.000 0	0.000 0	0.000 0	0.000 0	0.000 0
	Pseudo R^2	0.071 4	0.063 3	0.011 9	0.010 5	0.120 5

注：* P<0.10，** P<0.05，*** P<0.01。

个体层面。模型1的回归结果显示,个体层面的性别、年龄、受教育程度、健康状况、孤独感对生活满意度产生显著影响。具体而言：同男性老年人相比,农村女性老年人认为生活满意的可能性更大；越长寿的老年人其生活满意度越高；健康状况越好的农村老年人,认为生活满意的可能性更大；随着孤独感的减少,农村老年人认为生活满意的可能性更大。

家庭层面。模型2的回归结果显示,家庭层面的家庭收入水平对农村老年人的生活满意度产生显著影响,而同住人数对生活满意度的影响不显著。具体而言：家庭收入水平相对越富裕,农村老年人认为生活满意的可能性更大。由此可见，家庭经济条件越充裕，老年人的生活满意度越高。

社区层面。模型3的回归结果显示，社区层面的上门看病、送药服务，组织社交和娱乐活动均对农村老年人的生活满意度产生显著影响，具体而言：农村社区提供上门看病、送药等健康关怀服务，组织社交和娱乐活动，农村老年人的健康保障需求和精神慰藉需求得以满足情况下，其生活满意度更高。

养老观念。模型4的回归结果显示，积极养老观对农村老年人的生活满意度产生显著影响，而家庭开支决定权对生活满意度的影响不显著。具体而言：拥有积极的养老观念，即很少认为自己越老越没用的农村老年人，认为生活满意的可能性更大。

（三）农村老年人养老社会支持的回归分析

为探究农村老年人养老社会支持系统的影响因素，本节从个体层面、家庭层面、社区层面、养老观念四个方面对农村老年人的子女经济供养、自我劳动养老、社会养老保险以及期待同子女共同居住、独居或同配偶居住的影响进行实证分析，分别构建模型6、模型7、模型8、模型9、模型10。回归结果如表5.10所示。

表5.10　　　　养老支持与各自变量的回归分析

自变量		模型6	模型7	模型8	模型9	模型10
个体层面	性别	-0.117 3	0.727 5***	-0.007 6	-0.038 8	0.051 4
	年龄	0.035 8***	-0.133 3***	0.023 1***	-0.016 6**	-0.006 5
	受教育程度	-0.103 8	-0.098 9	-0.215 1*	-0.038 3	-0.108 1
	健康状况	-0.102 1	0.285 8**	-0.105 4	0.058 9	-0.004 5
	婚姻状况	-0.463 6***	0.753 4***	-0.294 2**	-1.232 2***	1.031 2***
	孤独感	-0.149 6**	-0.053 33	0.370 8***	-0.186 4**	0.004 5
家庭层面	同住人数	0.065 6**	0.004	0.036 3	0.500 2***	-0.330 8***
	家庭收入水平	0.167 9	-0.041 1	0.116 1	0.024 4	0.000 9
社区层面	上门看病、送药	-0.071 4	0.387 1***	0.459 3***	-0.149 4	0.295**
	社交和娱乐活动	-0.150 7	-0.275 8	0.433 3**	-0.872 4***	0.625 1***
养老观念	积极养老观	-0.014 9	-0.027 8	-0.308 8***	0.142 3**	-0.055 9
	家庭开支决定权	0.266 3***	-0.232 1***	-0.171 8**	0.280 9***	-0.139 6***
	N	2 053	2 053	2 053	2 053	2 053
	Prob>chi^2	0.000 0	0.000 0	0.000 0	0.000 0	0.000 0
	Pseudo R^2	0.121 9	0.294 1	0.047 3	0.264 5	0.137 1

注：*P<0.10，**P<0.05，***P<0.01。

1. 子女经济供养方面

个体层面的年龄、婚姻状况及孤独感变量对农村老年人子女经济供养产生显著影响。具体而言：年龄越大的农村老年人，由子女经济供养的可能性更大；没有配偶共同居住的农村老年人，由子女经济供养的可能性更大；经常感觉孤独的农村老年人，由子女经济供养的可能性更大。

家庭层面的同住人数变量对农村老年人子女经济供养产生显著影响，而家庭收入水平对其影响不显著。具体而言：同住人数越多，由子女经济供养的可能性越大。

社区层面的变量对农村老年人子女经济供养的影响均不显著。养老观念的家庭开支决定权变量对农村老年人子女经济供养产生显著影响，而有越老越没用的消极养老观对其影响不显著。具体而言：农村老年人在家庭中对家庭开支的决定权力越小，由子女经济供养的可能性越大。

2. 自我养老方面

个体层面的性别、年龄、健康状况、婚姻状况对农村老年人自我养老产生显著影响，而受教育程度、孤独感对其影响不显著。具体而言：农村男性老年人自我养老的可能性更大，年龄越小的农村老年人自我养老的可能性更大；健康状况越好的农村老年人自我养老的可能性更大；有配偶的农村老年人自我养老的可能性更大。

家庭层面的两个变量均对农村老年人自我养老影响不显著。

社区层面提供上门看病、送药服务对农村老年人自我养老产生显著影响，而组织社交和娱乐活动对其影响不显著。具体而言：农村社区提供上门看病、送药服务，老年人自我养老的可能性越大。

养老观念的家庭开支决定权变量对农村老年人自我养老影响显著，而认为自己越老越没用的养老观念对其影响不显著。具体而言：农村老年人在家庭中对家庭开支决定权越大，自我养老的可能性越大。

3. 社会养老保险方面

个体层面的年龄、受教育程度、婚姻状况、孤独感变量对农村老年人购买社会养老保险的行为产生显著影响，而性别、健康状况对其影响不显著。具体而言：年龄越小的农村老年人购买社会养老保险的可能性越大；受教育程度越低的农村老年人购买社会养老保险的可能性越大；没有配偶同住的农村老年人购买社会养老保险的可能性更大；孤独感较少的农村老年人购买社会养老保险的可能性越大。

家庭层面的两个变量均对农村老年人购买社会养老保险的行为不产生显著影响。

社区层面的上门看病、送药，社交和娱乐活动变量均对农村老年人购买社会养老保险的行为产生显著影响。具体而言：农村社区提供上门看病、送药，组织社交和娱乐活动的老年人，购买社会养老保险的可能性越大。养老观念的越老越没用、家庭开支决定权对农村老年人购买社会养老保险的行为产生显著影响。具体而言：持有消极养老观的农村老年人，即认为越老越没用的老年人购买社会养老保险的可能性越大；农村老年人在家庭中对家庭开支的决定权越大，其购买社会养老保险的可能性越大。

4. 同子女共同居住方面

个体层面的年龄、婚姻状况、孤独感对农村老年人选择同子女共同居住的养老意愿产生显著影响，而性别、受教育程度、健康状况对其影响不显著。具体而言：年龄越小的农村老年人选择同子女共同居住的养老意愿的可能性越大；健康状况不好的农村老年人选择同子女共同居住的养老意愿的可能性越大；经常感觉孤独的农村老年人选择同子女共同居住的养老意愿的可能性越大。

家庭层面的同住人数对农村老年人选择同子女共同居住的养老意愿产生显著影响。具体而言：当前家庭共同人数越多的农村老年人选择同子女共同居住的养老意愿的可能性更大。

社区层面的组织社交和娱乐活动变量对农村老年人选择同子女共同居住的养老意愿产生显著影响。具体而言：农村社区组织老年人参与社交和娱乐活动，其选择同子女居住的可能性越小。

积极的养老观、家庭开支决定权均对农村老年人选择同子女共同居住的养老意愿产生显著影响。具体而言：农村老年人有积极的养老观、在家庭中对家庭开支的决定权越小，其选择同子女共同居住的可能性更大。

5. 独居或同配偶居住（但子女在附近）方面

个体层面的婚姻状况对老年人选择独居或同配偶居住的养老意愿产生显著影响，而性别、年龄、受教育程度、健康状况、孤独感等变量对其影响不显著。具体而言：有配偶共同居住的老年人选择独居或同配偶共同居住，但子女在附近的养老方式的可能性更大。

家庭层面的同住人数对农村老年人选择独居或同配偶居住的养老意愿产生显著影响。具体而言：当前同住人数越少的农村老年人选择独居或同配偶居住，但子女在附近的养老意愿的可能性越大。

社区层面的上门看病、送药，组织社交和娱乐活动变量均对农村老年人选择独居或同配偶居住，但子女在附近的养老意愿产生显著影响。具体而言：农村社区为老年人提供上门看病、送药服务，组织社交和娱乐活动，其选择独居或同配偶居住，但子女在附近的养老意愿的可能性越大。

养老观念的家庭开支决定权对农村老年人选择独居或同配偶共同居住的养老意愿产生显著影响。具体而言：农村老年人在家庭中对家庭开支的决定权越大，其选择独居或同配偶共同居住的养老意愿的可能性越大。

第四节　本章小结

一、结论

从供需视角来说，养老需求也可以理解为养老社会支持的目标及主要内容，建立社会支持系统的目的就是为了满足老年人日益增长的养老需求。养老社会支持系统是一个复杂的多维系统，包括主体、客体和内容，其主要内容包括经济供养支持、生活照料支持、健康保障支持与精神慰藉支持四个方面。本章采用中国高龄老人健康长寿跟踪调查（CLHLS）2014 年的调查数据，对新时代我国农村养老社会支持系统进行计量分析。

通过对数据结果的分析，得到以下结论：

（一）农村老年人生活满意度的影响因素

第一，农村老年人的生活满意度不仅受老年人个体的客观人口学特征影响，还受老年人自身主观感受的影响。个体层面的性别、年龄、受教育程度、孤独感对生活满意度产生显著影响。具体而言：同男性老年人相比，农村女性老年人认为生活满意的可能性更大；随着农村老年人老龄的不断增长，认为生活满意的可能性更大；健康状况越好的农村老年人，认为生活满意的可能性更大；随着孤独感的减少，农村老年人认为生活满意的可能性更大。

第二，农村老年人生活满意度受家庭经济状况影响较大。家庭层面的家庭收入水平对农村老年人的生活满意度产生显著影响，而同住人数变量对生活满意度的影响不显著。具体而言：家庭收入水平相对越富裕，农村老年人认为生活满意的可能性更大。

第三，农村老年人生活满意度还受社区为老服务的影响。社区层面的上门看病、送药，组织社交和娱乐活动变量均对农村老年人的生活满意度产生显著影响。具体而言：农村社区提供上门看病、送药，组织社交和娱乐活动，老年人认为生活满意的可能性更大。

第四，农村老年人的心态和在家庭中的地位对其生活满意度产生较大的影响。养老观念层面，积极养老观对农村老年人的生活满意度产生显著影响，而家庭开支决定权对生活满意度的影响不显著。具体而言：拥有积极的养老观念，即很少认为自己越老越没用的农村老年人，认为生活满意的可能性更大。

（二）农村老年人养老支持的影响因素

第一，代际的经济供养支持受年龄、配偶、孤独感、同住人数及养老观念的影响。个体层面：年龄越大的农村老年人，由子女经济供养的可能性更大；没有配偶共同居住的农村老年人，由子女经济供养的可能性更大；经常感觉孤独的农村老年人，由子女经济供养的可能性更大。家庭层面：同住人数越多，由子女经济供养的可能性越大。养老观念：农村老年人在家庭中对家庭开支的决定权力越小，由子女经济供养的可能性越大。

第二，自我养老支持受性别、年龄、健康状况、配偶情况、社区服务及养老观念的影响。个体层面：农村男性老年人自我养老的可能性更大，年龄越小的农村老年人自我养老的可能性更大；健康状况越好的农村老年人自我劳动养老的可能性更大；有配偶的农村老年人自我劳动养老的可能性更大。社区层面：农村社区提供上门看病、送药服务，老年人自我劳动养老的可能性越大。养老观念：农村老年人在家庭中对家庭开支决定权越大，由自己劳动养老的可能性越大。

第三，农村老年人在选择正式支持，如购买社会养老保险等行为时，受年龄、受教育程度、配偶状况、孤独感、社区服务、养老观念的影响。个体层面：年龄越小的农村老年人购买社会养老保险的可能性越大；受教育程度越低的农村老年人购买社会养老保险的可能性越大；没有配偶同住的农村老年人购买社会养老保险的可能性更大；孤独感较少的农村老年人购买社会养老保险的可能性越大。社区层面：农村社区提供上门看病、送药，组织社交和娱乐活动的老年人，购买社会养老保险的可能性越大。养老观念：农村老年人没有积极的养老观念，即认为越老越没用的老年人购买社会养老保险的可能性越大；农村老年人在家庭中对家庭开支的决定权越大，其购买社会养老保险的可能性越大。

第四，代际同住模式受老年人的年龄、健康状况、孤独感、家庭规模、社区服务、养老观念的影响。个体层面：年龄越小的农村老年人选择同子女共同居住的养老意愿的可能性越大；健康状况不好的农村老年人选择同子女共同居住的养老意愿的可能性越大；经常感觉孤独的农村老年人选择同子女共同居住的养老意愿的可能性越大。家庭层面：当前家庭共同人数越多的农村老年人选择同子女共同居住的养老意愿的可能性更大。社区层面：农村社区组织老年人参与社交和娱乐活动，其选择同子女居住的可能性越小。养老观念：农村老年人有积极的养老观念、在家庭中对家庭开支的决定权越小,其选择同子女共同居住的可能性更大。

第五,农村老年人选择独居或同配偶居住受家庭规模、社区服务及养老观念的影响。个体层面:有配偶共同居住的老年人选择独居或同配偶共同居住,但子女在附近的养老方式的可能性更大。家庭层面:当前同住人数越少的农村老年人选择独居或同配偶居住,但子女在附近的养老意愿的可能性越大。社区层面:农村社区为老年人提供上门看病、送药服务,组织社交和娱乐活动,其选择独居或同配偶居住,但子女在附近的养老意愿的可能性越大。养老观念:农村老年人在家庭中对家庭开支的决定权越大,其选择独居或同配偶共同居住的养老意愿的可能性越大。

二、讨论

政府作为构建农村老年人养老支持体系重要的责任主体,应建立健全针对农村老年人养老支持的制度政策,在社会养老保险上,考虑农村地区经济发展不平衡的特点,建立不同保险范围、不同保险水平的社会养老保险;同时明确政府的监督职责,对养老保险的运行进行监管,考虑在养老保险方面建立养老准备金以实现兜底功能。

家庭养老作为农村老年人最主要的养老方式,应强化家庭养老支持功能,充分发挥子女在家庭养老中的积极作用。"百善孝为先"是中华民族的传统美德,应发扬尊老、爱老、敬老、孝老的"孝"文化,依托社区,最大限度地发挥家庭养老功能。

随着经济社会的不断发展,传统的家庭养老未能更好地满足老年人的养老需求,这就要求在家庭养老的基础上,发挥社区居家养老的功能。当前,农村社区为老年人提供养老服务的种类单一,覆盖面较窄,大多集中在上门看病、组织娱乐活动等方面,而帮助老年人日常购物、陪同看病和聊天的服务比重则较低。可见,当前社区的养老服务供给难以适应老年人的养老需求,因此,农村社区应在了解老年人居家养老服务需求的基础上,创新性地提供多层次、多样化的养老服务,以满足农村老年人日益多元化的养老需求。

虽然农村老年人在社会中属于弱势群体,但农村老年人应树立积极的养老观,主观上减少对其他养老支持的依赖,实现自身价值;提高社会活动参与度,积极参与各项社会活动,提升老年人的社会交往能力,以获取来自邻居、朋友等可获取的养老支持。

第六章 中国农村老年人经济供给需求及其社会支持

在我国，受传统儒家思想和孝道文化的影响，成年子女是赡养老年父母的主要实施者，特别是在广大的农村地区，在农村老年人储蓄匮乏且社会保障不足的情况下，成年子女是农村老年人获取经济支持和生活保障的主要来源[①]。现阶段，我国处于经济转型、人口转变和社会转轨的关键时期，这一时期两个重大的标志即是人口老龄化和人口城镇化。随着生育率的下降和人口寿命的延长，我国的人口老龄化已是大势所趋，且农村老年人比重明显高于城镇；人口流动不但加剧了农村的人口老龄化进程，而且出现了大量的"留守老人"群体。与此同时，新型农村社会养老保险在农村养老保障体系中正逐步发挥作用。因此，研究社会支持对农村老年人经济供给满意度的影响具有重要意义。

第一节 关于农村老年人经济供给支持的研究回顾

在中国广大的农村地区，家庭养老仍然是老年人最主要的养老方式。传统代际支持也称为家庭养老，是指子女为老年父母提供的包括经济支持、日常照料和精神慰藉在内的支持行为（王萍、李树茁，2011）。然而，在目前的社会经济发展水平下，经济支持仍然是大多数农村老年人最主要的养老需求（张文娟，2012）。我国农村老年人的生活来源结构主要有三个特点：一是，近八成的留守老人主要通过从事农业或者其他副业来进行自我经济供养，尤其是土地的基本生活保障功能尤为重要；二是外出子女是留守老人获取经济支持的主

---

① 宁满秀，王小莲. 中国农村家庭代际经济支持行为动机分析 [J]. 农业技术经济，2015 (5)：21-32.

要来源，绝大多数留守老人对外出子女的经济供养存在拉力；三是我国的社会保障体系在农村的覆盖面较小，保障水平不高，保障能力较弱（叶敬忠、贺聪志，2009）。可以看出，目前我国农村留守老人在经济上主要依靠家庭供养，制度性支持对留守老人的保障程度非常低。而成年子女会根据老年父母的实际需求给予力所能及的支持，以弥补社会养老保障的不足（郭志刚，1996）。在农村，子女为老年父母提供的经济支持主要分为两类：一是实物性支持，主要供给粮食、衣物和其他生活必需品；二是货币性支持，主要供给现金。在人口城镇化的背景下，越来越多的农村劳动力出现职业性、地域性转移，使得越来越多的年轻子女从传统的农耕生产中脱离出来，动摇了以粮食等实物为主的家庭养老资源的供给基础，而以货币为主的家庭供养资源逐步替代了以实物为主的传统养老资源（叶敬忠、贺聪志，2009）。

现阶段，我国老年人的主要生活来源的构成相对稳定，但收入来源渠道仍然较少，且具有收入结构单一、社会保障占比较低的特点。从研究结果看，我国老年人生活来源具有以下特征：女性老年人经济独立性低于男性；离退休金、养老金是城镇老年人的主要生活来源，农村老年人则是自主劳动收入为主要生活来源（杜鹏、谢立黎，2014）；劳动收入主要是低龄老年人的收入来源（姜向群、郑研辉，2013）；城乡老年人的收入差距仍然很大（爱德华·帕默、邓曲恒，2005；成梅，2004）。此外，在老年人获取经济支持的影响因素研究方面：社会经济状况较好的子女为父母提供经济支持的可能性更大，子女会根据老年父母的需求和自身经济能力对父母提供最大可能的支持和帮助（张文娟，2004）。在农村生活标准较低的背景下，老年父母很大程度上能通过劳动实现自给自足，子女需要用于填补缺口的资源很少；农村子女的经济压力以及农村老年人对子女的体谅也是子女对老年父母经济支持水平的重要影响因素（叶敬忠、贺聪志，2009）。农村老年人随着年龄增大会降低劳动参与率，使得农村老年人收入降低。孙荣军、胡仕勇认为老年人婚姻状况与个人收入影响会经济支持的获取（孙鹃娟，2017）。退出工作领域的老年人群体收入水平下降，经济保障受到多方面不利因素影响（姜向群、郑研辉，2013）。

劳动收入和家庭成员供养是中国农村老年人最主要的收入来源（杜鹏，2003）。在代际经济支持上，子代存在净供养，且高于城市，农村家庭代际经济支持发挥着更为重要的养老功能（陈功，2003）。国内学者针对农村留守老人的经济支持与子女流动之间的关系做了大量的研究，主要有两种不同的观点：一方面，外出务工的子女本身的经济供养水平普遍较低，因此留守老人的生活条件并没有得到显著改善，甚至会加重经济负担（叶敬忠、贺聪志，

2009）；对蒙古国、泰国、中国大陆和香港人口迁移现象进行的研究结果显示，子女外出会导致老年人的贫困化问题加剧（Keldon，1999）；此外，有研究认为迁移会淡化人们的传统养老观念，在降低老年人和社区对子女的控制力基础上，削弱老年人的经济供养体系（Chan，1999；Hermalia，2002）。另一方面，通过调查发现，我国有75%的外出子女会汇款回老家，对农村家庭而言，子女的汇款超过了家庭总收入的50%（李强，2001）；子女外出能够改善农村家庭的经济状况，从而有利于留守老人获得经济支持（姚从容，2005；张旭升，2003；王鹏湖，2007），也有学者认为子女外出能够通过对老年人的经济补偿来弥补照料等其他方面的缺位（张文娟、李树茁，2004；杜鹏等，2004；孙鹃娟，2006）；子女数量减少和分散化居住不会影响子女对父母的经济供养能力（宋健，2013）。

生活满意度是衡量生活质量的重要维度之一，是指个体在各方面的需求和愿望得到满足时所产生的主观满意度（曾毅、顾大男，2004）。老年人既有物质上的需求，也有精神上的需求，对老年人的养老支持可以分为物质供养和精神赡养两个方面。在人口流动和经济压力的影响下，子女日常照料的不足已经影响了农村老年人晚年生活的质量，而子女提供的经济支持对于提升老年人的幸福感，具有重要作用（贺志峰，2011）。子女为老年父母所提供的经济支持、父母子间双向的日常生活照料和情感慰藉能够提高老年人的生活满意度，而子女提供的经济支持对日常照料则具有明显的替代作用（王萍，2011）。可以看出，在养老体系中，经济支持是对老年人进行的物质供养，是养老的核心内容，直接关系老年人的生活质量和生活满意度（叶敬忠、贺聪志，2009）。

在经济供养与老年人生活满意度的研究方面：有足够经济供养的老年人生活满意度明显比生活供养不足的老年人高（郭志刚，2007）；高龄老年人无论健康状况如何，都需要他人给予照料，照料的质量（及时、足够的经济支持）会影响其健康状况，而经济来源会影响老年人的消费水平和生活质量（王金营，2004）；农村留守老人获取的来自外出子女的经济支持绝大部分用于照料、抚养孙辈，对自身生活水平的改善十分有限（宋月萍，2014）；在我国农村地区，缺乏正式的养老体系，老年人在丧失劳动能力之后，子女供给的经济支持是其赖以生存的生活保障，有助于提升老年父母的生活满意度（王萍、李树茁，2011）。

可以看出，劳动收入和家庭成员供养是农村老年人获取经济支持的最主要来源，而家庭成员提供的代际经济支持能够显著影响农村老年人的生活满意度。就老年人的养老需求而言，包括物质需求和精神需求两方面，因此，生活满意度也包括物质和精神两个方面，农村老年人的经济供给需求是否得到满足，可以从老年人对物质生活的满意度来观察，本章即采用定量方法分析社会支持对农村老年人物质生活满意度的影响。

第二节 理论假设

由于劳动收入和家庭成员供养是农村老年人获取经济支持的最主要来源，本章重点考虑老年代际经济支持。不论在发达国家还是发展中国家，亲子代际经济支持都非常普遍，受到国内外学者的广泛关注和研究。西方学者关于代际支持理论提出了三种模型：权力与协商模型、交换模型和群体合作模型，以描述家庭内部的代际支持行为动机。用于分析现代家庭中的代际交换行为动机的主要是群体合作和交换模式。在群体合作模式下，家庭成员不仅关注自己的利益而且关心其他家庭成员的利益，即以家庭利益最大化为原则（Becker，1974），年轻家庭成员会为老年人提供更多的支持，以维持家庭的整体性以及成员行为的利他性；在交换模型中，亲子间的代际交换以"投桃报李"为原则来进行，交换者以实现个人福利最大化为基本目标（Cox，1987）。将代际支持理论用于中国家庭的代际支持行为的研究发现，上述两种模式都能够且可能同时支配家庭成员间的交换行为（Sun，2002；Silverstein，2002）。

从国内学者的研究结果看：代际经济交换是一种双向的经济资源流动行为，即指老年父母与其成年子女间进行的包括现金、衣物、食品等实物支持和交换（姚远，2001）。在中国，父母与子女间有着持久的代际向上和代际向下的资源流动。这种交换不是一种等价交换，而是彼此间互动、互惠、互补的过程（陈皆明，1998）。在交换和群体合作模型下，子女的经济状况与其对父母的经济支持（供养水平）之间具有相同的变动关系，即成年子女的社会经济状况越好，子女对老年父母提供越多的经济支持（张文娟，2016）。同时，在父母和子女的各种互动行为中，父母在家耕种土地，以及父母照料留守孩子的数量越多，外出子女对老年父母提供的经济支持越多。当父母年龄大，经济出现困难时，成年子女会提供适当的帮助。在交换模型下，就短期而言，成年子女会同父母共同居住，照料老年父母并同父母整理家务、照料孙辈进行交换，就长期来看，父母会选择对年轻子女进行助学等人力资本投资或者帮助其发展事业，以换取子女未来承担赡养老年父母的责任（宁满秀、王小莲，2015）。

在交换模型下，如果单从经济上的相互关系看，老年父母同子女间的经济关系总体上呈现出父母接受子女的私人转移大于父母给予子女转移的特点，在农村家庭中尤为明显（孙鹃娟，2017）。在老年父母身体状况较好、资源较丰富的情况下，与子女进行频繁的代际交换，子女提供经济支持以作为父母对其帮助的回馈①；在老年父母身体状况下降时，代际交换行为减少，但子女会对身体状况差的老年父母提供更多的经济支持②。

基于此，本章的研究模型主要从代际向上和代际向下两方面构建，代际向上的支持以子女为父母提供经济支持频率来测量，代际向下的支持主要从父母帮忙做家务频率、照顾孙辈频率、给成年子女经济支持频率三方面测量，同时考虑到生活来源问题，将农村老年人社会保障状况纳入研究内容。总之，定量研究的理论假设是代际向上和代际向下的支持行为都会对农村老年人物质生活满意度产生显著影响，社会支持越多农村老年人的物质生活满意度越高。

第三节　数据、变量和方法

本章要回答的问题是社会支持如何影响农村老年人对经济需求的满足，经济支持满意度用物质生活满意度测量。本章定量分析使用的数据为老年人福利与家庭情况2015年调查数据，变量选取如下：

一、目标变量

研究的目标变量是农村老年人的物质生活满意度，主要是指农村老年人对自己所获取的经济（物质）支持进行的主观评价。由于目标变量是农村老年人对物质生活满意度的主观评价，因此，在问卷中以"总体而言，您对您目前的物质生活条件满意吗？"这一问题来体现。在构建模型时，问题答案合并后将"满意"赋值为1，"一般"赋值为2，"不满意"赋值为3。其中，对当前物质生活感到"一般"的农村老年人占比最高，比值为48.6%，说明当前农村老年人的物质（经济）支持仍存在很大的提升空间。

---

① 张文娟，李树茁. 农村老年人家庭代际支持研究——运用指数混合模型验证合作群体理论[J]. 统计研究，2004（5）：33-37.

② 姚远. 中国家庭养老研究[M]. 北京：中国人口出版社，2001.

二、影响变量

本研究的社会支持主要内容是家庭代际支持，同时纳入社保保障等因素，考察社会支持对农村老年人物质生活满意度的影响。

家庭代际支持从代际向上和代际向下两个方面分析，代际向上主要是子女对父母的经济支持，用问题"最近一年，您的成年子女给予您经济方面的支持情况如何（如给赡养费）？"来测量，问题答案设定为"支持多""一般""支持少"三个层级。代际向下从照顾孙辈、给予子女经济支持、做家务三方面进行测量。具体来看：一是照顾孙辈，用问题"最近一年，您是否帮忙照顾孙子或孙女（包括外孙子或外孙女）？"来测量，问题答案设定为"照料多""一般""照料少"三个层级；二是给予子女经济支持，用问题"最近一年，您给予成年子女（已参加工作）经济支持的力度如何（如给生活费）？"来测量，问题答案设定为"支持多""支持少"两个层级；三是做家务，用问题"最近一年，您帮助子女做家务劳动的频率如何？"来测量，问题答案设定为"家务劳动多""家务劳动少"两个层级。社会保障方面主要考察农村老年人的收入来源，用问题"您目前最主要的生活开销来源是？"来测量，问题答案设定为"劳动所得""制度性支持""家庭支持或其他"三个方面（见表6.1）。

表6.1　　　　　　　　　　变量说明

变量名称	类型	赋值
目标变量		
Y 物质生活满意度	定序变量	满意=1；一般=2；不满意=3
控制变量		
X_1 性别	虚拟变量	女=0；男=1
X_2 年龄	定序变量	70岁以下=1；70岁以上=2
X_3 文化程度	定序变量	小学以下=1；小学=2；小学以上=3
X_4 婚姻状况	虚拟变量	有配偶=0；无配偶=1
X_5 劳动状况	虚拟变量	继续劳动=0；结束劳动=1
X_6 健康状况	定序变量	健康=1；不健康=2
X_7 子女外出	虚拟变量	外出=0；未外出=1
X_8 工作类型	虚拟变量	农业=0；非农=1
X_9 收入水平	定序变量	满意=1；一般=2；不满意=3

表6.1(续)

变量名称	类型	赋值
影响变量（社会支持）		
X_{10}生活来源	分类变量	劳动所得=1;制度性支持=2;家庭支持或其他=3
X_{11}子女经济支持	定序变量	支持多=1；一般=2；支持少=3
X_{12}照顾孙辈	定序变量	照料多=1；一般=2；照料少=3
X_{13}做家务	定序变量	家务劳动多=1；家务劳动少=2
X_{14}给予子女经济支持	定序变量	支持多=1；支持少=2

三、模型构建

因变量为有序多分类变量，因此，本章采用 ordered logistic 模型。在模型建立过程中，首先纳入农村老年人的社会支持变量，建立模型1，用来测量社会支持对物质生活满意度的单一影响；其次是纳入个体特征，建立模型2，以测量社会支持和个体特征对农村老年人物质生活满意度的综合影响。

第四节 农村老年人经济供给支持描述性统计分析

通过对老年人福利与家庭情况2015年调查数据中有关农村老年人经济供给支持相关变量进行描述性统计分析，探讨我国农村老年人经济供给支持的现状。

一、农村老年人生活来源支持的描述性统计分析

通过对农村老年人生活来源支持的描述性统计，可以看出，农村老年人获取生活来源的主要途径首先是劳动所得，其次是家庭支持或其他，最后是制度性支持（见表6.2）。但个体特征不同的农村老年人，其获取生活来源支持的途径也存在差异，具体而言：

从性别角度来看，农村男性老年人通过劳动所得获取生活来源的比重高于农村女性老年人，而农村女性老年人通过家庭支持或其他、制度性支持获取生活来源的比重高于农村男性老年人。这也比较符合中国农村男性的劳动参与率高于女性的实际。

表 6.2 农村老年人生活来源支持的描述性统计

变量	劳动所得 频数	劳动所得 频率(%)	制度性支持 频数	制度性支持 频率(%)	家庭支持或其他 频数	家庭支持或其他 频率(%)
性别						
男	191	63.88	52	17.39	56	18.73
女	101	60.84	32	19.28	33	19.88
年龄						
70岁以下	147	67.12	40	18.26	32	14.61
70岁以上	145	58.94	44	17.89	57	23.17
文化程度						
小学以下	117	63.59	25	13.59	42	22.83
小学	86	58.11	35	23.65	27	18.24
小学以上	89	66.92	24	18.05	20	15.04
婚姻状况						
有配偶	221	65.19	54	15.93	64	18.88
无配偶	71	56.35	30	23.81	25	19.84
劳动状况						
继续劳动	171	66.54	39	15.18	47	18.29
结束劳动	121	58.17	45	21.63	42	20.19
健康状况						
健康	196	65.33	51	17.00	53	17.67
不健康	96	58.18	33	20.00	36	21.82
子女外出						
外出	209	64.11	58	17.79	59	18.10
未外出	83	59.71	26	18.71	30	21.58
工作类型						
农业	200	65.15	51	16.61	56	18.24
非农	92	58.23	33	20.89	33	20.89
收入水平						
满意	137	61.99	54	24.43	30	13.57
一般	115	62.5	22	11.96	47	25.54
不满意	40	66.67	8	13.33	12	20.00

从年龄角度来看，低龄老年人的自我供养能力高于高龄老年人。70岁以下的农村老年人通过劳动所得、制度性支持获取生活来源的比重明显高于70岁以上的农村老年人，而70岁以上的农村老年人通过家庭支持或其他获取生活来源的比重明显高于70岁以下的农村老年人。

从文化程度角度来看，受教育程度高的农村老年人靠劳动获取生活来源的比重更高。小学以上文化程度的农村老年人通过劳动所得获取生活来源的比重最高，其次是小学以下、小学文化程度的农村老年人；小学文化程度的农村老年人通过制度性支持获取生活来源的比重最高，其次是小学以上、小学以下文化程度的农村老年人；小学以下文化程度的老年人通过家庭支持或其他获取生活来源的比重最高，其次是小学文化程度、小学以上文化程度的农村老年人。

从婚姻状况角度来看，有配偶的农村老年人对代际支持和其他社会支持的依赖程度更低一些。有配偶的农村老年人通过劳动所得获取生活来源的比重更高，而无配偶的农村老年人通过制度性支持、家庭支持或其他获取生活来源的比重更高。

从劳动状况角度来看，多数农村老年人在身体健康允许条件下仍希望继续劳动获取养老资源。仍继续劳动的农村老年人主要通过劳动所得获取生活来源，而已不劳动的农村老年人主要通过家庭支持或其他、制度性支持获取生活来源。

从身体健康状况角度来看，健康状况是影响农村老年人自我养老的重要因素。身体健康的农村老年人通过劳动所得获取生活来源的比重更高，而身体不健康的农村老年人通过家庭支持或其他、制度性支持获取生活来源的比重更高。

从子女外出角度来看，农村留守老年人从事劳动获取生活来源的比重更高。子女外出的农村老年人通过劳动所得获取生活来源的比重更高，而子女未外出的老年人通过家庭支持或其他、制度性支持获取生活来源的比重更高。

从工作类型角度来看，多数农村老年人在身体健康允许的条件下终身从事农业种植的比重大。从事农业工作的农村老年人通过劳动所得获取生活来源的比重更高，而从事非农工作的农村老年人通过家庭支持或其他、制度性支持获取生活来源的比重更高。

从收入水平角度来看，对经济状况担忧的农村老年人更缺乏安全感，希望通过自身劳动增加收入的比重大。对收入水平不满的农村老年人通过劳动所得获取生活来源的比重最高，对收入水平满意的农村老年人通过制度性支持获取生活来源的比重最高，认为收入水平一般的农村老年人通过家庭支持或其他获取生活来源的比重最高。

二、农村老年人子女经济支持的描述性统计分析

通过调研数据对农村老年人子女经济支持的描述性统计，可以看出，农村老年人依靠子女经济支持的比重较高（见表6.3）。但个体特征不同的农村老年人，其获取子女经济支持的程度也存在差异，具体而言：

从性别角度来看，女性比男性对子女经济支持的期望更高。农村男性老年人认为子女经济支持多的比重更高，而农村女性老年人认为子女经济支持一般、支持少的比重更高。

从年龄角度来看，随着年龄增长，老年人从子女获取更多经济支持的机会更大。70岁以上的农村老年人认为子女经济支持多的比重更高，而70岁以下的农村老年人认为子女经济支持一般、支持少的比重更高。

从文化程度来看，文化程度更高的老年人对子女经济支持的依赖程度更低。小学以上文化程度的农村老年人认为子女经济支持多的比重最高，其次是小学以下、小学文化程度的农村老年人；小学文化程度的农村老年人认为子女经济支持一般的比重最高，其次是小学以上、小学以下文化程度的农村老年人；小学以下文化程度的农村老年人认为子女经济支持少的比重最高，其次是小学、小学以上文化程度的农村老年人。

从婚姻状况角度来看，子女对无配偶的老年人经济支持力度更大一些。有配偶的农村老年人认为子女经济支持一般、支持少的比重更高，而无配偶的农村老年人认为子女经济支持多的比重更高。

从劳动状况角度来看，子女对失去劳作能力的老年人经济支持更多一些。已结束劳动的农村老年人认为子女经济支持多的比重更高，而仍继续劳动的农村老年人认为子女经济支持一般、支持少的比重更高。

从健康状况角度来看，子女对健康状况差的老年人经济支持更多一些。身体健康的农村老年人认为子女经济支持一般、支持少的比重更高，而身体不健康的农村老年人认为子女经济支持多的比重更高。

从子女外出角度来看，子女外出的农村老年人认为子女经济支持一般、支持少的比重更高，子女未外出的农村老年人认为子女经济支持多的比重更高。

从工作类型角度来看，从事农业工作的农村老年人认为子女经济支持多的比重更高，从事非农工作的农村老年人认为子女经济支持一般的比重更高。

表 6.3　　农村老年人子女经济支持的描述性统计

变量	子女经济支持多 频数	子女经济支持多 频率(%)	子女经济支持一般 频数	子女经济支持一般 频率(%)	子女经济支持少 频数	子女经济支持少 频率(%)
性别						
男	137	45.82	99	33.11	63	21.07
女	68	40.96	60	36.15	38	22.89
年龄						
70岁以下	88	40.18	81	36.99	50	22.83
70岁以上	117	47.56	78	31.71	51	20.73
文化程度						
小学以下	80	43.48	59	32.07	45	24.45
小学	61	41.22	55	37.16	32	21.62
小学以上	64	48.12	45	33.83	24	18.05
婚姻状况						
有配偶	142	41.89	122	35.99	75	22.12
无配偶	63	50.00	37	29.37	26	20.63
劳动状况						
继续劳动	104	40.47	94	36.58	59	22.95
结束劳动	101	48.56	65	31.25	42	20.19
健康状况						
健康	66	40.00	60	36.35	39	23.65
不健康	139	46.33	99	33.00	62	20.67
子女外出						
外出	138	42.33	114	34.97	74	22.70
未外出	67	48.2	45	32.37	27	19.43
工作类型						
农业	136	44.30	104	33.88	67	21.82
非农	69	43.67	55	34.81	34	21.52
收入水平						
满意	122	55.21	66	29.86	33	14.93
一般	61	33.15	73	39.68	50	27.17
不满意	22	36.67	20	33.33	18	30.00

从收入水平角度来看，对收入水平满意的农村老年人认为子女经济支持多的比重最高，其次是对收入水平不满意、收入水平一般的农村老年人；收入水平一般的农村老年人认为子女经济支持一般的比重最高，其次是对收入水平不满意、满意的农村老年人；对收入水平不满意的农村老年人认为子女经济支持少的比重最高，其次是收入水平一般、满意的农村老年人。

三、农村老年人照顾孙辈的描述性统计分析

通过对调研数据中农村老年人照顾孙辈的描述性统计，可以看出，农村老年人照顾孙辈的比重较高（见表6.4）。但个体特征不同的农村老年人，其照顾孙辈的程度也存在差异，具体而言：

从性别角度来看，农村女性老年人照顾孙辈多的比重更高，农村男性老年人照顾孙辈一般的比重更高。

从年龄角度来看，70岁以下的农村老年人照顾孙辈多的比重更高，而70岁以上的农村老年人照顾孙辈少的比重更高。

从文化程度角度来看，随着文化程度的提高，农村老年人照顾孙辈多的比重逐渐增加，而照顾孙辈少的比重逐渐降低。

从婚姻状况角度来看，无配偶的农村老年人照顾孙辈多的比重更高，有配偶的农村老年人照顾孙辈少的比重更高。

从劳动状况角度来看，已结束劳动的农村老年人照顾孙辈多的比重更高，而仍继续劳动的农村老年人照顾孙辈少的比重更高。

从健康状况角度来看，身体健康的农村老年人照顾孙辈多的比重更高，而身体不健康的农村老年人照顾孙辈少的比重更高。

从子女外出角度来看，子女未外出的农村老年人照顾孙辈多的比重更高，子女外出的农村老年人照顾孙辈少的比重更高。

从工作类型角度来看，从事非农工作的农村老年人照顾孙辈多的比重更高，从事农业工作的农村老年人照顾孙辈一般的比重更高。

从收入水平角度来看，随着对收入水平满意程度的提高，农村老年人照顾孙辈多、一般的比重逐渐增加，而照顾孙辈少的比重逐渐降低。

表 6.4　　农村老年人照顾孙辈的描述性统计

变量	照顾孙辈多 频数	照顾孙辈多 频率(%)	照顾孙辈一般 频数	照顾孙辈一般 频率(%)	照顾孙辈少 频数	照顾孙辈少 频率(%)
性别						
男	142	47.49	71	23.75	86	28.76
女	86	51.80	32	19.28	48	28.92
年龄						
70 岁以下	109	49.77	51	23.29	59	26.94
70 岁以上	119	48.37	52	21.14	75	30.49
文化程度						
小学以下	84	45.65	41	22.28	59	32.07
小学	75	50.68	33	22.30	40	27.02
小学以上	69	51.88	29	21.80	35	26.32
婚姻状况						
有配偶	160	47.20	71	20.94	108	31.86
无配偶	68	53.97	32	25.40	26	20.63
劳动状况						
继续劳动	122	47.47	56	21.79	79	30.74
结束劳动	106	50.96	47	22.60	55	26.44
健康状况						
健康	152	50.67	63	21.00	85	28.33
不健康	76	46.06	40	24.24	49	29.70
子女外出						
外出	157	48.16	75	23.01	94	28.83
未外出	71	51.08	28	20.14	40	28.78
工作类型						
农业	142	46.25	79	25.73	86	28.02
非农	86	54.43	24	15.19	48	30.38
收入水平						
满意	111	50.23	60	27.15	50	22.62
一般	92	50.00	32	17.39	60	32.61
不满意	25	41.67	11	18.33	24	40.00

四、农村老年人家务劳动的描述性统计分析

通过对调研数据中农村老年人家务劳动的描述性统计，可以看出，农村老年人进行家务劳动少的比重较高（见表6.5）。但个体特征不同的农村老年人，其进行家务劳动的程度也存在差异，具体而言：

从性别角度来看，农村女性老年人进行家务劳动多的比重更高，农村男性老年人进行家务劳动少的比重更高。

从年龄角度来看，70岁以下的农村老年人进行家务劳动少的比重更高，70岁以上老年人进行家务劳动多的比重更高。

从文化程度角度来看，随着农村老年人文化程度的提高，进行家务劳动多的比重逐渐提高，而进行家务劳动少的比重逐渐降低。

从婚姻状况角度来看，无配偶的农村老年人进行家务劳动多的比重更高，有配偶的农村老年人进行家务劳动少的比重更高。

从劳动状况角度来看，已结束劳动的农村老年人进行家务劳动多的比重更高，而继续劳动的农村老年人进行家务活动少的比重更高。

从健康状况角度来看，身体健康的农村老年人进行家务劳动少的比重更高，身体不健康的农村老年人进行家务劳动多的比重更高。

从子女外出角度来看，子女外出的农村老年人进行家务劳动少的比重更高，子女未外出的农村老年人进行家务劳动多的比重更高。

从工作类型角度来看，从事农业工作的农村老年人进行家务劳动少的比重更高，从事非农工作的农村老年人进行家务劳动多的比重更高。

从收入水平角度来看，随着农村老年人对收入水平满意程度的提高，进行家务劳动多的比重也逐渐增加，而进行家务劳动少的比重逐渐降低。

表 6.5　　农村老年人家务劳动的描述性统计

变量	家务劳动多 频数	家务劳动多 频率(%)	家务劳动少 频数	家务劳动少 频率(%)
性别				
男	113	37.79	186	62.21
女	69	41.57	97	58.43
年龄				
70岁以下	83	37.90	136	62.10
70岁以上	99	40.24	147	59.76
文化程度				
小学以下	63	34.24	121	65.76
小学	65	43.92	83	56.08
小学以上	54	40.60	79	59.40
婚姻状况				
有配偶	121	35.69	218	64.31
无配偶	61	48.41	65	51.59
劳动状况				
继续劳动	99	38.52	158	61.48
结束劳动	83	39.90	125	60.10
健康状况				
健康	112	37.33	188	62.67
不健康	70	42.42	95	57.58
子女外出				
外出	122	37.42	204	62.58
未外出	60	43.17	79	56.83
工作类型				
农业	113	36.81	194	63.19
非农	69	43.67	89	56.33
收入水平				
满意	96	43.44	125	56.56
一般	66	35.87	118	64.13
不满意	20	33.33	40	66.67

五、农村老年人给予子女经济支持的描述性统计分析

通过对调研数据中农村老年人给予子女经济支持的描述性统计,可以看出,农村老年人给予子女经济支持多的比重较低(见表6.6)。但个体特征不同的农村老年人,其给予子女经济支持的程度也存在差异,具体而言:

从性别角度来看,农村女性老年人给予子女经济支持少的比重更高,农村男性老年人给予子女经济支持多的比重更高。这与男性老年人从事经济劳动比重大,经济状况较女性老年人更优有关。

从年龄角度来看,70岁以下农村老年人给予子女经济支持多的比重更高,70岁以上农村老年人给予子女经济支持少的比重更高。随着年龄的增长,老年人的养老储备越发不足,自我供给越发苍白,代际向下支持能力减弱。

从文化程度角度来看,随着农村老年人文化程度的提高,给予子女经济支持多的比重逐渐增加,而给予子女经济支持少的比重逐渐降低。

从婚姻状况角度来看,有配偶的农村老年人给予子女经济支持多的比重更高,而无配偶的农村老年人给予子女经济支持少的比重更高。

从劳动状况角度来看,已结束劳动的农村老年人给予子女经济支持多的比重更高,仍继续劳动的农村老年人给予子女经济支持少的比重更高。

从健康状况角度来看,身体健康的农村老年人给予子女经济支持少的比重更高,身体不健康的农村老年人给予子女经济支持多的比重更高。

从子女外出角度来看,子女未外出的农村老年人给予子女经济支持多的比重更高,子女外出的农村老年人给予子女经济支持少的比重更高。

从工作类型角度来看,从事农业工作的农村老年人给予子女经济支持少的比重更高,从事非农工作的农村老年人给予子女经济支持多的比重更高。

从收入水平角度来看,对收入水平满意的农村老年人给予子女经济支持多的比重最高,其次是收入不满意、收入一般的农村老年人;认为收入水平一般的农村老年人给予子女经济支持少的比重最高,其次是收入水平不满意、收入水平满意的农村老年人。

表6.6　　农村老年人给予子女经济支持的描述性统计

变量	给予经济支持多 频数	给予经济支持多 频率(%)	给予经济支持少 频数	给予经济支持少 频率(%)
性别				
男	121	40.47	178	59.53
女	66	39.76	100	60.24
年龄				
70岁以下	91	41.55	128	58.45
70岁以上	96	39.02	150	60.98
文化程度				
小学以下	66	35.87	118	64.13
小学	54	36.49	94	63.51
小学以上	67	50.38	66	49.62
婚姻状况				
有配偶	137	40.41	202	59.59
无配偶	50	39.68	76	60.32
劳动状况				
继续劳动	94	36.58	163	63.42
结束劳动	93	44.71	115	55.29
健康状况				
健康	114	38.00	186	62.00
不健康	73	44.24	92	55.76
子女外出				
外出	126	38.65	200	61.35
未外出	61	43.88	78	56.12
工作类型				
农业	108	35.18	199	64.82
非农	79	50.00	79	50.00
收入水平				
满意	95	42.99	126	57.01
一般	68	36.96	116	63.04
不满意	24	40.00	36	60.00

第五节 社会支持对农村老年人物质生活满意度的影响分析

一、农村老年人主要物质生活来源构成

从农村老年人的生活来源来看，靠劳动所得占比62.80%，其次是家庭支持或其他，占比19.14%，制度性支持占比最小，比值为18.06%（见表6.7）。说明我国农村老年人的经济独立性增强，劳动收入是最主要的养老经济来源，从样本结果来看，家庭经济支持的力度较小，同时制度性支持也在逐步发挥作用。

表6.7　　　　　　　　农村老年人主要生活来源

生活来源	频数	频率(%)
劳动所得	292	62.8
制度性支持	84	18.06
家庭支持或其他	89	19.14

二、农村老年人物质生活满意度的影响因素分析

社会支持对农村老年人物质生活满意度影响的模型拟合结果见表6.8。

（一）模型1：农村老年人的物质生活满意度分析（纳入社会支持变量）

从模型1可以发现，若只考虑社会支持，制度性经济支持、子女经济支持和给予子女经济支持表现出对农村老年人物质生活满意度的显著影响。具体来看：

（1）制度性支持带来的物质生活满意度最低。在农村老年人生活来源中，同家庭支持或其他相比，获取制度性支持的老年人物质生活满意度低的可能性更小。本章中，制度性支持是指政府方面提供的社保养老金或是最低生活保障等。现阶段，农村老年人获取正式社会养老保障的比重较小，如果能够获取一定的制度性保障，就能在一定程度上弥补老年人的缺失性需求，改善其生存现状。

（2）子女经济支持越少，老年人物质生活满意度越低。获取子女经济支持较少的农村老年人物质生活满意度低的可能性更大。长期以来，在农村老年

人收入较低、储蓄匮乏且社会养老保障不足的情况下，子女的经济支持是老年人主要甚至唯一的经济来源和生活保障。子女如果供养老年父母较少的经济支持，那么父母的物质生活得不到基本保障。

表6.8　　　　　　　　老年人物质生活满意度影响因素模型

变量名称		模型1 OR	模型2 OR
基本特征	性别（女）		
	男		1.981***
	年龄（70岁以上）		
	70岁以下		1.068
	文化程度（小学以上）		
	小学以下		1.277
	小学		0.527**
	婚姻状况（有配偶）		
	无配偶		0.709
	子女外出（外出）		
	未外出		1.104
	工作类型（农业）		
	非农		0.631**
	收入水平（满意）		
	不满意		7.934***
社会支持	生活来源（家庭支持或其他）		
	劳动所得	0.903	1.185
	制度性支持	0.459**	0.908
	子女经济支持（多）	1.563***	1.259*
	照顾孙辈（多）	1.114	1.129
	做家务（多）	0.935	0.630*
	给予子女经济支持（多）	0.727*	0.637**

注：* P<0.1，** P<0.05，*** P<0.01；括号内为参照组。

（3）老年人逆反哺式支持越大，其物质生活满意度越低。给予成年子女经济支持越多的农村老年人物质生活满意度低的可能性越大。在中国农村，子女作为老年人的主要赡养者，而社会经济状况较差的子女提供经济支持的可能性更低，老年人出于家庭稳定性或家庭利益最大化原则考虑，会选择给予能力较低的成年子女更多的经济支持。农村老年人依靠自我劳动获取的收入只能自给自足，如果拿出一部分帮助成年子女，则自身所保留的经济收入较少，会影响其对物质生活满意度的评价。

(二) 模型2：农村老年人的物质生活满意度分析（纳入社会支持变量、个体特征）

从模型2可以发现，在模型中纳入农村老年人个体特征后，个体特征中性别、文化程度、工作类型、收入水平对老年人物质生活满意度的影响显著，而社会支持方面子女经济支持和给予子女经济支持影响仍然显著，模型1中制度性支持不再显著，做家务变量变得显著。具体来看：

(1) 性别差异的影响。男性农村老年人对物质生活满意度低的可能性更大。男性老年人更有可能去获取更多的劳动收入，女性老年人经济独立性低于男性[①]，因此，在农村老年人的家庭劳动收入方面，男性老年人的劳动收入是供养家庭的主要来源，男性老年人是经济负担的主要承担者，进而影响其对物质生活满意度的评价。

(2) 文化程度差异的影响。小学文化程度的老年人，物质生活满意度高的可能性更大。老年人自身不同状况和社会经济发展状况决定了老年人的经济生活来源问题。国内学者认为老年人的经济生活来源存在明显的性别、年龄、婚姻、城乡和地区差异。而在文化程度方面，探讨的较少。小学文化的农村老年人相比没有文化的老年，不用从事繁重的体力劳动；相较于文化程度高的老年人，自身的生活水平标准可能较低，因此，更容易对物质生活满意度高。

(3) 继续劳作与否的影响。从事农业劳动的农村老年人物质生活满意度低的可能性更大。从事农业劳动获取的收入相对较低，农村低龄老年人通过劳动基本能实现自给自足，但如果出现其他需要花钱的事件（生病等），则不能较好地满足物质生活需求。

(4) 收入满意度的影响。对自身收入水平不满意的农村老年人物质生活满意度低的可能性更大。劳动收入和子女供养是农村老年人获取经济支持的主要来源，在农村，其他老年人自给自足的现象普遍。从模型结果看，收入水平显著影响农村老年人的物质生活满意度，一方面，说明农村老年人的经济需求应引起重视；另一方面说明农村老年人的经济需求尚未得到良好地满足。

---

① 姜向群，郑研辉. 中国老年人的主要生活来源及其经济保障问题分析 [J]. 人口学刊，2013，35 (2)：42-48.

(5)逆反哺式支持的影响。帮助子女做家务越多的农村老年人物质生活满意度低的可能性越大。从模型结果看，帮忙做家务越多的老年人对物质生活满意的可能性更低。有学者研究发现，在现实中老年人照料隔代家庭中的孙子（女）是合情合理的，老年人通过照料孙辈从而提高外出子女对其的经济支持力度。因此，家务劳动能够间接提升其生活满意度[①]。值得注意的是，本章从物质生活满意度出发，发现帮助子女做家务与满意度之间存在负向影响的关系，同已有研究不同，以往研究认为老年人做的家务越多，子女给的钱越多，做家务能提升生活满意度，但本章发现老年人做的家务越多，子女给的钱并不多。

第六节 农村老年人经济供给需求的社会支持

从调研数据分析的结果显示，农村老年人经济供给需求满足程度不高，需要从系统的角度进行社会支持体系构建。

一、国家（政府）层面的支持

（一）完善新时代农村多层次老年经济供养体系

解决农村老年人的经济供养问题需要建立多层次的农村老年经济供养体系。基于此，建立健全新时代农村多层次老年经济供养体系需要从以下几方面努力：一是社会救助和社会福利制度。这是"兜底性"、基础性的层次，也是老年经济供养的最后一道防线。这两项制度的费用均由财政全额负担，个人不缴费。二是普适性的、城乡一体化的国民养老金制度。这是政府举办的基础性养老保障制度，是老年经济供养体系的第一支柱。建立国民养老金制度，是我国社会保障制度改革与建设的重大目标，也是构建老年经济供养体系的根本方向，但却应当是远期目标。如果按目前既定的规划，新型农村社会养老保险在2020年才实现全覆盖，那么国民养老金制度建立的时点也应大致与此吻合。三是继续维持土地保障的功能。这是农村老年经济供养体系的第二支柱。在农村，土地是广大农民赖以生存的基础。我国传统的农村社会保障实质上就是以土地保障为核心的。在今后一个较长的时段里，虽然土地的保障功能呈持续弱

---

① 王萍，李树茁. 代际支持对农村老年人生活满意度影响的纵向分析[J]. 人口研究，2011，35（1）：44-52.

化的状态,但它仍是多数农民重要的"养老资源",甚至可以作为农民最稳定的一道养老保障安全网,其特殊地位依然不容忽视。四是各种补充性的养老保障项目。主要包括家庭赡养、个人财产性收入,以及自愿性的商业保险和个人储蓄性的养老计划等。家庭转移性收入也即家庭赡养,过去、现在、未来都将是我国农村养老的重要模式,符合中国人的文化传统,具有独特的优势。五是社会互助和慈善事业。这是需要政府鼓励和支持的一项公益性事业,对于老年人的经济供养来说,可以起到"拾遗补缺"或"锦上添花"的作用。

(二) 加快完善新时代农村社会养老保险制度

新时代新型农村社会养老保险制度是覆盖城乡居民的社会保障体系的重要组成部分,对确保农村居民基本生活、实现农民基本权利、推动农村减贫和逐步缩小城乡差距、维护农村社会稳定意义重大,对推动社会和谐、改善心理预期、促进消费、拉动内需也具有重要意义。新时代新型农村社会养老保险制度的基本原则是"保基本、广覆盖、有弹性、可持续"。针对农村老年人经济供养方式的变化,在加强敬老教育、宣传孝道的同时,要研究出台加快建立新型农村社会养老保险制度的政策。经济发达地区应积极探索建立普惠制的农村老年人养老保障制度,新时代新型农村社会养老保险的实施将会对我国广大农村地区的老年经济供养水平的提高起到积极的推动作用。完善而有效的农村老年社会保障制度是社会保障制度的重要组成部分,是推动中国城市化进程的必然要求。完善农村老年社会保障制度有利于维护农村稳定大局,加快和谐新农村建设,农村稳定是中国社会稳定的基础。

(三) 加大财政支持力度,建立高龄津贴和老年补贴

积极推动农村各地逐步将本地区80周岁以上老年人纳入高龄补贴保障范围,按月向符合条件的农村老年人发放高龄补贴。此外,对于农村低收入的高龄、独居、失能等困难老年人,经过评估,采取政府补贴的形式,为他们入住养老机构或者接受社区、居家养老服务提供支持。不断健全完善农村老年人的优待政策,在建立完善社会保障制度中,对农村高龄和贫困老年人实行倾斜政策。根据经济社会发展适时修订优待农村老年人的政策规定,进一步扩大优待范围、增加优待内容、提高优待标准。积极倡导全社会积极开展"惠老""为老"公益活动。

二、社会层面的支持

(一) 充分发挥社会互助组织和慈善机构等非政府组织的作用

社会互助组织和慈善机构等非政府组织可以运用自身力量筹集和吸引社会

资金来兴办各种老年福利服务机构和建立服务设施,如老年人社会福利院、敬老院、老年公寓、老年医疗中心和老年文化体育活动场所等设施,以此来提高老年人社会化供养的水平和老年人的经济生活质量,同时也能减轻政府的财政压力。对农村部分留守老人问题行之有效的方法是建立一种托管机制,老年人子女打工或工作回来后可以把自己的父母接回家中居住和孝敬。这样进行周期循环,可以相对减轻外出子女的赡养经济负担。同时,还可以建立诸如"星光老年之家",让老年人发挥余热老有所为,充实老年人的晚年生活。这样,老年人既满足了自己的需求,也为老年人群体创造了价值。

(二)社会经济供养是顺应时势的发展模式

对老年人的赡养方式由家庭向社会的转化过程即社会化养老,它是社会发展到一定阶段的历史产物。以社会生产力的高度发展和雇佣劳动制的出现为其经济基础。在以小生产为主的传统农业社会,老年人的赡养主要靠家庭承担。尽管当时也有一些救济孤寡老年人的机构和措施,但远未形成制度化。随着工业化、都市化和雇佣关系的出现,生产的职能逐渐集中于现代化企业,家庭已不再是独立的生产单位,因而老年人在家庭中也就不再具有生产的领导者或指导者的地位。同时,原有家庭教育的部分功能也被大规模、普及化的文化教育机构所取代,加之其他社会性服务机构(如托幼机构)的出现,使老年人在家庭中的作用逐渐减弱。随着老年人在家庭中的地位和作用的下降,家庭结构必然随之发生相应的变化,家庭的养老功能也随之降低。社会供养与家庭供养是互为补充、相辅相成的关系,现在农村家庭结构逐步趋向小型化、核心化,加上人们价值观念的变化,家庭供养功能日趋削弱。随着市场经济体制的建立与发展,促使家庭养老功能逐渐被社会供养所替代。

三、家庭层面的支持

(一)发挥家庭主导地位,提高子女对老年人经济供养扶持力度

当前社会,家庭在老年人的供养方面,特别是经济供养和生活照料方面一直发挥着举足轻重的作用,不管是农村家庭还是城镇家庭子女都可以通过合理合法的方式获得经济收入,以此来提高对老年人经济供养的能力。由于我国人口众多,随着近几十年来计划生育政策的推进,传统的家庭功能趋于弱化,家庭小型化趋势、核心家庭逐渐显现。

但在一个较长时期内,三代人共同生活的主干家庭还是占有相当大的比重。这类家庭有利于较好地发挥家庭在老年经济供养上的作用。因此,在社会养老保险制度未完善之前,引导这类家庭保持相对的稳定,是有积极意义的。

对于大量的核心家庭，应当保持松散的家庭关系，虽然不能和老年人一起居住生活，但也必须在经济上作出应有的承诺。

老年人经济供养的需求主要受老年人自身收入水平的影响和子女的经济扶持状况的影响，农村由于现有的社会保障体系不完善、制度不健全，所以家庭养老依然是农村老年人养老的主要方式，子女仍然是主要的赡养人。而在代际支持方面，经济的支持是一个重要的考虑因素，因为子女对老年人的经济支持在很大的程度上弥补了社会保障制度本身的不足。

（二）进一步巩固和完善家庭养老

家庭养老是中国养老的传统方式，其亲情、血脉相连的感觉是没有任何方式可以替代的。进一步巩固和完善家庭养老的形式，其一，有利于老年人晚年的物质经济生活得到有效保障。因为老年人退出劳动领域后，自身的劳动能力已经减弱或者丧失，许多人基本上不再创造物质财富，其中没有退休金的老年人可以从子女那里获得吃、穿、住、用等基本生活资料。其二，有利于老年人日常生活得到照料。随着老年人年龄的增长，自身生理机能的弱化，身体状况逐渐下降，体质减弱，会经常伴有各种疾病，部分老年人甚至基本生活不能自理，老年人生活在家里方便子女的照顾和护理等，老年人一生辛辛苦苦地抚儿育女，晚年得到子女的赡养照料，这也是他们应得到的回报。其三，有利于慰藉老年人晚年精神生活。老年人由于长期同自己的子女们朝夕相处，便于感情沟通和交流，这就减少了老年人晚年的孤独感和寂寞感。所以，必须进一步巩固和完善家庭养老在老年人经济供养中的核心地位。

（三）老年人自我经济供养

老年人自我经济供养指的是老年人主要通过自身当期劳动收入以及以前劳动收入的结余来支撑养老。农村老年人科学地看待衰老，提高生活适应能力，积极投入到生产生活当中，不断开拓新的生活领域，做到"老有所为"，力所能及地为社会做出贡献。老年人的劳动收入主要由工作时期的劳动收入存余和退休时期的劳动收入共同组成，后者是老年人在适合自身特点的岗位上再就业，利用自己积累的经验和专长，发挥余热而创造的财富，这也是老年人实现自身人生价值的重要途径。

第七节 本章小结

从模型结果来看，社会支持中的家庭代际支持对农村老年人的物质生活满意度存在显著影响，尤其是代际的经济支持。从代际向上看，成年子女为农村老年人提供的经济支持越多，老年人的物质生活满意度越高；而从代际向下看，农村老年人对成年子女提供的经济支持越少，老年人的物质生活满意度越高。可以看出，代际经济支持对老年人的物质生活满意度具有显著的影响，只有获取足够的经济支持，物质生活满意度才会提高，因此，社会支持对农村老年人的物质生活满意度具有重要影响。在照料孙辈上，虽然模型结果并不显著，但结果与国内已有研究相似，即农村老年人能够通过照料孙辈，从外出子女或未外出子女处获取更多的经济支持，从而提升其生活满意度。而在家务劳动方面，农村老年人参与帮助子女家务劳动的频率与物质生活满意度存在负相关关系。有学者从"主效应模型"的增益作用出发，认为老年人通过照料孙辈能够促使外出子女提供更多的经济支持，并有利于家庭经济繁荣，同时能够巩固其家长的角色感和权威地位，因此帮助子女做家务劳动能够提升其生活满意度。可以看出，这里所构建的家务劳动与本章分析的指标存在差异，在本章中家务劳动是农村老年人帮助子女所完成的除照料孙辈外的其他家务劳动，因此与已有研究存在一定差异。

此外，社会支持中的制度性支持对农村老年人的物质生活满意度具有显著影响。在经济发展过程中，政府和社会应该通过社会转移的方式提高社会保障和福利水平，使得农村老年人拥有更强的经济独立性，以抵御经济风险。

从农村老年人的生活来源统计结果发现，其经济来源主要表现为自身的劳动收入，而子女提供的经济支持力度在下降，同时，社会保障等制度性支持对农村老年人的经济支持正逐步发挥作用。随着我国人口城镇化进程的加快，农村剩余劳动力转移的趋势不可逆转，其家庭经济面临着重要挑战。外出子女对老年父母的经济支持力度取决于在外所赚取的收入水平，如果外出子女自身经济水平不高，不仅不能对留守父母提供适当的经济支持，相反需要留守父母为其提供一定的经济支持，从而影响农村父母的物质生活水平。现阶段，虽然社会养老体系正逐步建立、完善并发挥作用，但社会养老体系在农村尚未实现广覆盖，农村老年人的主要收入来源仍然是自身劳动所得，我国农村老年人的经济需求尚未得到很好的满足。

第七章　中国农村老年人生活照料需求及其社会支持

我国农村老龄化程度比城市高是人口老龄化进程中的一个重要特征。在农村，以家庭成员经济供养、生活照料以及精神慰藉为主的传统家庭养老模式开始转变为以老年人生活自理为主、子女照料为辅的自我养老模式[①]。出现这种转变的原因在于：一方面，我国处于社会转型时期，家庭结构小型化、空巢化，代际居住距离变远，加之城乡间的人口流动使得空巢家庭数量增加，这就减少了农村老年人能获取的照料资源，严重削弱了传统的家庭养老模式；另一方面，在我国大多数农村地区，社会养老服务体系发展滞后，农村老年人难以获得正式的制度性支持。人口老龄化进程中，农村养老的一个核心就是生活照料问题，而生活照料是影响养老质量的重要因素。因此，研究和分析社会支持对农村老年人生活照料满意度的影响具有非常重要的现实意义。

第一节　关于农村老年人生活照料支持的研究回顾

一、老年人生活照料的需求研究

老年人是一个具有多样性的异质性群体，在老年人是否存在需要的逻辑前提下，按照对社会支持的需求可以分为有需求和无需求两类老年群体，生活照料是生活支持的基本方面（徐勤，1995）。老年人的生活照料需求是指老年人由于身心健康状况逐渐恶化，在日常生活中的相关活动功能逐渐弱化，需要家

[①] 陈芳，方长春. 家庭养老功能的弱化与出路：欠发达地区农村养老模式研究[J]. 人口与发展，2014，20（1）：99-106.

庭成员或他人提供照料的一种需求类型。老年人的生活照料主要包括两方面：一是日常生活照料，二是生病时的照料（唐美玲，2005）。在日常生活照料方面，农村老年人以自己及配偶为主要照料承担者，其他家庭成员为辅助照料承担者（陈芳、方长春，2014）；生病时的照料主体仍以自己或配偶为主，其他家庭成员照料为辅，两方面都呈现出照料主体单一、缺乏的现象（姜丽美，2010）。生活照料现状的宏观方面：农村老年人的照料现状呈现出"三低一缺"的态势，即生活质量低下、医疗水平低下、社会保障水平低下以及精神文化生活缺乏（屈勇、崔香芬，2006）；微观方面：农村家庭的经济收入较城市家庭低，子女外出与否，其在社会竞争和工作生活的双重压力下都难以满足老年人的照料需求。结合农村老年人生活照料状况和本书研究目的，为综合考察农村老年人日常生活照料和疾病照料，引入生活照料满意度概念。具体而言，生活照料满意度是指农村老年人对自己所获得的生活照料（日常生活照料和疾病照料）进行主观评价，同时用数字衡量这种满意状态。

二、社会支持的分类

从社会学意义上看，社会支持是一种选择性社会行为，即一定的社会网络采用一定的物质和精神手段对社会中的弱者进行无偿帮助（陈成文、潘泽泉，2000），多数学者认为社会支持的对象不一定都是弱者。从主体上看，社会支持可以分为两类：一是客观社会支持，包括物质上的直接援助以及社会网络、团体关系的存在和参与（Atchley, RC, 1985）；二是主观社会支持，即是个人在社会中被支持、理解以及受尊重时所体验到的情感支持和满意程度（肖水源，1987）。同时，社会支持不是单向的关怀和帮助，而是一种社会交换或社会互动（丘海雄，1998）。

三、社会支持的主要来源

一般而言，个人所得到的社会支持主要有两个来源：一是正式的社会制度性支持，二是非正式的社会制度性支持（韦璞，2010）。在我国社会转型时期，在社会养老服务体系发展尚未健全阶段，农村老年人所能获取的正式的社会制度性支持较少，主要的社会支持来源是非正式的。中国人的非正式社会支持网络是以血缘、姻缘、情缘和业缘等私人关系为纽带而形成的网状支持结构，家庭支持、亲戚帮助、邻里援手、朋友互助、同事帮忙等是其具体表现形式（王金元，2008）。农村老年人的非正式社会支持网络中，最主要的三个支持主体是老年人自己、配偶（主）以及未外出子女（辅）；而正式社会支持网络中，社区成员处于边缘地带，政府则处于缺位的状态（贺聪志、叶敬忠，2010）。农村老年人的社会支持网络同文化程度、经济状况和活动范围成正比关系（贺聪志、叶敬忠，2010）。从总体上看，随着老年人年龄的增长，其能获取的社会支持总量呈下降趋势（陈立新、姚远，2005）。同城市高龄老年人相比，农村高龄老年人的社会支持网络具有经济资源缺乏和薄弱等特点，因此对家庭养老更为倚重（刘晶，2004）。不论是城市还是农村老年人，非正式照顾都存在一些问题，即照顾基础弱、过于依赖配偶、其他照顾者介入不足等（伍小兰，2009）。

关于社会支持对生活照料满意度影响的研究有限，其主要集中在家庭子女支持对农村老年人生活满意度及生活质量方面的影响。影响老年人的生活满意度的主要是儿子及其配偶提供的生活照料支持，与外出子女相比，非外出子女的不同代际支持影响显著（张文娟、李树茁，2005）。社会网络和关系规模与生活满意度都具有正向影响，儿子提供的社会支持对生活满意度的正向影响最显著（韦璞，2007）。

在中国，家庭是农村老年人生活和活动的主要场所，家庭成员提供的生活照料是农村老年人获取社会支持的主要来源，社会支持尤其是家庭所提供的生活支持能够影响农村老年人的生活照料满意度。就老年人的生活照料需求而言，现有研究主要关注城市、残疾、留守、高龄等不同老年人群体，并对宏观的社会养老需求给予较多关注。本章基于微观视角，采用定量方法分析社会支持对农村老年人生活照料满意度的影响。

第二节 理论假设

本章认为，社会支持是指个体从社会中所能获取的、来自他人的各种物质和精神帮助。这种帮助包括：既有个体被动接受的来自他人的各种帮助和支持，也有个体向社会或他人主动寻求的各种帮助和支持。从现有研究来看，农村老年人能获取的社会支持主要包括客观社会支持和主观社会支持两方面。

客观社会支持是指个人从社会中获取的来自他人的物质、精神帮助和支持。农村老年人的客观支持社会网主要包括配偶、子女及其配偶、其他血缘亲属、邻居朋友、政府和社会人员等。有学者对农村老年人的社会支持网络进行等级划分，认为农村老年人的生活照料供给主体主要有四种类型：一是以老年人自己及其配偶为主的主体型照料供给者，二是以未外出子女和其他家庭成员为主的辅助型照料供给者,三是以邻居以及同辈群体为主的边缘型照料供给主体,四是以村集体和政府为主的缺位型照料供给者①。从现有研究看,目前子女仍然是农村老年人获取生活照料的主要来源,特别是完全或部分丧失生活自理能力的老年人。然而农村子女外出在一定程度上影响老年人的生活照料供给,使得农村老年人较难获取家庭照料资源。有研究发现,在控制其他社会经济变量的情况下,子女的存活数影响老年人的生活照料。由于承担家庭照料角色的女性子女外出,农村家庭照料结构发生改变,照料老年人以及照料其他家庭成员的责任更多的转移到农村女性老年人身上,如果农村家庭没有女性老年人或者女性老年人的身体状况不好而丧失照料能力,这种照料责任便会转移到未外出男性子女或者男性老年人身上②。另外,社会保障在不发达的农村地区比较薄弱,大多数老年人主要依赖非正式的社会支持网络以满足养老需求,非正式的社会支持对贫困农村老年人的生活状况影响较大。

社会支持的数量和质量会影响老年人的身心状况③。文化程度、经济状况的好坏、日常活动范围是影响社会支持网络的主要因素,文化程度越高,经济状况越好,活动范围越大,老年人的社会支持数量越多、社会支持质量越好。此外,农村老年人的身体健康状况、婚姻状况、子女的外出状况等也是影响社会支持数量和质量的重要因素。本章中客观社会支持除了考虑个人的基本特征外,还从老年人共同居住人数、生活照料规模、接受生活照料频率三方面进行分析。

主观社会支持可从感知或可获得的支持方面进行理解,即主观社会支持是指当个体需要获得帮助时,感知到的社会支持的可获取性④。从需求的逻辑前提看,不是所有老年人都有生活照料需求。一方面,老年人随着年龄的增长,身体状况开始恶化,在日常生活中的自理能力下降,从而增加对生活照料的需求;另一方面,随着老年人退出生产领域,从经济上自我供养以获取生活照料的能力减退,只得求助于他人。本章的主观社会支持即以老年人的生活照料需求为前提,考察农村老年人对生活照料的满意度。

---

① 贺聪志,叶敬忠.农村劳动力外出务工对留守老年人生活照料的影响研究 [J].农业经济问题,2010 (3):46-53.

② 刘晶.子女数对农村高龄老年人养老及生活状况的影响 [J].中国人口科学,2004 (1):48-54.

③ 贺寨平.社会经济地位、社会支持网与农村老年人身心状况 [J].中国社会科学,2002 (3):135-148.

④ 李建新.老年人口生活质量与社会支持的关系研究 [J].人口研究,2007,31 (3):50-60.

综上所述，本章的理论假设是客观社会支持的数量和质量影响农村老年人的生活照料满意度，社会支持对农村老年人的生活照料满意度产生显著影响。客观社会支持方面：农村老年人共同居住生活人数越多、生活照料的规模越大、接受生活照料的频率越高，老年人的生活照料满意度越高。主观社会支持方面：农村老年人对生活照料的期待越弱其生活照料满意度高的可能性越大。

第三节　数据、变量和方法

本章预回答的问题是社会支持如何影响农村老年人对生活照料需求的满足。本章定量分析所选用变量如表7.1所示。

表7.1　　　　　　　　　　变量说明

变量名称	类型	赋值
目标变量		
Y 生活照料满意度	虚拟变量	满意=1；不满意=0
控制变量		
X_1 性别	虚拟变量	女=0；男=1
X_2 年龄	定序变量	70岁以下=1；70岁以上=0
X_3 文化程度	虚拟变量	小学及以下=0；小学以上=1
X_4 婚姻状况	虚拟变量	有配偶=0；无配偶=1
X_5 就业类型	虚拟变量	农业=0；非农就业=1
X_6 收入水平	定序变量	不满意=1；一般=2；满意=3
X_7 劳动状况	定序变量	继续劳动=1；结束劳动=2
X_8 健康状况	虚拟变量	不健康=0；健康=1
影响变量（社会支持）		
X_9 同住人数	虚拟变量	较少=1；较多=0
X_{10} 接受照料频率	定序变量	较高=1；一般=2；较低=3
X_{11} 支持主体	虚拟变量	较少=1；较多=0
X_{12} 照料期待	虚拟变量	较弱=1；较强=0

一、目标变量

研究的目标变量是农村老年人的生活照料满意度。有研究从生活质量角度出发，研究社会支持对老年人生活质量的影响，用生活质量指标来衡量社会支持对老年人生活照料需求的影响状况，本章研究的生活照料满意度是指农村老年人对自己所获取的生活照料进行的主观评价，更能具体说明社会支持对农村老年人的生活照料需求的影响。由于目标变量是农村老年人对生活照料做出的主观评价，所以在问卷中以"您是否满意您所获得的生活照料支持？"这一问题来体现。在构建模型时，问题答案合并后将"满意"赋值为1，"不满意"赋值为2。

二、影响变量

本研究的生活照料社会支持主要考察农村老年人获取的社会支持，本章中生活照料支持从客观社会支持和主观社会支持两方面进行测量。

客观社会支持从农村老年人同住人数、接受照料频率、照料规模三方面进行测量。一是同住人数，用问题"包括您自己，一共有多少人与您共同居住？"来测量，问题答案设定为"较少（1~4人）""较多（5人及以上）"二个层级。二是接受生活照料频率，用问题"最近一年，您接受子女生活照料的频率如何？"合并后问题答案设定每天或每周几次为"较高"、每月几次为"一般"、一年几次为"较低"三个层级。三是照料规模，用问题"当您生病或身体不舒服时，主要由谁来照顾？"合并后问题答案设定0~1个支持主体为"较少"、2个支持主体及以上为"较多"两个层级。

主观社会支持考察农村老年人对生活照料的期待，用问题"总体而言，您是否希望获得生活照料？"来测量，问题答案设定"不希望"为"较弱"、"希望"为"较强"两个层级。

三、控制变量

控制变量为农村老年人的个体特征，主要包括性别、年龄、文化程度、婚姻状况、职业类型、劳动状况、收入水平、健康状况等。

四、模型构建

因变量为二元分类变量，因此，本章采用 logistic 模型。在模型建立过程中，首先纳入农村老年人的个体特征，建立模型1，用来测量个体特征对生活满意度的影响；其次是纳入社会支持，建立模型 2，以测量社会支持对农村老年人生活照料满意度的影响。

第四节　农村老年人生活照料支持描述性统计分析

一、农村老年人同住人数的描述性统计分析

农村老年人同住人数的描述性统计见表 7.2，可以看出，农村老年人同住人数较少的比重更高。但个体特征不同的农村老年人，其同住人数的数量也存在差异，具体而言：

从性别角度来看，农村男性老年人同住人数较多的比重更高，农村女性老年人同住人数较少的比重更高。

从年龄角度来看，70 岁以上农村老年人同住人数较多的比重更高，70 岁以下农村老年人同住人数较少的比重更高。

从文化程度角度来看，小学以上文化程度的农村老年人同住人数较多的比重更高，小学及以下文化程度的农村老年人同住人数较少的比重更高。

从婚姻状况看，有配偶的农村老年人同住人数较多的比重更高，无配偶的农村老年人同住人数较少的比重更高。

从劳动状况角度来看，已结束劳动的农村老年人同住人数较多的比重更高，仍继续劳动的农村老年人同住人数较少的比重更高。

从健康状况角度来看，身体不健康的农村老年人同住人数较多的比重更高，身体健康的农村老年人同住人数较少的比重更高。

从工作类型角度来看，从事农业工作的农村老年人同住人数较多的比重更高，从事非农工作的农村老年人同住人数较少的比重更高。

从收入水平满意度来看，收入水平不满意的农村老年人同住人数较多的比重最低，然后是收入水平满意、一般的农村老年人；收入水平不满意的农村老年人同住人数较少的比重最高，然后是收入水平满意、一般的农村老年人。

由此可见，农村老年人独居或与配偶同住的比重较大，同住人数规模大小受性别、年龄、文化程度、婚姻状况、劳动状况、健康状况、工作类型、收入水平的影响而呈现差异化特征。

表 7.2　　　　　　　　农村老年人同住人数的描述性统计

变量	同住人数较多 频数	同住人数较多 频率(%)	同住人数较少 频数	同住人数较少 频率(%)
性别				
男	143	42.31	195	57.69
女	50	26.60	138	73.40
年龄				
70岁以下	117	32.77	240	67.23
70岁以上	76	44.97	93	55.03
文化程度				
小学及以下	131	34.47	249	65.53
小学以上	62	42.47	84	57.53
婚姻状况				
无配偶	43	28.67	107	71.33
有配偶	150	39.89	226	60.11
劳动状况				
继续劳动	70	29.41	168	70.59
结束劳动	123	42.71	165	57.29
健康状况				
健康	109	33.13	220	66.87
不健康	84	42.64	113	57.36
工作类型				
非农	55	31.98	117	68.02
农业	138	38.98	216	61.02
收入水平				
满意	97	36.74	167	63.26
一般	75	37.88	123	62.12
不满意	21	32.81	43	67.19

二、农村老年人接受照料频率的描述性统计分析

农村老年人接受照料频率的描述性统计结果见表 7.3。可以看出，农村老年人接受照料频率较高的比重最高。但个体特征不同的农村老年人，其接受照料的频率也存在差异，具体而言：

表 7.3　　农村老年人接受照料频率的描述性统计

变量	接受照料频率较高 频数	接受照料频率较高 频率(%)	接受照料频率一般 频数	接受照料频率一般 频率(%)	接受照料频率较低 频数	接受照料频率较低 频率(%)
性别						
男	122	36.86	79	23.87	130	39.27
女	95	50.53	47	25.00	46	24.47
年龄						
70岁以下	153	43.47	80	22.73	119	33.80
70岁以上	64	38.32	46	27.54	57	34.13
文化程度						
小学及以下	174	46.65	96	25.74	103	27.61
小学以上	43	29.45	30	20.55	73	50.00
婚姻状况						
无配偶	89	61.38	37	25.52	19	13.10
有配偶	128	34.22	89	23.80	157	41.98
劳动状况						
继续劳动	80	28.07	74	25.96	131	45.97
结束劳动	137	58.55	52	22.22	45	19.23
健康状况						
不健康	148	45.54	77	23.69	100	30.77
健康	69	35.56	49	25.26	76	39.18
工作类型						
非农	83	48.82	42	24.71	45	26.47
农业	134	38.4	84	24.07	131	37.53
收入水平						
满意	108	41.54	59	22.69	93	35.77
一般	81	41.12	53	26.90	63	31.98
不满意	28	45.16	14	22.58	20	32.26

从性别角度来看，农村女性老年人接受照料频率较高、接受照料频率一般的比重更高，农村男性老年人接受照料频率较低的比重更高。

从年龄角度来看，70岁以下农村老年人接受照料频率较高的比重更高，而70岁以上农村老年人接受照料频率一般、接受照料频率较低的比重更高。

从文化程度角度来看，小学及以下文化程度的农村老年人接受照料频率较高、接受照料频率一般的比重更高，而小学以上文化程度的农村老年人接受照料频率一般的比重更高。

从婚姻状况角度来看，无配偶的农村老年人接受照料频率较高、接受照料频率一般的比重更高，有配偶的农村老年人接受照料频率较低的比重更高。

从劳动状况角度来看，已结束劳动的农村老年人接受照料频率较高的比重更高，仍继续劳动的农村老年人接受照料频率一般、较低的比重更高。

从健康状况角度来看，身体不健康的农村老年人接受照料频率较高的比重更高，身体健康的农村老年人接受照料频率较低、一般的比重更高。

从工作类型角度来看，从事非农工作的农村老年人接受照料频率较高、一般的比重更高，从事农业工作的农村老年人接受照料频率较低的比重更高。

从收入水平角度来看，对收入水平不满意的农村老年人接受照料频率较高的比重最高，其次是认为收入水平满意、一般的农村老年人；对收入水平满意的农村老年人接受照料频率较低的比重最高，其次是对收入水平不满意、一般的农村老年人；认为收入水平一般的农村老年人接受照料频率一般的比重最高，其次是对收入水平满意、不满意的农村老年人。

三、农村老年人照料主体的描述性统计分析

农村老年人照料主体的描述性统计结果见表7.4。可以看出，农村老年人照料主体较少的比重更高。但个体特征不同的农村老年人，其照料主体的多少也存在差异，具体而言：

从性别角度来看，农村男性老年人照料主体较多的比重更高，农村女性老年人照料主体较少的比重更高。

从年龄角度来看，70岁以下的农村老年人照料主体较多的比重更高，70岁以上的农村老年人照料主体较少的比重更高。

从文化程度角度来看，小学以上文化程度的农村老年人照料主体较多的比重更高，小学及以下文化程度的农村老年人照料主体较少的比重更高。

从婚姻状况角度来看，有配偶的农村老年人照料主体较多的比重更高，无配偶的农村老年人照料主体较少的比重更高。

从劳动状况角度来看，已结束劳动的农村老年人照料主体较多的比重更高，仍继续劳动的农村老年人照料主体较少的比重更高。

从健康状况角度来看，身体不健康的农村老年人照料主体较多的比重更高，身体健康的农村老年人照料主体较少的比重更高。

从工作类型角度来看，从事非农工作的农村老年人照料主体较少的比重略

高,从事农业工作的农村老年人照料主体较多的比重略高。

从收入水平角度来看,照料主体较多比重最高的是认为收入水平一般的农村老年人,其次是对收入水平满意、不满意的农村老年人。

表7.4　　　　　　　农村老年人照料主体的描述性统计

变量	照料主体较多 频数	照料主体较多 频率(%)	照料主体较少 频数	照料主体较少 频率(%)
性别				
男	134	39.64	204	60.36
女	56	29.79	132	70.21
年龄				
70岁以下	131	36.69	226	63.31
70岁以上	59	34.91	110	65.09
文化程度				
小学及以下	137	36.05	243	63.95
小学以上	53	36.30	93	63.70
婚姻状况				
无配偶	23	15.33	127	84.67
有配偶	167	44.41	209	55.59
劳动状况				
继续劳动	77	32.35	161	67.65
结束劳动	113	39.24	175	60.76
健康状况				
健康	114	34.65	215	65.35
不健康	76	38.58	121	61.42
工作类型				
非农	62	36.05	110	63.95
农业	128	36.16	226	63.84
收入水平				
满意	87	32.95	177	67.05
一般	83	41.92	115	58.08
不满意	20	31.25	44	68.75

四、农村老年人照料期待的描述性统计分析

农村老年人照料期待的描述性统计结果见表 7.5。可以看出，农村老年人照料期待较强的比重更高。但个体特征不同的农村老年人，其对照料的期待程度也存在差异。

表 7.5　　农村老年人照料期待的描述性统计

变量	照料期待较弱 频数	照料期待较弱 频率(%)	照料期待较强 频数	照料期待较强 频率(%)
性别				
男	136	40.24	202	59.76
女	49	26.06	139	73.94
年龄				
70 岁以下	119	33.33	238	66.67
70 岁以上	66	39.05	103	60.95
文化程度				
小学及以下	133	35.00	247	65.00
小学以上	52	35.62	94	64.38
婚姻状况				
无配偶	24	16.00	126	84.00
有配偶	161	42.82	215	57.18
劳动状况				
继续劳动	38	15.97	200	84.03
结束劳动	147	51.04	141	48.96
健康状况				
健康	102	31.00	227	69.00
不健康	83	42.13	114	57.87
工作类型				
非农	39	22.67	133	77.33
农业	146	41.24	208	58.76
收入水平				
满意	95	35.98	169	64.02
一般	63	31.82	135	68.18
不满意	27	42.19	37	57.81

从性别角度来看，农村男性老年人照料期待较弱的比重更高，农村女性老年人照料期待较强的比重更高。

从年龄角度来看，70岁以上农村老年人照料期待较弱的比重更高，70岁以下农村老年人照料期待较强的比重更高。

从文化程度角度来看，小学以上文化程度的农村老年人照料期待较弱的比重略高于小学及以下文化程度的农村老年人。

从婚姻状况角度来看，无配偶的农村老年人照料期待较强的比重更高。

从劳动状况角度来看，已结束劳动的农村老年人照料期待较弱的比重更高。

从健康状况角度来看，身体不健康的农村老年人照料期待较弱的比重更高，身体健康的农村老年人照料期待较强的比重更高。

从工作类型角度来看，从事农业工作的农村老年人照料期待较弱的比重更高，从事非农工作的农村老年人照料期待较强的比重更高。

从收入水平角度来看，照料期待较弱的比重是对收入水平不满意的农村老年人，其次是认为收入水平满意、收入水平一般的农村老年人。

第五节 社会支持对农村老年人生活照料满意度的影响

一、社会支持对农村老年人生活照料满意度影响的拟合结果

社会支持对农村老年人生活照料满意度影响的模型拟合结果见表7.6。

表7.6　　　　农村老年人生活照料满意度影响因素模型

变量名称		模型1 OR	模型2 OR
基本特征	性别（女）		
	男	0.878*	
	年龄（70岁以上）		
	70岁以下	1.477**	1.209*
	文化程度（小学以上）		
	小学及以下		
	婚姻状况（无配偶）		
	有配偶		
	就业类型（农业）		

表7.6(续)

变量名称		模型1 OR	模型2 OR
基本特征	非农		0.663**
	收入水平（满意）		
	不满意	0.481**	0.454*
	一般		
	劳动状况（继续劳动）		
	结束劳动	0.456***	0.659**
	健康状况（不健康）		
	健康		
社会支持	同住人数（较多）		
	较少		0.559**
	接受照料频率（较低）		
	较高		6.538***
	一般		2.145**
	支持主体（较多）		
	较少		1.031**
	照料期待（较强）		
	较弱		1.404**

注：* P<0.10，** P<0.05，*** P<0.01；括号内为参照组；在0.10显著性水平下未表现出显著影响的拟合结果未在表中展示。

二、纳入控制变量下的农村老年人生活照料满意度分析

（一）模型1：纳入控制变量对农村老年人生活照料满意度进行分析

从模型1可以发现，若只考虑控制变量，性别、年龄、劳动状况、收入水平表现出对农村老年人生活满意度的显著影响。具体来看：

（1）女性农村老年人生活照料满意度高的可能性越大。分析数据发现，在自评健康状况方面，调查样本中男性老年人对自己健康状况满意的人数占比64.37%，女性老年人满意人数占比66.52%，可以看出男性老年人自评健康较女性老年人低。受健康状况影响，男性老年人获得生活照料的支持更多，若照

料对健康未实现促进效应①，则影响老年人对生活照料的主观评价。

（2）农村老年人年龄越小生活满意度高的可能性越大。一方面，老年人的健康状况同年龄成负向关系，年龄越大，健康状况越容易不好。特别是高龄老年人，生活自理能力下降甚至丧失，同前一变量分析一致，若照料没有实现促进效应则会影响主观评价；另一方面，由于自理能力较强，身体状况较好，因此低龄老年人是农村家庭照料的主要承担者，主要生活照料由自己及其配偶承担，因此对生活照料满意度较高。

（3）继续劳动的农村老年人生活照料满意度高的可能性越大。本章中"结束劳动"对农村老年人而言是指不再工作以及不再干农活，仍然参与劳动的农村老年人与不再劳动的老年人相比，劳动的老年人身体健康且还有一定的经济收入或其他收入，能在一定程度上供养家庭，在生活照料方面承担更多的自我照料和照顾他人的责任，自身获取生活照料较少，从而影响主观评价。

（4）收入水平满意的农村老年人生活照料满意度高的可能性越大。收入水平满意的农村老年人，由于拥有更多的经济收入，在家庭子女没有时间提供生活照料的时候，从家庭外部获取生活照料的可能性更大，而收入较少的农村老年人在接受生活照料的同时会担忧家庭的经济承受压力，会让子女继续工作，更多地实行自我照料，从而影响主观评价。

（二）模型2：纳入控制变量和社会支持变量后对农村老年人生活照料满意度分析

模型2纳入控制变量、社会支持变量后对农村老年人生活照料满意度分析。从模型2可以发现，在模型中纳入社会支持变量后，年龄、收入水平、劳动状况、工作类型、同住人数、接受照料频率、支持主体、照料期待对农村老年人生活照料满意度的影响显著，社会支持变量作用明显。具体而言：

年龄、劳动状况、收入水平与模型1所示的影响方向一致，性别变量的影响则不再显著。

从事农业工作的农村老年人生活照料满意度高的可能性越大。非农就业的农村老年人独居或同配偶居住的可能性大，生活照料方面主要为配偶或自我照料，生病时的照料主体多为其他人员，从而影响农村老年人的生活照料满意度。

同住人数越多的农村老年人生活照料满意度高的可能性越大。同住人数越

---

① 张震.子女生活照料对老年人健康的影响：促进还是选择[J].中国人口科学，2004：29-36.

少，农村老年人能直接从家庭获取的照料资源越少，在自我照料不能满足需求，且家庭又不能提供足够的生活照料的情况下，老年人的生活照料满意度低。

接受照料频率越高的农村老年人生活照料满意度高的可能性越大。可能的原因：一是接受照料频率低的农村老年人，身体较健康、自理能力较强，主观性认为自我照料比他人照料更有利于改善健康状况，因此在接受他人照料时影响满意度评价；二是由于子女外出、经济收入低等多种因素影响，实际上身体健康状况不好的农村老年人只能获取较少的生活照料，主客观之间的落差大从而影响满意度。

支持主体越少的农村老年人对生活照料满意度高的可能性更大。在支持主体的两个层级中，支持主体越少（1人及以下）的农村老年人获取生活照料的来源主要是自己及其配偶，两者彼此依赖，若一方丧失生活照料能力，则农村老年人只能自我照料，在自身身体健康恶化的情况下，需要从外部获取更多的生活照料，因此对其主观评价较高。

照料期待越弱的农村老年人对生活照料满意度高的可能性更大。对生活照料怀有较强期待的农村老年人生活自理能力较弱、身体状况更差，自我照料或是配偶照料较难满足需求，因此渴望获取更多的生活照料，对生活照料的满意度不高。

第六节 农村老年人生活照料需求的社会支持

伴随着农村人口老龄化和农村老年人口高龄化的发展，农村老年人生活照料需求将持续增长；另外，由于农村老年生活照料的福利模式和市场模式等较为匮乏，家庭的老年照料功能也随着社会变迁和人口结构的变化不断弱化，如果不能补充或者创新照料资源，农村老年人生活照料的供需矛盾问题将会越来越尖锐。本章认为，应从"家庭支持"向"支持家庭"转变，以积极应对农村老年人生活照料危机问题。

一、实施"支持者计划"，发挥家庭在农村老年人生活照料中的核心作用

完善农村老年人生活照料体系，重点增强家庭的关怀。在我国农村，家庭对老年人生活照料的意义非同一般。首先，中国自古推崇"孝道"，家庭养老是我国重要文化传统；其次，受当前农村经济状况的制约，"福利模式"还无

法取代家庭照料的地位和作用。再加上国家财力有限，福利供给低水平、低覆盖特点还会持续一段较长的时间。甚至在今后相当长的一段时间内，"福利模式"在农村老年照料中都只能"选择"，而不能"普惠"。再次，其他照料模式（如"市场模式"和"志愿者模式"）在短期内很难从根本上改变其"边缘性"的地位，在较长时间内只能是亲情模式的补充。因此在老年照料中继续发挥家庭的核心作用是十分必要的。

老年照料中充分发挥家庭的核心作用，并非是简单回归传统的"家庭养老"，事实上，由于社会的巨大变迁，传统家庭养老的社会形态已不复存在，简单回归不太可能。但我们可以开展"支持者"计划以发挥在新形势下的老年照料中的"亲情模式"的作用。

政府对照料老年人的子女提供经济优惠或减免税赋等，既可以作为一种对"行孝"行为的奖励或道义支持，也是对"家庭支持"的倡导和引导。同时，政府的这些举措也是对照料老年人的成年子女提供经济支持，在一定程度上缓解了家庭养老的负担或提高了家庭养老的能力。

二、实施"困难家庭养老支持计划"，扩大"福利模式"的覆盖面

在欧洲福利国家，老年照料逐渐呈现出"正式化""去家庭化""商品化""去性别化"的特点[1]，政府在老年照料中扮演着极其重要的角色。简单地说，上述趋势的内容就是国家在老年照料中扮演重要的角色，或直接提供照料服务，或为老年人购买照料服务，或对有需要的老年人发放一定的现金由老年人自行决定何时购买照料服务、向谁购买服务、购买什么样的服务等。这就使得老年照料从传统的私人领域的、非付费的、以女性提供服务为主的活动向有正式制度安排的、国家财政支持的、公共领域的、可以付费购买的活动转变[2]。

作为发展中国家，我国经济发展总体水平还不高，农村地区经济发展水平更是滞后，因此，目前我国农村不可能把政府养老当作老年照料的主要支持来源。但是，"发展中国家"的现实国情并不能成为政府在农村老年照料问题上"免责"的理由。

考虑到现实条件，政府对农村老年照料的介入可以采取渐进的方式。当

---

[1] Pfau-Effinger, B. Payment for care in the context of new semi-formal forms of care work in European societies [C]. Paper for Presentation at the ESPAnet Conference, Social Policy in Europe: Chancing Paradigms in an Enlarging Europe? Vienna, 2007.

[2] Ungerson, C. Commodified Care Work in European Labour Markets [J]. European Societies, 2003 (4).

前，可以先实施"困难家庭养老支持计划"，不断完善农村"五保"供养制度，采取一切措施应保尽保，同时，政府应逐步将福利照料惠及"低保"家庭老年人、"独女"老年人（即为支持计划生育政策曾主动放弃生育二胎的老年人）。福利性照料的具体运作方式可以结合地区特点，在兼顾保证服务质量和提高服务效率的前提下灵活多样。一种方式是政府直接提供照料服务，包括集中照料服务（让受助老年人入住养老机构）和居家享受照料服务（为居家的有需要的受助对象提供上门服务）。另一种方式是采取准市场的形式，引入市场机制。如政府不直接提供照料服务，而是为有需要的受助老年人根据家庭收入水平和身体健康状况发放数额不等的照料津贴，由老年人在不同的养老机构甚至个人（如保姆）中选择服务提供者。相对于前一种方式，后一种方式由于引入了竞争机制，更有利于提高效率，而且对老年人而言也更有选择的自由，在管理手段薄弱的农村可能更为实用。

三、实施"老年照料市场培育计划"，使"市场模式"成为"亲情模式"的重要补充

根据老年人居住方式的不同，我们可以将农村老年照料的"市场模式"进一步分为"居家—市场模式"和"机构—市场模式"两类，前者指老年人居住在家里，通过雇请居家保姆、购买机构或个人提供的上门钟点工等照料服务以满足日常生活照料所需；后者则是老年人居住在养老机构，获得由机构提供的照料服务。与福利模式的机构照料不同，"机构—市场模式"是由老年人自己或其家庭成员付费，而不是免费或政府付费。事实上，老年照料的"市场模式"在我国城市地区已有较快发展，各种家政服务公司、公办或私立养老机构已在为老年人提供方方面面的有偿服务。但在大多数农村地区，因受人们消费观念的影响和家庭购买力的制约，老年照料市场还没有真正建立。培育老年照料市场，发展有偿照料服务，是应对人口老龄化、满足老年人现实需要的重要举措。政府可以在老年照料市场的培育和发展中发挥积极作用。当然，无论发展何种市场模式，都应为农村老年人提供以基本照料为主、收费不高的服务。

在我国农村，45岁以下的青壮年大多选择外出务工，而50岁以上的往往处境尴尬："外出务工无优势，在家务农有闲力（农田不多）。"如果村委会能进行引导，让"有闲力"的人（尤其是女性）为附近的老年人提供有偿照料，这将是一举多得的事情。首先，他们的劳动力将得到更加充分的利用。其次，能解决部分高龄老年人的照料问题。再次，还可以兼顾自己的家人。最后，与

进城当保姆相比，节约了不少成本而且不离乡。一些身体健康的老年人，也可以组织起来成为老年照料者，这样既解决了部分家庭的老年照料难题，也让这些"老年照料者"获得一些经济报酬，增加收入。另外，政府应提供政策和财政支持，鼓励一些机构、个人在农村经办私营养老院，并不断转变人们的养老观念，为一些收入较高但无法亲自、及时照料老年人的农村家庭提供更多的老年人照料途径。

四、实施"互助邻里计划"，为农村老年人生活创建和谐社区

农村老年人照料问题的解决，不仅需要依靠家庭、政府、市场的力量，而且还要动员可以动员的所有力量，充分发挥个人、组织或其他机构的作用，集大家之力做好老年人照料工作。作为熟人社会，农村社会一直有着守望相助的传统，发挥好邻里互助，实施"互助邻里计划"，创建农村和谐社区，为农村老年人提供一个温馨、和谐、互助的生活环境，也是值得我们考虑的解决农村老年人照料问题的途径之一。

目前，在传统走家串户的基础上倡导好、组织好、发动好邻里老年人之间的互助互爱，在一定程度上也能起到缓解老年人照料问题的作用。按常识而论，重大疾病、突发事件的发生不具有连续性，对个体而言会在一定时期内形成重大的生活压力。但是人数越多，对整体而言，这种偶然性造成的压力就会越小，能够发动大多数人的力量去克服少数人的暂时的生活压力，体现出团体的力量，形成互助互爱的良性循环。如果这一举措能够得到村民委员会等农村自治组织的倡导和有效组织，这对邻里之间的照顾、帮扶，特别是老年人之间的互相帮扶将起到良好的效果。

第七节 本章小结

现阶段，家庭照料仍然是我国农村老年人最重要的照料方式，其中老年人自己、配偶是最核心的照料服务供给者，未外出子女也是重要的照料供给主体。社会支持对农村老年人生活照料满意度的影响机制复杂，从模型结果来看，本研究构建的社会支持——同住人数、支持主体、接受照料频率以及照料期待，所有社会支持变量对生活照料满意度的影响与研究假设基本相符。具体来看，农村老年人支持主体越多、接受照料频率越高、同住人数越多、对照料期待越低，其对生活照料满意度越高。在个人特征方面，性别、年龄、收入水

平以及劳动状况也是影响农村老年人生活照料满意度的重要因素；另外，农村老年人的文化程度、就业类型、健康状况等因素对老年人生活照料满意度的影响则不明显。从以上讨论可以发现，不同的社会支持对农村老年人生活满意度的影响存在差异，只有对这些问题的内在逻辑进行更为精细的研究设计，同时对该群体进行更加深入细致的观察、分析，才能更好地达到研究目的。

老年人口本身就是一个具有多样性的异质性群体，因此应该从是否有需求这一逻辑前提出发，针对不同特征的老年群体提供不同层次的生活照料，如针对不同收入群体提供价格阶梯化的照料服务。对收入水平较低的农村老年人，可以指定相关政策，减轻家庭照料负担，同时提供更多便捷、价格合理的社会人员的生活照料支持。现阶段，中国农村老年人的生活照料主要由家庭供给，但在我国社会转型时期，农村家庭养老面临家庭结构小型化和单一化、代际居住距离扩大、人口流动普遍等难题，因此政府和社会都应采取相应措施以缓解农村家庭照料困境。

从社会角度来看，结合我国农村社会的实际情况，同时运用社会工作的相关理论和方法，依托社区发展老年人互助小组的农村老年人照料模式可以进行推广。中国民间一直有着互助的优良传统，中国农村社区的主要价值取向便是"远亲不如近邻"，农村社区老年人的同质性较强，彼此都熟悉，在一方需要生活照料的时候，有照料能力的人能够为其提供生活照料；工作小组的成员可由社区未外出子女或其他较近社区人士组成，工作小组可通过慰问、走访、日常照料等形式与老年人彼此熟悉，同时建立良好的社会支持网络，在老年人彼此不能相互照料时发挥自身作用；老年人是否存在照料需求是社会支持的逻辑前提，因此工作小组人员应该主动了解农村老年人的身体状况和家庭情况，判断老年人是否有照料需求，以及确定老年人需要什么程度、什么类型的照料需求，然后针对不同的需求提供社会照料服务。

从政府角度来看，一方面，可以探索建立以家庭照料为主、社会照料为辅的社会护理保险制度。为减轻农村老年人家庭生活照料的经济负担，政府在社会护理保险制度上应承担主要责任，加大财政投入力度，鼓励各类社会组织提供各类老年服务，使得农村家庭可以用较少的经济投入获取更多更好的生活照料服务。另一方面，在我国老龄化趋势下，为更好地解决老年人的生活照料问题，应该加快建立老年人照料和护理的相关法规及配套政策。

此外，在探索社会照料的同时，不能忽视甚至替代传统家庭照料的作用，社会和政府应大力鼓励、支持和提倡家庭成员对老年人的生活照料。

第八章 中国农村老年人健康保障需求及其社会支持

人口老龄化是世界人口发展的基本趋势之一，我国进入老龄化社会以来，65岁及以上老年人口占总人口比重由2000年年末的7%增加到2015年末的10.5%[①]，我国农村老年人口呈现出基数大、比重高、增速快、高龄化、失能化等特征，老年人越来越高的养老需求同全社会较低的养老保障能力和水平产生矛盾。随着我国经济社会发展的不断进步，人均预期寿命稳步增长，但是随着寿命的增长，老年人的生理机能也会不断下降，老年人的健康问题受到越来越多人的关注。早在1990年世界卫生组织就已提出健康老龄化的理念，邬沧萍教授（1996）也曾提出，"人口老龄化所带来的老年人问题主要集中在两个方面：一是老年经济问题，二是老年健康问题。"[②] 由此可见，健康保障需求是最基本的养老需求之一，保持身心健康是提高老年人生活质量，提升老年人生活幸福感的重要措施。

第一节 关于农村老年人健康保障需求的研究回顾

一、健康保障需求的相关研究

国内外有关健康保障需求已有大量研究。从健康保障需求的内容来看，满足老年人健康保障需求的途径很多，但主要途径是获取医疗卫生服务（赵忠，2005），在养老服务需求中老年人对医疗护理的需求相对强烈（田北海、王彩

[①] 国家统计局编. 中国统计年鉴2016 [EB/OL]. 中国统计出版社，http://www.stats.gov.cn/tjsj/ndsj/2016/indexch.htm，2017-06-15.

[②] 邬沧萍，姜向群."健康老龄化"战略刍议 [J]. 中国社会科学，1996（5）：52-64.

云，2014），因此，研究医疗服务需求成了研究健康保障需求的主要内容。在早期的研究中，健康被一些学者视为一种人力资本，将健康作为人力资本理论中的重要概念，认为健康是构成人力资本的重要方面（S. J. Mushkin，1962；Becker，1964）。在研究中提出了健康存量、健康投资和健康需求等概念，并建立了健康需求模型，认为健康存量的增加依赖于医疗卫生服务的投入（Grossman，1972，1999）。他们研究的共同特点是，把健康当成人力资本的影响因素，是从劳动者的角度来研究健康和人力资本的关系——健康能够通过延长劳动时间来提高个人的人力资本效用。随着人口老龄化的来临，一些学者开始关注老年人的健康问题，衍生出健康预期寿命、不健康预期寿命等概念和相关研究成果。尽管健康预期寿命和不健康预期寿命随年龄增加而不断减少，但不健康期望寿命随年龄增加占剩余期望寿命的比重却越来越高[1][2]，因此，老年人对健康保障的需求可能会提出更高的要求。

二、健康保障需求影响因素的相关研究

从健康保障需求的影响因素来看，主要因素有三类：

（1）老年人的健康状况。它反映的是老年人的健康状况，是决定健康保障需求的主要因素，健康状况越差，健康保障需求越高（赵忠、侯振刚，2005）；与健康状况好的农村居民相比，健康状况一般的农村居民医疗费用支出会增加，但是不显著，健康状况差的农村居民医疗费用支出会显著增加（柴化敏，2013）。

（2）人口学特征因素。①性别。健康保障需求具有性别差异，男性的健康水平高于女性（张琳，2012；曾雁冰，2015），因此，男性的健康保障需求比女性老年人更低。②子女数。存活子女数会增加农村居民医疗费用支出，但是不显著（柴化敏，2013）；存活子女数增加会显著增加老年人医疗服务的利用效率（刘国恩等，2011）。③年龄。随着年龄增大，特别是男性46岁、女性36岁以后健康保障需求会减少，这是因为健康的影子价格上升，导致健康投资的回报期变短，得到的收益变少（赵忠、侯振刚，2005；张琳，2012；刘国恩等，2011）。他们的研究与Grossman（1972）的研究结论都是一致的；而年龄对健康保障需求的影响并未体现出统计学差异（曾雁冰，2015）。④教育状况。教育能够提高健康水平，减少医疗费用，降低医疗保障需求（赵忠、侯

---

[1] 郁学敏，时钰，李雪阳，李汉东. 基于追踪调查数据的中国老年人口健康状况与期望寿命研究 [J]. 老龄科学研究，2016（5）：49-59.

[2] 郭未，安素霞. 社会性别视角下的中国老年人口不健康预期寿命及代际支持 [J]. 南京农业大学学报（社会科学版），2013（6）：93-100、108.

振刚,2005);教育程度提高会增加消费者的健康保障需求,但对医疗服务的需求则会降低(Grossman,1972);教育程度对健康水平的影响并不显著,这可能与受访老年人生命历程中教育并未受到重视和教育机会中断有关(张琳,2012);受教育年限增加,会显著增加农村居民医疗支出(柴化敏,2013)。⑤婚姻状况。婚姻状况稳定、与配偶生活在一起的老年人健康状况更好,健康保障需求更低(张琳,2012)。

(3)社会支持因素。①医疗保险。由于不同人群医疗保险的差异较大,所以老年人的健康保障需求也不同,有医疗保险的老年人健康保障需求更大(赵忠、侯振刚,2005);当前的医疗保险体系还不会大量增加医疗卫生需求(温劢君、宋世斌,2013);医保制度能够改变中国老年人就医行为,提高老年人医疗服务需求(刘国恩等,2011;柴化敏,2013)。②家庭和个人收入。医疗服务价格会改变消费者的健康保障需求和医疗服务需求,这是因为医疗服务价格改变了消费者的支付能力,在收入水平不变的情况下,增加了消费者的支出负担(Grossman,1972);而在工资率提高后,消费者的健康保障需求和医疗服务需求会随之增加。③身体锻炼。锻炼对我国老年人健康具有显著的正向作用,会降低老年人的健康保障需求(曾雁冰,2015)。④医疗服务可及性。医疗服务可及性会影响老年人的健康保障需求,可及性越差,健康保障需求实现越低(曾雁冰,2015)。农村医疗服务的可靠性和方便性低会降低老年人的健康保障需求(樊桦,2001)。⑤居住状况。与人同住比独居更能显著增加老年人及时就医行为(刘恩国,2011)。

第二节 农村老年人健康保障需求分析

一、老年人健康状况、健康存量与健康需求

健康状况反映了老年人的健康存量,健康状况越好,健康存量越高,对健康保障的客观需要可能越低;健康状况越差,健康存量越低,对健康保障的客观需要可能越高。从我国农村老年人的健康状况分析发现,农村老年人的健康状况受到诸多因素的影响,年龄、教育、婚姻、医疗保险、居住状况、体育锻炼和就医方便性等影响因素的差异都会显著地导致老年人健康状况的差异。从老年人福利与家庭情况 2015 年调查结果来看,可以发现年龄越大、教育程度越低、无配偶(包括未婚、离异和丧偶)、未参加医疗保险(包括基本医保和商业医保)、非独居、未参加体育锻炼以及就医不方便的老年人健康状况更差,具有这些特征的老年人对健康保障的客观需要的可能性更大(见表 8.1)。

表8.1　　　　　　　　老年人健康状况的描述性统计

变量	健康 频数	健康 频率(%)	一般 频数	一般 频率(%)	不健康 频数	不健康 频率(%)
年龄						
60~69岁	131	37.43	180	51.43	39	11.14
70~79岁	40	35.09	59	51.75	15	13.16
80岁及以上	3	10.34	20	68.97	6	20.69
受教育程度						
小学以下	47	23.74	121	61.11	30	15.15
小学	66	41.77	72	45.57	20	12.66
初中	49	47.57	48	46.60	6	5.83
高中及以上	12	35.29	18	52.94	4	11.76
婚姻状况						
未婚、离异或丧偶	31	23.66	76	58.02	24	18.32
结婚有配偶	143	39.50	183	50.55	36	9.94
基本医保						
未参保	7	21.88	14	43.75	11	34.38
参保	167	36.23	245	53.15	49	10.63
商业医保						
未参保	74	26.71	153	55.23	50	18.05
参保	100	46.30	106	49.07	10	4.63
高于平均收入						
是	56	38.10	72	48.98	19	12.93
否	115	33.82	186	54.71	39	11.47
独居						
是	10	28.57	16	45.71	9	25.71
否	159	35.25	243	53.88	49	10.86
体育锻炼						
不锻炼	158	34.13	246	53.13	59	12.74
锻炼	16	53.33	13	43.33	1	3.33
就医方便性						
方便	119	45.42	121	46.18	22	8.40
一般	48	26.09	110	59.78	26	14.13
不方便	7	14.89	28	59.57	12	25.53

二、老年人就医行为与健康保障需求

就医行为反映了老年人对健康保障的实际需求和有效需求,从就医行为来看,就医频率除受到老年人本身健康状况影响外,还受到教育、商业医疗保险和收入水平的显著影响;住院次数受到老年人本身的健康状况、商业医疗保险收入水平和就医方便性等因素的显著影响。教育水平越高,健康状况越好,就医频率和住院次数越低,体现出教育在保障老年人健康需求中的重要作用;在满足老年人就医需求中,商业医疗保险体现出比基本医疗保险更为显著的作用,这为农村老年健康保障需求的制度建设提供了指导;高收入增加了老年人就医频率和住院次数,因此,提高老年人收入是满足其健康保障需求最基本的条件。

通过对老年人福利与家庭情况 2015 年调查分析,对问卷进行统计分析,发现农村老年人的健康保障有效需求低(见表 8.2)。一方面,明确表示健康状况较好的农村老年人只有 35.29%,而表示健康状况"一般"和"不健康"的老年人比重分别为 52.54%、12.17%;另一方面,表示最近一年未去过医院和未住院的农村老年人比重分别为 9.57%、11.20%,九成左右的老年人都有过就医行为。

表 8.2　　　　　　　　老年人健康状况与就医行为

变量	健康 频数	健康 频率(%)	一般 频数	一般 频率(%)	不健康 频数	不健康 频率(%)
就医状况						
经常去	5	13.51	14	37.84	18	48.65
有时去	32	21.19	93	61.59	26	17.22
偶尔去	103	40.23	138	53.91	15	5.86
没去过	33	70.21	13	27.66	1	2.13
住院状况	47	23.74	121	61.11	30	15.15
0 次	12	30.00	27	67.50	1	2.50
1 次	41	29.08	75	53.19	25	17.73
2 次	103	38.29	134	49.81	32	11.90
3 次及以上	7	26.92	17	65.38	2	7.69

数据对比说明:①农村老年人整体处于亚健康和不健康的状态,这表明农村老年人群对健康保障的客观需求较高;②表示健康状况"健康"的农村老

年人也有一定的就医行为,因此不仅仅是健康状况较差的农村老年人有健康保障需求,健康状况较好的农村老年人同样也有健康保障需求;③健康保障需求的重点人群是年龄大、教育程度低、无配偶(包括未婚、离异和丧偶)、未参加医疗保险(包括基本医保和商业医保)、非独居、未参加体育锻炼以及就医不方便的农村老年人。

第三节 农村老年人健康保障需求的影响因素分析

老年人健康保障需求主要取决于其自身的健康状况,不同健康状况的老年人对健康保障需求的水平和程度存在差异,健康状况反映的是老年人对健康保障的客观需要;但是这种客观需要转化为实际的有效需求还依赖于就医行为,就医的过程满足了老年人的健康保障需求,它同样受到多种因素影响。本节主要是分析健康保障客观需要和有效需求的影响因素。根据上述文献分析,本节尝试以老年人的"健康状况"为目标变量来分析影响健康保障客观需要的影响因素,以"就医状况"和"住院状况"为衡量就医行为的目标变量分析实现健康保障有效需求转化的影响因素。一是以老年人"健康状况""就医状况"和"住院状况"为目标变量,分别用人口学特征因素和社会支持因素等为分析变量,采用交叉表及相应的卡方检验予以分析,判断目标变量在不同影响因素下是否具有显著的统计学差异;二是分析目标变量和分析变量之间是否存在相关性,以判断影响因素的性质。

一、变量及统计描述

问卷调查发现,目标变量自评"健康状况"中"健康"的占样本总数的35.29%、"一般"的占样本总数的52.54%、"不健康"的占样本总数的12.17%;从最近一年"就医状况"看,被调查对象"经常去""有时去""偶尔去"和"没去过"医院分别的占比为7.54%、30.75%、52.14%和9.57%;从最近一年"住院状况"看,被调查对象住院"0次""1次""2次"和"3次及以上"的分别占比11.20、28.71、54.79和5.30%;分析变量:性别、年龄、教育程度等状况的统计描述如表8.3所示。

表 8.3 变量的统计描述

变量类别	变量名称	变量赋值	频数	频率(%)(%)
目标变量	健康状况*	健康=1	174	35.29
		一般=2	259	52.54
		不健康=3	60	12.17
	就医状况	经常去=1	37	7.54
		有时去=2	151	30.75
		偶尔去=3	256	52.14
		没去过=4	47	9.57
	住院状况	0次=1	55	11.20
		1次=2	141	28.71
		2次=3	269	54.79
		3次及以上=4	26	5.30
人口学特征因素	性别	女=0	169	34.28
		男=1	324	65.72
	年龄	60~69岁=1	350	70.99
		70~79岁=2	114	23.13
		80岁及以上=3	29	5.88
	教育程度	小学以下=1	198	40.16
		小学=2	158	32.05
		初中=3	103	20.89
		高中及以上=4	34	6.90
	婚姻状况	未婚、离异或丧偶=0	131	26.57
		结婚有配偶=1	362	73.43
社会支持因素	基本医保	未参保=0	32	6.49
		参保=1	461	93.51
	商业医保	未参保=0	277	56.19
		参保=1	216	43.81
	高于平均收入	否=0	340	69.82
		是=1	147	30.18
	独居	是=1	35	7.20
		否=0	451	92.80
	体育锻炼	不锻炼=0	463	93.91
		锻炼=1	30	6.09
	就医方便性	方便=1	262	53.14
		一般=2	184	37.33
		不方便=3	47	9.53

注：*"健康状况"也是影响就医状况和住院状况的变量。

二、健康保障客观需要的影响因素分析

在数据分析中，对目标变量"健康状况"按照"健康=1、一般=2、不健康=3"依次赋值，样本分别占比为35.29%、52.54%、12.17%（见表8.3）。健康状况与性别的相关性分析和卡方检验结果如表8.4所示。

表8.4　　　　　　　　　卡方检验和相关性分析

分析变量	目标变量 健康状况	目标变量 就医状况	目标变量 住院状况
健康状况	—	0.000（−）***	0.049（+）**
性别	0.437（−）	0.001（+）***	0.714（−）
年龄	0.031（+）**	0.191（−）	0.738（+）
教育	0.001（−）***	0.013（+）*	0.159（+）
婚姻	0.001（−）***	0.100（+）	0.148（−）
基本医保	0.000（−）***	0.105（+）	0.971（+）
商业医保	0.000（−）***	0.000（+）***	0.017（+）**
独居	0.033（−）**	0.162（+）	0.312（+）
高于平均收入	0.509（−）	0.021（+）**	0.015（−）**
体育锻炼	0.064（−）*	0.246（−）	0.679（+）
就医方便性	0.000（+）***	0.449（−）	0.008（−）***

注：数值为统计学差异水平；括号内±号标记相关性，+为正相关，−为负相关。
＊P<0.10，＊＊P<0.05，＊＊＊P<0.01。

（1）健康状况与性别之间不存在显著差别。本研究发现尽管与女性相比男性的健康状况更好，但是性别差异并未显著的导致老年人自评健康状况差异，因此，男性和女性老年人对健康保障客观需要可能并不存在显著的差别。

（2）健康状况与年龄之间存在正相关关系。年龄越大健康状况越差，卡方检验结果显示，不同年龄组间老年人的健康状况具有显著的统计学差异（P<0.05），这说明高龄老年人比低龄老年人的健康状况显著更差，这符合人类生理机能退化的规律，年龄越大的老年人对健康保障客观需要可能更加迫切。

（3）健康状况和教育程度之间存在负相关关系。意味着受教育程度越高，老年人的健康状况越好，卡方检验显示不同受教育程度老年人的健康状况具有显著的统计学差异（P<0.01），说明提高教育程度可能显著改善老年人的健康状况；同时，受教育程度较低的老年人健康状况可能更差，他们对健康保障的

客观需要更大。健康状况和婚姻状况呈负相关关系，表明与未婚、离异或丧偶的老年人相比，结婚且有配偶的老年人健康状况更好，且不同婚姻状况的老年人健康状况具有显著的统计学差异（P<0.01），表明未婚、离异或丧偶的老年人身体可能更差，他们对健康保障的客观需要更大。

（4）医疗保险（包括基本医疗保险和商业医疗保险）与健康状况之间呈负相关关系。参保和未参保的老年人健康状况具有显著的统计学差异（P<0.01），表明参加医疗保险的老年人健康状况显著更好，未参加医疗保险的老年人健康状况显著更差，未参保的老年人对健康保障的客观需要更大。

（5）老年人是否独居对其健康也有显著影响。与非独居老年人相比，独居老年人的健康状况更好，其原因可能是，老年人的健康状况动态变化会影响其居住状况的调整，健康状况较好的老年人，可以不依赖于外部照料，客观身体条件为其独居提供了可能性，而健康状况较差的老年人，需要外部照料，因此得到了子女或者养老机构的照料，使得他们独居的可能性下降。

（6）老年人可支配收入没有导致健康状况显著差异。从老年人可支配收入来看，以本次调查的人均收入为参照的收入划分，即高于平均收入或低于平均收入的差异，未导致老年人健康状况的显著差异，但高于人均收入的老年人健康状况比低于人均收入的老年人更好。

（7）体育锻炼是影响健康状况的重要因素。分析发现，与未经常参加体育锻炼的老年人相比，经常参加体育锻炼的老年人健康状况更好，且二者之间存在显著的统计学差异（P<0.10），这说明体育锻炼是增加老年人健康存量的重要措施，对保障老年人健康具有重要意义。就医方便性与健康状况之间呈现正相关关系，就医越方便，老年人的健康状况越好；反之，就医越不方便老年人的健康状况越差，且具有显著的统计学差异（P<0.01）。

三、健康保障有效需求的影响因素分析

本研究主要从就医状况和住院状况两方面分析老年人健康保障的有效需求。就医状况是指"最近一年，您是否去过医院"，选项赋值依次为"经常去=1、有时去=2、偶尔去=3、没去过=4"，样本分别占 7.54%、30.75%、52.14%、9.57%。住院状况是指"最近一年，您住院次数"，在统计分析时标记："未住院=0、住院1次=1、住院2次=2、住院3次及以上=3"，分别占比 11.20%、28.71%、54.79%、5.30%（见表8.3）。

分析农村老年人健康保障有效需求的交叉表卡方检验和相关性分析结果见表8.4。

从就医状况和住院状况来看，老年人的健康状况差异对就医状况具有显著的统计学差异影响（P<0.01），且健康状况越差就医越频繁；性别差异会导致显著的就医状况差异（P<0.01），男性相对于女性就医更为频繁；教育程度差异也会导致显著的就医状况差异（P<0.05），教育程度越低就医越频繁；是否参加商业医疗保险会导致显著的就医状况差异（P<0.01），参加商业医疗保险的老年人比未参加的老年人就医更为频繁；收入差异会导致显著的就医状况差异（P<0.05），高于平均收入的老年人比低于平均收入的老年人就医更为频繁；年龄、婚姻状况、基本医疗保险、居住状况、体育锻炼和就医方便性等的差异对就医状况没有显著的统计学差异。

从住院状况来看，健康状况、商业医疗保险、收入状况和就医方便性对住院次数具有显著的差异，老年人的健康状况越差会显著地增加住院次数（P<0.05），参加商业医疗保险的老年人比未参加商业医疗保险的老年人住院次数显著更多（P<0.05），但是高于平均收入的老年人比低于平均收入的老年人住院次数显著更少（P<0.05），就医方便性差异也会显著地导致住院次数的差异（P<0.01），就医越不方便住院次数越少；性别、年龄、教育、婚姻、基本医保以及体育锻炼的差异并未导致显著的住院次数的差异。

第四节 构建农村老年人健康保障需求社会支持系统

"老有所医"是老年人养老的重要需求，医疗卫生服务是老年人健康保障需求的核心。"加快建立和完善覆盖城乡居民的社会保障体系，保障人民基本生活"[①]是我国社会保障制度体系建设的目标和要求，健康保障作为社会保障体系的重要内容，是我国基本公共服务体系中不可或缺的一部分。当今世界公共服务发展的主要理念是强调政府在公共服务供给中应确保公共利益的实现，政府的角色不是被动的管理者，而是公民需求的主动识别者和回应者。但是如何识别和回应农村老年人的健康保障需求，是农村养老保障需要解决的关键问题。

一、社会支持主体多元化

构建"政府—社会—家庭"多主体一体化健康服务供给模式，化解农村

---

① 尹蔚民. 中华人民共和国社会保险法释义 [M]. 北京：中国劳动社会保障出版社，2010：1.

老年人面对的健康风险。在传统社会，老年健康服务的供给主体主要是医疗机构（医馆、诊所等）和家庭，呈现出"医疗机构—家庭"为主要特征的供给模式，在这种模式下，医疗机构主要解决老年人的"急重病痛"和慢性病治疗和护理的需求问题，生病照料和失能护理等主要由家庭承担；但是随着生产力的发展、生产模式的变化、社会分工的细化以及人口结构的转变，现代社会分化并产生了成体系的医疗机构、社区、社会组织、家庭等多个老年健康服务的主体，这些主体在各自的平台上从事着老年健康服务，但是每个主体平台上的服务资源却没有得到很好的整合，形成散乱的服务网点，并且各自的主要职能也没有清晰而明确的界限；同时，政府在公共服务中也承担着重要责任，公共服务理论的发展对政府如何提供公共服务进行了反思。在这种情况下，我们倡导建立"政府—社会—家庭"多元一体的多中心服务供给模式。

政府职能部门在老年健康服务中，一是要制定与老年健康服务相关的政策，搭建好老年服务平台，理顺和整理各级各类老年健康服务资源，明确各自的责任和义务、行为规范和相互之间的联系制度，间接促进包括医疗机构、社会组织、家庭等在内的各类健康服务主体的发展，提高它们的服务能力和服务水平；二是要增加资源投入，直接为老年人提供有利于促进老年健康的基础公共服务设施。

各级医疗机构包括各级公立或私营的中西医医院、康复中心、诊所，凭借专业的医护人员、先进的诊疗设备等优势，在老年健康服务体系中承担着解决老年人病痛的责任，是维护老年人生命安全和健康的最主要的力量；但是，由于生理机能的退化，更多的老年人面临的是慢性病困境中身体机能最大限度地康复，在我国庞大人口基数的背景下，急重病后和慢性病程中的身心康复问题，专门的医疗机构无力也没必要耗费更多的资源，因此，加快康复体系构建与康复中心的建设，以机构康复带动社区康复，社区康复指导家庭康复[①]，有序、分级、分重点地覆盖需要康复的老年人群。

包括社区、民营医疗机构、健康服务企业等在内的社会力量，也是老年健康服务的重心之一，它们是促进健康老龄化、积极老龄化的重要力量。老年人以患慢性病、长期失能为主的健康状况也决定了社区是改善老年人健康的最广大的实践主体，是老年健康服务的重要依托，是除了家庭之外与老年人日常生活最为密切的地方。社区卫生服务中心在基层特别是农村地区对保障老年人的

---

① 国家应对人口老龄化战略研究健康老龄化与老年健康支持体系研究课题组. 健康老龄化与老年健康支持体系研究［M］. 北京：华龄出版社，2014：30.

健康具有特别重要的作用，因此，以社区卫生服务中心为社区老年人提供健康服务的力量有待进一步增强和发展，同时要合理、有效地发挥这一服务主体的作用。与公立医疗机构坚持公益性原则不同，民营医疗机构在老年健康服务中，应当走高端路线，为部分需求层次高的老年人提供健康服务。随着人们越来越重视健康问题，越来越多的健康服务企业也应运而生，成为保障和提供老年健康服务的重要力量。

家庭养老是农村养老的主要模式，因此，仍然需要家庭支持在满足农村老年人健康保障需求中发挥作用。但在人口城镇化和农村劳动力外流的时代背景下，发挥家庭支持满足农村老年人的健康保障需求，重点是要改变农村老年人和子女的居住模式，让二者能够在农村或工作地安居。

二、社会支持的具体措施

（一）重视全生命周期的健康教育和投资

研究发现教育能够显著地改善老年人的健康水平，对农村老年人来说，提高他们的教育水平已经不太可能，通过教育提高老年人的健康行为习惯、健康知识储备也难以实现，因此，通过教育来提高农村老年人的健康状况面临极大的挑战。针对这一困境本研究认为必要的社会支持对策是重视全生命周期的健康教育。Grossman等人对健康需求模型分析的一大贡献在于，认识到健康存量不仅受当期健康状况的影响，也受到前一期健康水平的制约。立足于我国农村老年人的教育状况和健康状况，仅从老年人这个角色本身去解决他们的健康保障需求，成效令人担忧；从全生命周期的视角，增加对年轻人的健康教育和健康投资，最大限度地提高老年期以前的健康水平，降低每个人生命周期随年龄增加的健康资本折旧速度，是积极老龄化和健康老龄化的内在要求，是提高老年人健康存量的必由之路。

（二）继续加大农村医疗保障的制度建设

2002年10月，我国提出建立新型农村合作医疗制度（简称"新农合"），新农合成为保障农村人口医疗健康的基本制度。但是本研究发现，这一制度虽然显著地提高了农村老年人的健康水平，但是却并未显著地改变农村老年人的就医行为，相反，商业医疗保险在促进农村老年人的健康水平，提高农村老年人的就医行为方面均发挥出显著的积极作用。因此，加大农村老年人的健康保障需求的社会支持，一方面要加大对新农合的投入，另一方面要继续重视商业医疗类保险的重要作用。

（三）改善农村老年人的生活状况

婚姻和独居是影响农村老年人健康状况的重要因素，但是随着年龄的增加和男女平均预期寿命的差异，丧偶必然成为很多老年人必须要面临的问题；随着城市化进程推进和农村青壮年劳动力优先转移的客观实际，农村老年人也被贴上"留守""独居"等标签。尽管本研究发现独居的农村老年人健康状况更好，但是单独居住的生活模式会降低他们应对生命突发事件的能力，特别是一旦他们面临重大疾病，很有可能得不到及时的就医和治疗，突发事件对他们生命造成的威胁可能无法逆转。而农村老年人的婚姻和居住状况是可以改变的个人状况，改变他们的独居现状，对改善他们的身心健康，满足他们的健康保障需求具有重要作用。同时，增强农村老年人的体育锻炼意识，能够提高其健康水平，也有利于改善农村老年人个人生活质量。

（四）提高农村老年人的可支配收入水平

收入是影响农村老年人健康状况，改善农村老年人就医行为的显著性因素。调查中，农村老年人的人均医疗、健康和保健品消费支出占人均总消费支出的比重为32.67%，占人均总收入的比重为28.10%，可见，健康类消费在农村老年人的总消费和总收入中占有极大的份额；个案访谈中，发现少数老年人的医疗、健康和保健品消费支出是其总收入的20倍，这对农村老年人的经济状况造成极大的压力。因此，提高农村老年人的可支配收入是应对和满足健康保障需求的重要环节。

（五）提高农村老年人的就医便利性

就医便利性是影响农村老年人健康状况，改善农村老年人就医行为的重要因素。由于农村居住点分散、涉及地域广阔，而医疗资源严重不足且集中于人口聚居的乡镇等地方，因此，就医的距离和交通状况成为影响农村老年人就医方便性的主要限制性因素。农村医疗资源集中于人口较多的场镇是必然选择，改善广大农村老年人的就医便利性重点在于优化农村道路交通、完善交通工具、提高急诊医疗的反应速度、缩短急诊医疗的反应时间等方面。

第五节 本章小结

受生理机能退化的影响，老年人处于亚健康和不健康水平的时间占剩余寿命的比重越来越高，因此，老年人对健康保障的客观需求较高；基于老年人健康状况所反映的健康保障客观需求和就医行为的有效需求对比发现，健康状况"健康"的老年人也有一定的就医行为。因此，健康保障不仅是健康状况较差老年人的需求，也是健康状况较好老年人的需求，健康保障的对象是全体老年人。对农村老年人来说，健康保障需求的重点人群的特征是，年龄较大、教育程度较低、无配偶（包括未婚、离异和丧偶）、未参加医疗保险（包括基本医保和商业医保）、非独居、未参加体育锻炼以及就医不方便。

成功的老年健康保障服务，靠单一服务主体的服务供给难以实现，必须坚持多主体、多中心共同服务的模式；有效率的老年健康保障服务，不能靠各级各类服务主体或服务中心各自为政，必须坚持明确分工、有序协作、共同推进的原则。要实现成功并有效率的为老年人提供健康保障服务的目标，必须坚持"政府—社会—家庭"多元一体的多中心供给模式，采取多种有效措施，使各个主体之间具有通畅的互动渠道，明确的发展重点，积极的服务意识。

无论是传统中医"治未病"的理念，还是现代医学对健康保健重要性的认识，健康保障需求都不仅是被动的疾病治疗，而是要建立和推广"预防为主"的保健观念[1]。根据调查和了解，目前我国农村老年人对健康保健的需求日益增加，基于主动预防的健康保健需求在健康保障需求中将占有越来越重要的地位。因此，健康保障需求的着眼点应在两个层次：一是满足农村老年人的医疗保障需要，被动提高农村老年人的健康存量；二是发挥健康保健的重要作用，主动提高老年人的健康预期寿命。随着人口老龄化程度趋势加快，被动的医疗保障将面临巨大困难，我国传统医学的"治未病"理念早已提出疾病预防在健康保障中的巨大作用，这一理念应该得到更广泛的支持和全生命周期的实践，这是应对农村人口老龄化，实现积极老龄化和健康老龄化，提高农村老年人健康预期寿命、晚年幸福和生活质量的重要理念。

---

[1] 蔡浩，陈玉萍，丁士军. 农户家庭人口特征与健康投资——基于四川阆中的农户调查分析[J]. 西北人口，2010（2）：41-57.

第九章 中国农村老年人精神慰藉需求及其社会支持

随着经济社会的发展和社会保障体系的完善，很多老年人可以获得经济支持和生活照料，但却忽视了客观存在的精神慰藉需求。精神慰藉是需要至少两个主体参与的行为，老年人很难通过一己之力实现，而现代社会的激烈竞争削弱了子女对父母精神慰藉的能力；同时，家庭规模小型化、人口流动加剧、传统思想观念影响弱化等因素都会影响老年人精神慰藉需求的实现。20 世纪末期，欧洲一些较早步入老龄化的发达国家用事实反对养老中的"唯设施主义"，提倡重视老年人的精神慰藉。反思我国多年来养老事业的建设，经济支持和生活照料的体系发展比精神慰藉快得多[1]。尽管已有部分学者开始关注老年人精神慰藉的需求，并有相关法律规定家庭成员应当关心老年人的精神需求，如要求不得忽视、冷落老年人，要求与老年人分开居住的家庭成员应当经常看望或者问候老年人[2]。但是，作为养老三大基本内容之一的精神关怀或精神慰藉，受到的关注显然不够。

第一节 关于农村老年人精神慰藉需求的研究回顾

一、有关精神慰藉的定义研究

学术界还没有给精神慰藉下一个统一的定义，有学者认为精神慰藉是指从

---

[1] 石金群，王延中. 试论老年精神保障系统的构建 [J]. 社会保障研究，2013（2）：3-15.
[2] 中华人民共和国中央人民政府. 中华人民共和国老年人权益保障法 [EB/OL]. 中华人民共和国中央人民政府网站，http://www.gov.cn/banshi/2005-08/04/content_20203.htm.

精神方面满足老年人所缺少的需求，使其精神需求缺口得以填补①。部分学者认为精神慰藉就是"精神赡养"，老年人的子女、配偶等家庭成员以及单位、社区、公共组织等社会成员通过合适的物质或精神的表达方式，满足老年人正常的精神需要，目的是减轻其消极的心理状况，促进社会的健康协调发展②。老年人身体机能逐渐退化时，心理素质也会降低，容易出现孤独、抑郁等症状，而不良情绪和悲观心情是缩短寿命的重要原因之一③，越是感到孤独的人对自身的健康评价显著更低，相反，积极健康的心理对老年人的健康有促进的作用④。研究表明，子女在外务工的农村留守老人的情感慰藉更为薄弱，孤独感显著增强⑤，并且子女外出加深了与老年人不可调和的矛盾，老年人情感更加脆弱，更容易感知孤独和缺乏精神慰藉⑥。相较于男性，缺少子女关心的农村女性留守老人可能在心理健康和精神慰藉达成问题上面临更多挑战⑦。精神慰藉是养老必不可缺的一环，也是当前农村留守老人面对的突出问题，现实的农村养老经常存在轻视精神需求重视物质需求的现象⑧⑨。

二、有关精神慰藉的分类研究

对于精神慰藉的划分，有学者认为老年人的精神慰藉包括亲情需求、社会交往需求、文化娱乐需求、教育需求和实现自我需求⑩。各种需求具有"差序格局"：感情需求居于核心位置；娱乐需求、求知需求和交往需求为第二层；位于最外层的是高层次的价值实现需求⑪。而被更广泛引用的观点则认为老年

---

① 龙吾兵. 中国老年人口精神慰藉的现实矛盾及支持系统构建 [J]. 中国老年学杂志, 2015 (6): 79-82.

② 陈功. 论老年人精神赡养 [N]. 中国老年报, 2000-09-29 (03).

③ 穆光宁. 论和谐老龄化 [N]. 光明日报, 2007-04-03 (11).

④ 翟德华, 陶立群. 高龄老年人性格心理特征、饮食习惯与健康长寿关系研究 [J]. 中国人口科学, 2004 (S1): 81-85.

⑤ 杜娟, 杜夏. 乡城迁移对移出地家庭养老影响的探讨 [J]. 人口研究, 2002 (2): 49-53.

⑥ 杜鹏, 丁志宏, 李全棉, 桂江丰. 农村子女外出务工对留守老年人的影响 [J]. 人口研究, 2004 (6): 44-52.

⑦ 宋月萍. 精神赡养还是经济支持：外出务工子女养老行为对农村留守老年人健康影响探析 [J]. 人口与发展, 2014 (4): 37-44.

⑧ 芳菲. 劳动力迁移过程中农村留守老年人的精神慰藉问题探讨 [J]. 农村经济, 2009 (3): 107-110.

⑨ 孙鹃娟. 劳动力迁移过程中的农村留守老年人照料问题研究 [J]. 人口学刊, 2006 (4): 14-18.

⑩ 李芳. 老年人的精神需求及其社会支持网的构建 [J]. 学术交流, 2012 (8): 116-119.

⑪ 明艳. 老年人精神需求"差序格局" [J]. 南方人口, 2000 (4): 56-60.

人精神慰藉包括了三个维度的"需求",即自尊的需求、亲情的需求和期待的需求;需要从人格尊重、情感慰藉和成就安心三方面进行把握;是家庭和社会两个层面共同面临的话题①。

三、研究述评

国内外学者从不同角度对精神慰藉进行了讨论,普遍认同养老需求中精神慰藉的重要性;对精神慰藉的维度划分标准虽然不完全一样,但大部分倾向于精神慰藉的单向传递,强调"子女发挥主观能动性",对父母进行精神上的沟通和交流的支持。也就是说,只考虑了老年人作为精神慰藉的接受方,被动地接受来自子女等的精神支持。少部分考虑了老年人的主观能动性,提出了老年人精神慰藉的能动性模式②、"独立养老"思想③等,虽然强调老年人自身在精神调节方面发挥的积极作用,但过分强调这一方面则容易忽视家庭责任,同时与社会保障的社会性统筹原则是相悖的。事实上精神慰藉应该具有更丰富的含义。

受传统儒家思想影响,父母为子女付出几乎发自天性,因此,我国老年人尽管已经到了颐养天年的年龄,但仍然为子女"操心",大至子女的婚嫁、孙子女的照顾,小至日常起居的照料等,他们会在这个付出的过程中感受到慰藉,认为自己仍有作用,而不是"老不中用"的人。这与马斯洛的需求理论契合,也与"老有所为"的理想契合,也就是说老年人在自我实现方面仍然有价值追求。通常外化为参与经营活动、家务劳动或者其他形式的社会活动,是老年人人生的最高追求。这种需求能够显著地影响老年人的生活质量④,西方有研究表明照顾孙子女能够使家庭内部成员更有凝聚力,老年人与其他家庭成员关系更加密切,身心也会更健康。通过为孙子女的付出,老年人会在这个过程中获得满足感、效能感和成就感⑤。我国的一些研究发现,由于年轻劳动力流动使得农村老年人面临抚养孙辈负担显著加重的局面,但这并没有给老年

---

① 穆光宗. 老龄人口的精神赡养问题 [J]. 中国人民大学学报, 2004 (4): 124-129.
② 沙俐. 基于能动性模式的老年人精神赡养问题探讨——基于新老年法的修订 [J]. 现代商贸工业, 2011 (17).
③ 风笑天. 从"依赖养老"到"独立养老"——独生子女家庭养老观念的重要转变 [J]. 河北学刊, 2006 (5): 83-87.
④ 穆光宗. 中国老龄政策思考 [J]. 人口研究, 2002 (1): 43-48.
⑤ Beach, S., J. Yee, S. Jackson. Negative and Positive Health Effects of Caring for a Disabled Spouse: Longitudinal Findings from the Caregiver Health Effects Study [J]. Psychology and Aging, 2000 (15): 259-271.

人的心理健康带来负面影响①。也有研究认为，祖父母提供的这种照顾是出于利他主义和自我牺牲，祖父母对孙子女照顾可以为家庭中成年子女减轻压力，用贝克尔的利他主义模型来解释，祖父母会选择帮助子女照顾孙子女这种利他行为让家庭效益达到最大化②。从中我们可以看出，老年人有自我实现的精神需要，为整个家庭付出有利于提升其精神生活满意度。

第二节　农村老年人精神慰藉的类型建构

一、精神慰藉的概念界定

精神慰藉是一种行为方式，不仅包括子女、配偶、邻居、同事等个人和群体的非正式支持，也包括村委、社区、政府等组织的正式支持，而且还包括老年人自身提供的非正式支持。从精神慰藉的供给主体来划分，应该包含两个层面：一是外界对老年人客观的精神支持（供给）；二是老年人对自我实现的精神需要。例如，子女对老年人嘘寒问暖，常陪父母聊天，给父母提供建议，社区设立老年人活动中心，供老年人组织参加各项活动；老年人主动参与家务劳动，为子女出谋划策，参与文娱活动等，这些行为方式即是精神慰藉的表现。

本研究认为精神慰藉与精神赡养的含义有所不同，赡养是特指晚辈对长辈的供养，是自下而上的精神传递，精神赡养主要是指晚辈对老年人在精神上给予的最大慰藉，即子女（晚辈），对父母（长辈），在精神上、心理上给予的安慰，它强调晚辈应恪尽职责③。事实上，精神慰藉是老年人和全社会之间的互动联结，老年人既是接受精神慰藉的客体，又是提供精神慰藉的主体。换句话说，精神慰藉包含两个维度：老年人不仅被动地接受外界的精神支持，同时也有自我实现的精神需要，我们把第一种精神支持称为"正向的精神慰藉"，将后一种精神需要称为"逆向的精神慰藉"，两者合起来才是完整意义上的精神慰藉。

---

① 宋璐，李树茁，李亮.提供孙子女照料对农村老年人心理健康的影响［J］.人口与发展，2008（3）：10-18.
② 孙鹃娟，张航空.中国老年人照顾孙子女的状况及影响因素分析［J］.人口与经济，2013（4）：70-77.
③ 冯湘妮.老年人的失落感与精神赡养的法律调适［J］.人口学刊，1994（1）：26-28.

二、精神慰藉的类型构建

精神慰藉类型划分的两个变项是外界客观精神支持的大小和自我价值实现的精神需求的强弱。一般认为,除老年人以外的其他个体、群体或组织提供给老年人的精神支持越多,老年人的精神慰藉需求就越容易得到满足,对精神生活就越满意。老年人为外界做的贡献越多、实现自我价值的途径越多,其欣慰与满足感越强,但老年人受身心衰变的影响,如果给他们过多的压力,反而适得其反,本章不考虑这种极端情况,本章假设老年人的付出都是力所能及的。

根据以上分析,本章建构了四种精神慰藉类型:黏着型精神慰藉、松弛型精神慰藉、消极型精神慰藉、独立型精神慰藉(见表9.1)。第一类是外界客观的精神支持大,自我实现的精神需要意愿强;第二类是外界客观的精神支持小,自我实现的精神需要意愿强;第三类是外界客观的精神支持大,自我实现的精神需要意愿弱;第四类是外界客观的精神支持和自我实现的精神需要意愿都小。中间两类是不平衡的精神慰藉。

表 9.1   精神慰藉的类型

		外界客观的精神支持(正向精神慰藉)	
		大	小
自我实现的精神需要 (逆向精神慰藉)	强	黏着型精神慰藉	松弛型精神慰藉
	弱	消极型精神慰藉	独立型精神慰藉

(一)黏着型精神慰藉

黏着型精神慰藉是既包括强烈的外界客观的精神支持又包括强烈的自我实现的精神需要,老年人既是精神慰藉的需求方也是供给方。这种类型的精神慰藉是厚重并且平衡的,是一种理想状态。一方面,以子女为主的亲缘关系会对老年人嘘寒问暖、提供建议等;以村委为主的社会组织会提供娱乐场所与设施、举办文体活动等。另一方面,老年人会自发地参与无偿或有偿的家务劳动或家庭经营活动,为子女提供建议,关心问候子女,照顾孙子女等,积极主动参与到社会活动中去。"平时儿子儿媳妇都很孝顺,女儿嫁到村里的,经常问我有啥子需要,逢年过节肯定回来跟我聊个天,说会儿话。我去年做了手术,他们回来的次数多些了,平时看到我做事还要管,不要我做。我好手好脚的,天天耍起也无聊,做点家务招呼个客人也简单,帮得到一点是一点,这样娃娃们也轻松点……我觉得很满意,没啥子不满意的"。我们可以看到被访者是一个黏着型精神慰藉的典型，这种老年人的精神生活是非常充实满足的。

(二) 松弛型精神慰藉

松弛型精神慰藉是指老年人为外界（主要是子女）付出远大于外界客观的精神支持。这是一种常见但失衡的精神慰藉模式。在我国农村，经常可以听到"我操劳惯了，闲着反而不舒服"的说法，所以，即使到了晚年，老年人仍然有强烈的付出的精神需要。"我原来是当兵的，后来退役了回到宝山集团来。现在跟我女儿一家住在一起，他们工作忙，白天不在屋里。周末家里读书的娃娃回来了都是我在带，说起交流的话，他们怕我，平时有啥子大事都要问我，生活上我看不惯的也要说……现在的生活幸福，国家和政府给我们帮助很大，跟以前饭都吃不饱比起来好多了，就是平时屋里有点冷清，这个也没办法，年轻人有自己的事业"。子女大多可以保证老年人吃饱穿暖，但受自身文化所限加上工作繁忙，使其提供给老年人的关怀极其不够。总的来说，老年人可以从为子女"操心"中获得部分精神慰藉，却远远不能达到老年人的精神慰藉需求。

(三) 消极型精神慰藉

消极型精神慰藉是外界给老年人提供了强大的精神支持，老年人缺乏响应，很少积极接受。这种就是其他学者经常讨论的情况，也是失衡的。实际上，子女经常问候父母，给父母出谋划策；社区提供活动场所和设施，开展一系列娱乐活动。但老年人很少参与家庭活动和社会活动，没有创造任何价值。"从山上搬下来以后，就没得地了，跟老伴住，两个儿住得近，吃饭这些都给我们准备。孙儿都在彭州读书，回来得少……耍的是多，村里搞了很多活动，跳舞的这些活动也多，不感兴趣，声音大听久了头痛。一般在屋里看看电视这些，隔壁子走一下，有时候心里烦，在屋里没事做，想去做点事，两个儿都在开农家乐，帮哪边都不好，怕儿媳妇说偏心，还有就是身体差，好多事情也做不来了，天天耍起的……他们关心是关心嘛，幸福，唉，这样子就可以了，人要知足"。虽然受访者表示满意，但我们可以发现这些老年人感受到的精神慰藉是不完整的，老年人可能有"无事可做、不中用"的消极想法，违背了"老有所为"的设想。

(四) 独立型精神慰藉

独立型精神慰藉，既不包括外界客观的精神支持又不包括老年人自我实现的精神需要的精神慰藉模式，是低度且平衡的。现实生活中，这种现象比较少，可能更多的会出现在"失独"家庭、"五保"老年人家庭或者子女极其不孝顺的家庭中。全社会几乎都没有为老年人提供精神支持，老年人也很少参与到家庭和社会活动中。"我的老伴身上长了疮,一直在吃药,有的医生说是皮肤癌,你看嘛,人也不是很清醒。我前几年身上也有,也没钱去看,拖起的。两个女儿都得了大病,都嫁出去了(本村),有时候去看一下,也不多,本来过起来都困难,也不指望拿好多钱。前段时间村里说给我们办低保,不晓得办起来没有……家里的房子租出去给别人做农家乐了,平时种点药材,地也少……每天不做事的时候就想睡觉,累,哪里有心思去耍那些(文体娱乐活动)"。这种情况接近于独立型精神慰藉,主体间缺乏相互期待,彼此感情比较淡漠,是相对于第一种平衡的对立平衡。

第三节 农村老年人精神慰藉的社会支持现状

一、数据与变量

本章分析模型中使用的因变量为精神生活满意度,采取农村老年人自评方式测得满意度,问题为:"总体而言,您对自己目前的精神生活满意吗?满意赋值为1,一般赋值为2,不满意赋值为3。"

本章分析模型中主要自变量是精神慰藉两个维度,包括正向精神慰藉和逆向精神慰藉:①正向的精神慰藉。基于两个问题:"最近一年,您接受子女关心问候的频率如何?几乎每天赋值为1,每周几次赋值为2,每月几次赋值为3,一年几次赋值为4,几乎没有赋值为5",为方便处理,将赋值1、2合并为"多",3、4、5合并为"少";"最近一年,您接受子女提供建议的频率如何?"同样将答案合并为"多""少";在社区对老年人的客观精神支持问题上,考虑到本次的调研地点在农村,休闲娱乐设施覆盖较少,无法体现差异性,因此没有涉及相关问题。②逆向的精神慰藉。根据一些学者的观点,老年人的社会参与主要包括参与各种文化娱乐活动、公益活动、政治活动等,也包括参与照顾孙辈、参与家庭决策等行为[1]。根据调研的实际情况,逆向的精神慰藉基于三个问题:"最近一年,您帮忙照顾孙子或孙女(包括外孙子或外孙女)的频率如何?""最近一年,您给子女出主意或向子女提供建议的频率如何?""最近一年,您参与休闲娱乐活动的频率?"同样将结果合并为"多""少"两种情况。

---

[1] 王莉莉.中国老年人社会参与的理论、实证与政策研究综述[J].人口与发展,2011(3):35-43.

自变量除了精神慰藉的两个维度之外，性别、年龄、文化水平、婚姻状况、健康水平也会对老年人的精神生活产生影响[①]。同时，由于本章研究老年人的精神慰藉对精神生活的影响，把养老需求中的另外两个重要内容经济支持和生活照料情况也设为控制变量（见表9.2）。

表9.2　　　　　　　　　　　变量说明

变量	类型	赋值
因变量		
精神生活满意度	定序变量	满意=1；一般=2；不满意=3
影响变量		
接受子女关心问候	定序变量	多=1；少=2
接受子女提供建议	定序变量	多=1；少=2
照料孙辈情况	定序变量	多=1；少=2
给子女提供建议	定序变量	多=1；少=2
休闲娱乐活动参与	定序变量	多=1；少=2
控制变量		
性别	虚拟变量	男=1；女=0
年龄	定序变量	低龄(70岁以下)=1;高龄(70岁以上)=2
婚姻	虚拟变量	无配偶=1；有配偶=0
文化程度	定序变量	小学以下=1；小学及以上=2
家庭收入	定序变量	满意=1；一般=2；不满意=3
健康状况	定序变量	健康=1；不健康=2
接受子女生活照料	定序变量	多=1；少=2
接受子女经济支持	定序变量	多=1；少=2

从精神生活满意度来看，我们的调查结果表明，表示"满意"的老年人占总数的44.30%，表示"一般"的占33.46%，表示"不满意"的占22.24%。明确表示"满意"的比例并不高，说明老年人精神生活满意度有待提高。通过统计分析可以看出，正向和逆向的精神慰藉不满意程度都较高，特别是接受子女关心问候和接受子女提供建议两个变量中，选项为"少"的老年人对精神生活感到不满意的比例明显上升（见表9.3）。

---

① 孙鹃娟.北京市老年人精神生活满意度和幸福感及其影响因素[J].中国老年学杂志，2008（2）：308-310.

表9.3 老年人精神生活满意度在不同精神慰藉类型下的分布情况

		满意(%)	一般(%)	不满意(%)
接受子女关心问候	多	44.52	34.87	20.61
	少	42.86	24.28	32.86
接受子女提供建议	多	44.31	37.97	17.72
	少	44.30	32.66	23.04
照料孙辈情况	多	45.41	32.02	22.57
	少	41.38	37.24	21.38
给子女提供建议	多	46.37	27.93	25.70
	少	43.23	36.31	20.46
休闲娱乐活动参与	多	41.58	37.89	20.53
	少	44.78	32.54	22.68

二、农村老年人接受子女关心问候的描述统计分析

农村老年人接受子女关心问候的描述性统计结果见表9.4。可以看出，农村老年人接受子女关心问候多的比重更高。但个体特征不同的农村老年人，其接受子女关心问候的程度也存在差异，具体而言：

从性别角度来看，同农村女性老年人相比，农村男性老年人接受子女关心问候多的比重更高。

从年龄角度来看，同70岁以上农村老年人相比，70岁以下农村老年人接受子女关心问候多的比重更高。

从文化程度角度来看，同小学以下文化程度的农村老年人相比，小学以上文化程度的农村老年人接受子女关心问候多的比重更高。

从婚姻状况角度来看，同无配偶的农村老年人相比，有配偶的农村老年人接受子女关心问候多的比重更高。

从接受子女照料角度来看，同接受子女生活照料多的农村老年人相比，接受子女生活照料少的农村老年人接受子女关心问候多的比重更高。

从接受子女经济支持的角度来看，同接受子女经济支持少的农村老年人相比，接受子女经济支持多的农村老年人接受子女关心问候多的比重更高。

从健康状况角度来看，同身体健康的农村老年人相比，身体不健康的农村老年人接受子女关心问候多的比重更高。

从家庭收入角度来看，对家庭收入不满意的农村老年人接受子女关心问候

多的比重最高,其次是对家庭收入满意、一般的农村老年人。

表 9.4　　农村老年人接受子女关心问候的描述统计

变量	接受子女关心问候多 频数	接受子女关心问候多 频率(%)	接受子女关心问候少 频数	接受子女关心问候少 频率(%)
性别				
男	262	87.63	37	12.37
女	141	84.94	25	15.06
年龄				
70 岁以下	192	87.67	27	12.33
70 岁以上	211	85.77	35	14.23
文化程度				
小学以下	109	81.95	24	18.05
小学及以上	294	88.55	38	11.45
婚姻状况				
有配偶	296	87.32	43	12.68
无配偶	107	84.92	19	15.08
接受子女生活照料				
多	265	86.32	42	13.68
少	138	87.34	20	12.66
接受子女经济支持				
多	181	86.60	28	13.40
少	222	86.72	34	13.28
健康状况				
健康	141	85.45	24	14.55
不健康	262	87.33	38	12.67
家庭收入				
满意	191	86.43	30	13.57
一般	158	85.87	26	14.13
不满意	54	90.00	6	10.00

三、农村老年人接受子女提供建议的描述统计分析

农村老年人接受子女提供建议的描述性统计结果见表 9.5。可以看出,农村老年人接受子女提供建议多的比重更低。但个体特征不同的农村老年人,其接受子女提供建议的程度也存在差异,具体而言:

表 9.5　　　　　农村老年人接受子女提供建议的描述统计

变量	接受子女提供建议多 频数	接受子女提供建议多 频率(%)	接受子女提供建议少 频数	接受子女提供建议少 频率(%)
性别				
男	47	15.72	252	84.28
女	22	13.25	144	86.75
年龄				
70岁以下	33	15.07	186	84.93
70岁以上	36	14.63	210	85.37
文化程度				
小学以下	27	20.30	106	79.70
小学及以上	42	12.65	290	87.35
婚姻状况				
有配偶	51	15.04	288	84.96
无配偶	18	14.29	108	85.71
接受子女生活照料				
多	46	14.98	261	85.02
少	23	14.56	135	85.44
接受子女经济支持				
多	29	13.88	180	86.12
少	40	15.62	216	84.38
健康状况				
健康	25	15.15	140	84.85
不健康	44	14.67	256	85.33
家庭收入				
满意	43	19.46	178	80.54
一般	19	10.33	165	89.67
不满意	7	11.67	53	88.33

从性别角度来看，同农村女性老年人相比，农村男性老年人接受子女提供建议多的比重更高。

从年龄角度来看，同农村70岁以上的农村老年人相比，70岁以下的农村老年人接受子女提供建议多的比重更高。

从文化程度角度来看，同小学以上文化程度的农村老年人相比，小学以下文化程度的农村老年人接受子女提供建议多的比重更高。

从婚姻状况角度来看，同无配偶的农村老年人相比，有配偶的农村老年人接受子女提供建议多的比重更高。

从接受子女生活照料的角度来看，同接受子女生活照料少的农村老年人相比，接受子女生活照料多的农村老年人接受子女提供建议多的比重更高。

从接受子女经济支持的角度来看，同接受子女经济支持多的农村老年人相比，接受子女经济支持少的农村老年人接受子女提供建议多的比重更高。

从健康状况角度来看，同身体不健康的农村老年人相比，身体健康的农村老年人接受子女提供建议多的比重更高。

从家庭收入角度来看，对家庭收入满意的农村老年人接受子女提供建议多的比重最高，其次是对家庭收入不满意、一般的农村老年人。

四、农村老年人给子女提供建议的描述统计分析

农村老年人给子女提供建议的描述性统计结果见表9.6。可以看出，农村老年人给子女提供建议多的比重更低。但个体特征不同的农村老年人，其给子女提供建议的程度也存在差异，具体而言：

从性别角度来看，同农村男性老年人相比，农村女性老年人给子女提供建议多的比重更高。

从年龄角度来看，同70岁以下的农村老年人相比，70岁以上的农村老年人给子女提供建议多的比重更高。

从文化程度角度来看，同小学以上文化程度的农村老年人相比，小学以下文化程度的农村老年人给子女提供建议多的比重更高。

从婚姻状况角度来看，同有配偶的农村老年人相比，无配偶的农村老年人给子女提供建议多的比重更高。

从接受子女生活照料角度来看，同接受子女生活照料多的农村老年人相比，接受子女生活照料少的农村老年人给子女提供建议多的比重更高。

从接受子女经济支持角度来看，同接受子女经济支持少的农村老年人相比，接受子女经济支持多的农村老年人给子女提供建议多的比重更高。

从健康状况角度来看，同身体不健康的农村老年人相比，身体健康的农村老年人给子女提供建议多的比重更高。

从家庭收入角度来看，对家庭收入满意的农村老年人接受子女建议多的比重最高，其次是对家庭收入不满意、一般的农村老年人。

表9.6　　　　　农村老年人给子女提供建议的描述统计

变量	给子女提供建议多 频数	给子女提供建议多 频率(%)	给子女提供建议少 频数	给子女提供建议少 频率(%)
性别				
男	95	31.77	204	68.23
女	57	34.34	109	65.66
年龄				
70岁以下	66	30.14	153	69.86
70岁以上	86	34.96	160	65.04
文化程度				
小学以下	50	37.59	83	62.41
小学及以上	102	30.72	230	69.28
婚姻状况				
有配偶	108	31.86	231	68.14
无配偶	44	34.92	82	65.08
接受子女生活照料				
多	99	32.25	208	67.75
少	53	33.54	105	66.46
接受子女经济支持				
多	72	34.45	137	65.55
少	80	31.25	176	68.75
健康状况				
健康	59	35.76	106	64.24
不健康	93	31.00	207	69.00
家庭收入				
满意	87	39.37	134	60.63
一般	46	25.00	138	75.00
不满意	19	31.67	41	68.33

第四节　精神慰藉类型对农村老年人精神生活满意度影响分析

本章以不同类型的精神慰藉来反映农村老年人所获社会支持情况,并分析其对农村老年人精神生活满意度的影响。精神慰藉具有相对的独立性和较少的替代性,各种老年群体都不同程度地以特定方式表现出他们的精神需求。精神慰藉直接关系着老年人的精神生活满意度[①]。

本章定量分析时首先通过描述性分析,比较不同精神慰藉类型中老年人的精神生活满意度;其次采用 Ordinal Logistic 回归分析,进一步考察客观的精神支持和自我实现的精神需求两方面因素对老年人精神生活质量的影响,从而探索精神生活满意度的影响因素。

将精神慰藉两个维度、个体因素和其他因素各类变量引入模型,如表 9.7 所示。

表 9.7　老年人精神生活满意度影响因素的 Logistic 分析

	模型（OR）
正向精神慰藉	
子女关心问候（少）多	0.566*
子女提供建议（少）多	1.525*
逆向精神慰藉	
照顾孙辈（少）多	0.608**
给子女提供建议（少）多	0.902
休闲娱乐活动参与（少）多	0.982
性别（女）男	1.005
年龄（高龄）	
低龄	1.413*
婚姻（有配偶）无配偶	0.849
文化程度（小学及以上）	
小学以下	1.073

---

① 李瑞芬,童春林.中国老年人精神赡养问题[J].中国老年学杂志,2006(12):54-55.

表9.7(续)

	模型（OR）
个人收入（不满意）	
满意	0.024 ***
一般	0.092 ***
健康状况（不健康）	
健康	0.795
接受子女生活照料（少）多	0.847 **
接受子女经济支持（少）多	0.874

注：***，P<0.001；**，P<0.05；*，P<0.1。数值均为 OR 值，括号内为参照组。

从模型的结果看，不论是逆向的主观性社会支持还是正向的客观性社会支持，都对农村老年人的精神生活满意度产生显著影响。具体来看，正向的精神慰藉即客观社会支持对精神生活满意度的影响方面，可以看出子女对老年人的关心问候频率与老年人的精神生活满意度有显著的正向影响，子女为老年人提供建议的频率与老年人的精神生活满意度有显著的负向影响。在农村，家庭提供的关心问候是老年人获取精神慰藉的主要来源，子女的关心问候与老年人的精神生活满意度成正相关关系，而子女对老年人提供的建议，则是一种影响甚至干扰老年人精神生活的因素。逆向的精神慰藉即主观社会支持对精神生活满意度的影响方面，也呈现出显著影响，照顾孙辈越少的老年人精神生活满意度越高。农村家庭，尤其是留守家庭，老年人是儿童照料责任的主要承担者，照料儿童的时间越多，老年人进行精神娱乐的时间越少，家庭责任影响精神压力。

控制变量方面，经济满意状况越低的老年人更容易对精神生活感到不满意；低龄老年人更不容易对精神生活感到满意；接受子女生活照料越少的老年人，对精神生活越容易感到不满意；性别、文化程度、婚姻状况、健康状况和接受子女经济支持则没有出现显著性。

综上，由表9.7可知，客观社会支持中逆向的子女关心问候情况是影响老年人精神生活满意度的重要因素，即子女关心问候越多的老年人对精神生活越感到满意；主观社会支持中正向的照顾孙辈情况也是影响老年人精神生活满意度的重要因素，同样具有正向影响。

第五节　农村老年人精神慰藉需求的社会支持

为满足农村老年人精神需求，应加强有关农村老年人精神慰藉的社会支持。本章从个人、家庭、社区、社会四个维度提出应对老年人精神慰藉支持有关问题与缺陷的建议。

一、个人层面的支持

从个人的角度来看，应引导农村老年人树立正确的积极的老年价值观，要有积极向上的生活态度，要热爱生活并对晚年生活充满希望。引导老年人积极主动地参与到社会活动中去，寻求同辈群体的帮助，主动和同辈群体进行交流。老年人还应该学会自我调节，在自己遇到问题时要积极主动地找到方法去解决。老年人的精神需求得不到满足，就要主动地找到方法满足自己的精神需求，从而解决精神慰藉问题。

二、家庭层面的支持

从家庭的角度来看，家庭是老年人精神慰藉的主要提供者，家庭成员应积极发扬中华民族的传统美德，要尊老爱老、敬老养老，尽一切可能满足老年人的精神需求。提倡"制度化"的亲情协议，鼓励子女"常回家看看"，定期探望老年人，与老年人通话。家庭成员要经常与家里的老年人进行交流，给予他们更多的爱和关心，及时满足老年人的精神需求和解决老年人的精神慰藉问题。但是对于农村独居老年人来说，因得不到来自家庭成员的精神慰藉，就更多地需要自我调节来解决问题。

三、社区层面的支持

从社区的角度来看，对农村老年人来说，社区对老年人的精神慰藉起到的是辅助作用，社区应该给予老年人更多的关爱和温暖，使老年人在社区中得到精神慰藉，使老年人的精神需求得到满足。对于农村老年人来说无论是空巢老年人还是独居老年人，都应该得到来自村委会的帮助，村委会对于老年人精神需求的满足应该给予帮助。村委会应经常组织志愿者到空巢老年人或是独居老年人的家里看望老年人，还应该多组织一些有关老年人的活动，让老年人参与其中，从中获得精神上的满足。村委会的帮助会让老年人得到心理上的安慰，从而可有效解决老年人的精神慰藉问题。

四、社会层面的支持

从社会的角度来看，社会应该尊重老年人的社会选择，让他们积极地参与到社会活动中去，充分发挥老年人的价值，来实现其自我价值，使老年人的精神需求得到满足，从而解决老年人的精神慰藉问题。对于农村高龄老年人来说他们没有了劳动能力，因此也不会创造太大的社会价值，但是他们可以自愿选择自己喜欢做的事情，比如在自家小院种点小菜或是别的作物，如果吃不完村委会可以帮助他们卖掉以此创造一定的经济价值来补贴一些自己的生活开销，这些活动都是有利于解决农村老年人的精神慰藉问题的。

第六节 本章小结

老年人精神慰藉的独特性决定了其不同于物质需求的满足途径，研究农村老年人精神慰藉的类型有利于深入理解农村养老需求问题的内涵，同时养老慰藉模式的区分对于解决养老精神慰藉问题、社会政策的实施有着重要的实践意义。本章根据访谈内容，归纳出精神慰藉的两个变项，并提出了多元化模式，指出农村老年人的精神慰藉的四种表现形式：一是外界和自身共同的精神慰藉；二是以自我价值实现的精神需求为主的精神慰藉；三是以外界客观的精神支持为主的精神慰藉；四是内在和外在两种精神慰藉都缺乏的精神慰藉。通过定量分析，发现外界客观的精神支持和内在自我实现的精神需要对老年人精神生活满意度有显著影响，正向的精神慰藉和逆向的精神慰藉都有重要作用。

这四种模式中，只有第一种是厚重且平衡的，第二、三种片面强调某个方面的精神慰藉，显然黏着型精神慰藉是养老需求中的理想类型。客观社会支持方面：子女、配偶等亲属不仅要多问候老年人，多与老年人沟通，也要鼓励其培养爱好，多参与文体娱乐活动，参与到家庭经营活动、家庭决策行为中来；村委、社区等机构组织需要形成良好的社会风尚，提供完善的硬件服务等；同时，老年人主观上也应该积极响应，不能被动消极的单向接受，参与到家庭和社会活动中来会更容易获得成就感与满足感，从而提升其精神生活质量。

这种模式类型的划分在老年人精神慰藉需求越发迫切和复杂的形势下，全方位考虑了社会和老年人自身的责任。但是，即使是这种厚重且平衡的模式也有考虑不完善的地方，比如家庭内部的责任和家庭外部社会的责任如何划分，二者对于老年人的精神慰藉影响有多大，什么程度的老年人参与才是合理的，如何协调不平衡的外界支持和内在满足需要等问题仍需要进一步研究和论证，探索完善的老年人精神慰藉模式仍然有很长的路要走。

第十章 中国特色社会主义农村涉老政策演变历程与政策效应

第一节 中国特色社会主义农村涉老政策定性分析

一、中国特色社会主义涉老政策的演进历程

中华人民共和国成立以来，中央和各地方政府十分重视我国涉老政策的制定，基于不同时期的特殊发展要求、特殊状况，有针对性地制定了一系列侧重点不同、内容不一的涉老政策。20世纪80年代以前，由于我国人口年龄结构尚处于年轻阶段，老年人口总量及比重较小，国家、社会对人口转变后老龄化社会的到来认识不够深入，这一时期国内关于老年人口的研究几乎处于空白状态，涉老工作也没有纳入政府议事日程，因此，这一时期我国几乎没有严格意义上的涉老政策，只有一些零散、针对性强的老年人救助政策。改革开放后，1982年，联合国"第一次老龄问题世界大会"在维也纳召开，大会通过了《老龄问题国际行动计划》，同时提出62点应对建议，以呼吁世界各国充分认识人口老龄化问题。这次会议后，国务院于1983年正式批准中国老龄问题工作委员会设为常设机构，全国老龄工作委员会负责领导、协调全国老龄工作。1996年，我国颁布和实施《中华人民共和国老年人权益保障法》（以下简称《老年法》），标志着我国涉老政策开始走向法制化、制度化道路。21世纪以后，我国正式步入老龄化社会，老龄问题逐渐凸显，党和政府更加注重老龄化问题。中共中央和国务院先后制定出台了《关于加强老龄工作的决定》《中国老龄事业发展"十一五"规划》《中国老龄事业发展"十二五"规划》《"十三五"国家老龄事业发展和养老体系建设规划》等一系列重要的纲领性老龄政策文件，标志着我国涉老政策进入了快速发展时期，发展逐步系统化、体系化。总体而言，我国现有的涉老政策体系已涵盖养老保障、医疗、服务、社会参与、权益保障等政策领域，我国的涉老政策体系已初步形成。

从新时期到新时代，中国特色社会主义涉老政策的发展历程大致可以划分为四个阶段。

第一阶段：1978—1992年的起步时期。1983年，在联合国的"第一次老龄问题世界大会"的敦促下，我国从中央到地方陆续成立老龄工作机构管理老龄工作。这一阶段，国家相关部委相继出台和建立养老保险、医疗保险、低保制度、农村初级卫生保健、农村养老保障制度、社会救助制度、农村扶贫计划等制度并逐步健全和完善。

第二阶段：1992—2002年的发展时期。1996年，全国人大颁布《中华人民共和国老年人权益保障法》，进一步保障了老龄工作和老龄政策在政府工作中的法律地位；1999年，中央和地方成立老龄工作委员会，又陆续制定和出台《关于加强老龄工作的决定》《中国老龄事业发展规划纲要》等重要老龄工作政策文件，这一时期，老龄工作正式纳入政府工作日程。

第三阶段：2002—2012年的完善阶段。《中共中央关于制定国民经济和社会发展第十一个五年规划的建议》于2005年出台，标志着政府认识到老龄工作的重要性、制定制度完善的老龄政策的紧迫性，同时研究和制定老龄政策体系开始步入实质性阶段。

第四阶段：2013年至今的成熟时期。2013年以来，以习近平同志为核心的新一届领导集体更加重视和关注治理、改善民生问题，集中出台了一系列涉老政策，因此2013年也被称为"养老元年"。2013年修订了《中华人民共和国老年人权益保障法》，并出台了一系列加快发展养老服务、推进医养结合等相关指导性意见，我国涉老政策得到进一步完善和健全。

新时代，中国特色社会主义涉老政策不断完善，现将主要的涉老政策疏理如下，见表10.1。

表 10.1　　　　　　　　　　　　　中国涉老政策概述

发布时间	政策名称	主要内容
2013 年 9 月	《国务院关于加快发展养老服务业的若干意见》	到 2020 年，建成以居家为基础，社区为依托，机构为支撑的养老服务体系
2013 年 9 月	《国务院关于促进健康服务业发展的若干意见》	1. 推进医疗机构与养老机构等加强合作；2. 发展社区健康养老服务；3. 积极开发养老服务相关的商业健康保险产品
2013 年 7 月	《民政部关于推进养老服务评估工作的指导意见》	到"十二五"末，力争建立起科学合理、运转高效的长效评估机制，基本实现养老服务评估科学化、常态化和专业化
2013 年 12 月	《国家卫计委关于加快社会办医的若干意见》	优先支持社会资本举办非营利性医疗机构，加快形成以非营利性医疗机构为主体、营利性医疗机构为补充的社会办医体系
2013 年 6 月	《民政部养老机构管理办法》	国务院民政部门负责全国养老机构的指导、监督和管理
2014 年 8 月	《财政部等部委关于做好政府购买养老服务工作的通知》	到 2020 年，基本建立比较完善的政府购买养老服务制度
2014 年 9 月	《国家发改委、民政部等部委关于加快推进健康与养老服务工程建设的通知》	到 2020 年，全国建成以居家为基础、社区为依托、机构为支撑的养老服务体系，每千名老年人拥有养老床位数达到 35~40 张
2014 年 11 月	《商务部、民政部鼓励外国投资者在华设立营利性养老机构从事养老服务公告》	鼓励外国投资者在华独资或与中国公司、企业和其他经济组织合资、合作举办营利性养老机构
2014 年 11 月	《商务部关于推动养老服务产业发展的指导意见》	探索多元化发展的居家养老服务体系，努力使城市居家养老服务网络实现全覆盖，服务设施不断充实，服务内容和形式不断丰富，服务队伍不断扩大
2014 年 10 月	《国家卫计委关于印发养老机构医务室基本标准（试行）和养老机构护理站基本标准（试行）的通知》	养老机构医务室是设置在养老机构内，为养老机构患者提供老年保健；养老机构护理站是设置在养老机构内，为养老机构患者提供常见病多发病护理、慢性病护理、康复指导等服务的医疗机构

表10.1(续)

发布时间	政策名称	主要内容
2014年6月	《民政部办公厅关于开展国家智能养老物联网应用示范工程的通知》	研究探索养老机构对周边社区老人开展社会化服务新模式,建立健全技术应用标准体系,形成一批技术应用成果,促进智能养老物联网相关产业健康发展
2014年6月	《国家发改委等部委关于组织开展面向养老结构的远程医疗政策试点工作的通知》	探索市场化的服务模式和运营机制,建立面向养老机构远程医疗发展的长效机制,提高养老机构健康管理服务水平,探索养老机构与医疗机构的合作机制,推动医养融合发展
2014年6月	《教育部等九部门关于加快推进养老服务业人才培养的意见》	到2020年,基本建立以职业教育为主体,应用型本科和研究生教育层次相互衔接,学历教育和职业培训并重的养老服务人才培养培训体系
2014年5月	《民政部等部委关于推进城镇养老服务设施建设工作的通知》	合理确定本地区养老服务设施特别是居家和社区养老服务设施、各类养老机构建设具体目标,测算出建设规模、用地需求,按规划分解确定年度用地计划,逐年抓好落实
2014年7月	《住房和城乡建设部等部委关于加强老年人家庭及居住区公共设施无障碍改造工作的通知》	各地积极推进无障碍环境建设,促进了老年人家庭和居住区公共设施无障碍改造,无障碍环境有效改善
2014年1月	《住房和城乡建设部等部门关于加强养老服务设施规划建设工作的通知》	各地住房城乡建设主管部门要按照"居家养老为基础、社区养老为依托、机构养老为支撑"的要求,结合老年人口规模、养老服务需求,明确养老服务设施建设规划,并将有关内容纳入城市、镇总体规划,加强区域养老服务设施统筹协调,推进城乡养老服务一体化
2014年1月	《民政部等部委关于加强养老服务标准化工作的指导意见》	到2020年,基本建成涵盖养老服务基础通用标准,机构、居家、社区养老服务标准、管理标准和支撑保障标准,以及老年人产品用品标准,国家、行业、地方和企业标准相衔接,覆盖全面、重点突出、结构合理的养老服务标准体系
2015年2月	《民政部 发改委等部委关于鼓励民间资本参与养老服务业发展的实施意见》	1. 鼓励民间资本参与居家和社区养老服务;2. 鼓励民间资本参与机构养老服务;3. 支持民间资本参与养老产业发展

表10.1(续)

发布时间	政策名称	主要内容
2015年3月	《国务院办公厅关于印发全国医疗卫生服务体系规划纲要（2015—2020年）的通知》	1. 推进医疗机构与养老机构等加强合作；2. 发展社区健康养老服务
2015年4月	《国家发改委关于印发养老产业专项债券发行指引的通知》	支持专门为老年人提供生活照料、康复护理等服务的营利性或非营利性养老项目发行养老产业专项债券
2015年4月	《民政部 国家开发银行关于开发性金融支持社会化养老服务体系建设的实施意见》	国家开发银行贷款支持的养老项目：社区居家养老服务设施建设项目、居家养老服务网络建设项目、养老机构建设项目、养老服务人才培训基地建设项目、养老产业相关项目
2015年4月	《国家发改委等部委关于进一步做好养老服务业发展有关工作的通知》	1. 督促落实养老服务业发展政策；2. 积极谋划"十三五"养老服务体系建设；3. 积极推动养老服务业创新发展
2015年11月	《国务院办公厅转发卫计委等部门关于推进医疗卫生与养老服务相结合指导意见的通知》	到2020年，符合国情的医养结合体制机制和政策法规体系基本建立，医疗卫生和养老服务资源实现有序共享，覆盖城乡、规模适宜、功能合理、综合连续的医养结合服务网络基本形成，基层医疗卫生机构为居家老年人提供上门服务的能力明显提升。所有医疗机构开设为老年人提供挂号、就医等便利服务的绿色通道，所有养老机构能够以不同形式为入住老年人提供医疗卫生服务，基本适应老年人健康养老服务需求
2016年2月	《国务院关于印发中医药发展战略规划纲要（2016—2030年）的通知》	发展中医药健康养老服务，推动中医药与养老融合发展，促进中医医疗资源进入养老机构、社区和居民家庭
2016年3月	《民政部等部门关于金融支持养老服务业加快发展的指导意见》	到2025年，从金融组织体系、信贷产品、融资渠道、保险体系、金融融资等各个方面为养老服务业提供金融支持
2016年3月	《国民经济社会发展第十三个五年规划纲要》	完善基本养老保险制度，构建多层次的养老保险体系，推动医疗卫生和养老服务相结合

表10.1(续)

发布时间	政策名称	主要内容
2016年3月	《国家发改委关于2016年深化经济体制改革重点工作的意见》	深化养老服务业综合改革试点，全面放开养老服务市场；鼓励民间资本、外商投资进入养老健康领域；推进多种形式的医养结合；推进个人税改递延型商业养老保险试点、住房方向抵押养老保险试点，出台加快发展现代商业养老保险的若干意见
2016年4月	《民政部等部委关于做好医养结合服务机构设立许可工作的通知》	支持医疗机构设立养老机构；支持养老机构设立医疗机构
2016年7月	《民政部 财政部关于中央财政支持开展居家和社区养老服务改革试点工作的通知》	通过中央资金引导，鼓励地方加大政策创新和资金投入力度，形成比较完备的居家和社区养老服务发展环境和推动机制
2016年12月	《国务院办公厅关于全面放开养老服务市场提升养老服务质量的若干意见》	到2020年，养老服务市场全面放开，准入条件进一步放宽，养老服务和产品有效供给能力大幅提升
2017年2月	《民政部等部委关于印发智慧健康养老产业发展行动维护(2017—2020年)的通知》	到2020年，形成覆盖全生命周期的智慧健康养老产业体系，建立100个以上智慧健康养老应用示范基地，培育100家有疏引领作用的行业领军企业，打造一批智慧健康养老服务品牌
2017年2月	《国务院关于印发"十三五"国家老龄事业发展和养老体系建设规划的通知》	到2020年，以居家为基础、社区为依托、机构为补充、医养相结合的养老服务体系更加健全
2017年6月	《国务院办公厅关于制定和实施老年人照顾服务项目的意见》	发展居家养老服务，为居家养老服务业发展提供政策支持，加大推进医养结合力度，鼓励医疗卫生机构与养老服务融合发展，倡导社会力量兴办医养结合机构
2017年8月	《民政部等部门关于运用政府和社会资本合作模式支持养老服务业发展的实施意见》	鼓励运用政府和社会资本合作（PPP）养老服务业供给侧结构性改革，加快养老服务业培育和发展
2017年11月	《国家卫计委办公厅关于印发"十三五"健康老龄化规划重点任务分工的通知》	发展改革委、教育部、科技部、工业和信息化部、民政部、财政部、人力资源社会保障部、国土资源部、住房和城乡建设部、体育总局办公厅等部门按职责分别负责

二、中国特色社会主义农村涉老政策现状分析

新时代，我国已初步形成以《宪法》为依据，《老年法》为重点，党中央、国务院《关于加强老龄工作的决定》精神为指导，以有关法律法规、部门规章及规范性文件为主要表现形式，涉及农村老年人养老、医疗服务、社会参与等方面内容的农村涉老政策群。

（一）农村涉老基本政策

涉老基本政策，是指对一定时期内涉老事业发展的目标、任务、措施等进行规定，以解决老龄事业发展面临的宏观性、战略性、方向性问题的综合性、纲领性政策。当前我国涉老基本政策主要包括：《关于加强老龄工作的决定》《中国老龄事业发展"十一五"规划》《中国老龄事业发展"十二五"规划》《"十三五"国家老龄事业发展和养老体系建设规划》《老年法》等。

（二）农村涉老具体政策

农村涉老具体政策，是指各级党和政府根据某一领域的农村涉老问题，有针对性地制定的具体措施、规定、实施办法等。根据政策调整的问题属性，可以将农村涉老政策划分为：农村养老保障政策、农村老年人医疗卫生政策、农村老年服务政策、农村老年文化教育及社会参与政策、农村老年人权益保障政策等类别。

1. 农村养老保障政策

农村养老保障政策主要满足农村老年群体的基本生活需求，包括农村养老保险政策、救助政策和特殊群体保障政策。

在农村养老保险政策方面。1954年新中国颁布的第一部宪法第93条提出"中华人民共和国劳动者在年老、疾病或者丧失劳动能力的时候，有获得物质帮助的权利"。宪法肯定了国家对养老负有责任。20世纪80年代末，农村社会养老保险制度萌芽，90年代初，民政部成为农村社会养老保险的主管部门。这一时期，农业现代化、农村城镇化发展进程加快，我国政府开始探索建立农村社会养老保险制度。1991年国家出台《农村社会养老保险基本方案》；1995年民政部发布《关于进一步做好农村养老保险工作的通知》；党的十三届三中全会通过《中共中央关于推进农村改革发展若干重大问题的决定》，提出以个人缴费、集体补缴、政府补贴相结合的方式，建立新型农村社会养老保险制度；1997年颁布《国务院批转整顿保险业工作小组保险业整顿与改革方案的通知》，提出"整顿农村社会养老保险，停止接受新业务，有条件的过渡为商业保险"。2009年《关于开展新型农村社会养老保险试点的指导意见》颁布

后,开始在全国范围内进行试点。

在农村社会救助政策方面,1995年,农村居民最低生活保障制度首个试点在广西壮族自治区武鸣区进行,由此开启农村最低生活保障制度;2007年,中央政府颁布《关于在全国建立农村最低生活保障制度的通知》,标志着农村最低生活保障制度的正式确立,我国开始在全国普及农村最低生活保障制度,进一步保障农村贫困老年人的养老需求。2016年,政府出台《关于做好农村最低生活保障制度与扶贫开发政策有效衔接的指导意见》,农村最低生活保障制度开始助力农村扶贫事业的发展,标志着农村低保制度步入新的发展阶段。

在农村特殊群体保障政策方面。1956年"社会主义三大改造"完成后,农村"五保"供养制度开始产生和发展;1983年,随着人民公社制度的取消,"五保"供养制度失去集体经济的支撑,发展陷入困境;1994年政府出台《农村五保户供养工作条例》,提出"村提留或者乡统筹费中列支"成为五保户的资金来源,解决了人民公社体制取消后"五保"供养制度资金来源不确定性的问题。2006年,国家重新修订并颁布《农村五保供养工作条例》,五保户的资金来源划入地方人民政府的财政预算中,中央财政也给予一定的支持,从而提高了五保户资金的统筹层次;2008年政府颁布《中共中央关于推进农村改革发展若干重大问题的决定》,提出健全农村社会保障体系,"全面落实农村五保供养政策,发展以扶老、助残、救孤、济困、赈灾为重点的社会福利和慈善事业,发展农村老龄服务,推进农村扶贫开发"。2010年政府颁布《农村五保供养服务机构管理关系》,农村五保供养制度得到进一步发展和完善。

2. 农村老年人医疗卫生政策

中华人民共和国成立后,随着农业合作化的蓬勃发展,农村开始建立农业社保健站,1955年山西省高平县米山乡同保健站开创了集体保健医疗费制度,农村合作医疗制度拉开序幕;"文革"期间,党政工作受到破坏,但合作医疗保健制度的普及范围不断扩大;1978年国家颁布的《宪法》第50条提出"国家逐步发展社会保险、社会救济、公费医疗和合作医疗等事业,以保证劳动者享受这种权利"。"合作医疗"被正式写入《宪法》,合作医疗制度得到新的发展;1979年颁布《农村合作医疗章程试行草案》,推动建立以村卫生室、乡卫生院、县级医疗卫生机构为基础的农村三级医疗预防保健网,农村合作医疗制度得到进一步规范;1993年颁布《中共中央关于建立社会主义市场经济体制若干问题的决定》,提出"建设社会主义市场经济体制,发展和完善农村合作医疗制度";2003年出台《关于建立新型农村合作医疗制度的意见》,决定建设新型农村合作医疗制度,新农合开始试点,农村合作医疗制度得到进一步发展；2008 年颁布《中共中央关于推进农村改革发展若干重大问题的决定》，提出"巩固和发展新型农村合作医疗制度，完善农村医疗救助制度"；2009 年，政府作出深化医药卫生体制改革的重要战略部署，确立了新农合作为农村基本医疗保障制度的地位。

3. 农村老年服务政策

1956 年国家通过《高级农业合作社示范章程》，建立少量的救灾救济项目来为少数农村老年人提供养老服务；1997 年颁布《农村敬老院管理暂行办法》；2008 年颁布《中共中央关于推进农村改革发展若干重大问题的决定》，提出"发展以扶老、助残、救孤、济困、赈灾为重点的社会福利和慈善事业，发展农村老龄服务，推进农村扶贫开发"。2016 年颁布《中华人民共和国国民经济和社会发展第十三个五年规划纲要》，提出"积极应对人口老龄化，建立以居家为基础、社区为依托、机构为补充的多层次养老服务体系"；2017 年国家颁布《国务院关于印发"十三五"国家老龄事业发展和养老体系建设规划的通知》，在十三五规划的基础上，进一步提出在养老服务体系方面增加"医养相结合"的内容。

4. 农村老年文体教育及社会参与政策

文体方面：1999 年文化部出台《关于加强老年文化工作的意见》，内容涉及管理和规划建设老年人的文化场所、开展老年文化活动、建立老年教育网络、参与老年文化活动；2012 年全国老龄委等出台《关于进一步加强老年文化建设的意见》，主要内容是发扬积极的老龄化理念，充分发挥公共文化为老年人服务的功能，推动老年文化产品、产业发展等。教育方面：2001 年全国老龄委等共同发布《关于做好老年教育工作的通知》。社会参与方面：1999 年颁布的《老年法》明确指出保障老年人参与社会发展的权益，鼓励老年人参与社会发展。

5. 农村老年人权益保障政策

有关农村老年人权益保障的政策主要表现为法规的规定，如《宪法》《老年法》《继承法》等都明确提出了保障老年人的合法权益的相关法律规定，以及侵害老年人权利应承担的责任；1996 年民政部等出台《关于保障老年人合法权益做好老年人法律援助工作的通知》；2003 年全国老龄工作委员会等出台《关于加强维护老年人合法权益工作的意见》。

三、中国特色社会主义涉老政策的框架体系

我国进入 21 世纪后开始步入人口老龄化社会，政府、社会越来越关注老年人问题。随着人口老龄化的进一步加剧,老龄问题开始纳入国家发展战略和规划,我国政府采取一系列有效措施,开展老龄工作,发展老龄事业,在农村养老保障、农村医疗卫生、农村老龄服务等方面也取得了进步。

(一)农村养老保障制度建设

立足农村经济社会发展水平,我国政府通过发挥土地保障、家庭赡养功能,探索建立农村社会养老保障制度,以保障农村老年人的基本生活。

农村土地养老保障。中华人民共和国成立以前,我国实行封建地主土地所有制,农民没有土地所有权,收入低下,养老没有保障。土地改革以后,我国废除了封建半封建的土地所有制,农民分得了土地,养老的土地保障由此开始。1978年家庭联产承包责任制确立,土地所有权与经营权适当分离,农民获得了更大的土地使用权,成为其生活的基本保障,国家保护广大农村老年人的土地承包经营权。同时《老年法》规定赡养人有义务耕种老年人承包的土地,照管老年人的林木和牲畜,收益归老年人所有,以保障老年人的基本生活来源。2006年1月1日《农业税条例》被废止,这极大地减轻了农民的负担,也调动了农民的生产积极性,也加强了农村养老的土地保障。

农村传统家庭养老保障。敬老爱老养老是我国的优良传统美德,是我国公民道德规范的基本要求,也是国家法律法规明确规定的法律义务。1993年颁布《中共中央关于建立社会主义市场经济体制若干问题的决定》,提出"农民养老以家庭保障为主,并结合社区扶持"。2015年国家对《中华人民共和国老年人权益保障法》进行修订,其修订版提出"家庭成员应当关心老年人的精神需求,不得忽视、冷落老年人。与老年人分开居住的家庭成员,应当经常看望或者问候老年人",表明我国从法律层面重视老年人的精神慰藉、关爱等需求。2016年颁布《中华人民共和国国民经济和社会发展第十三个五年规划纲要》,提出"积极应对人口老龄化,建立以居家为基础、社区为依托、机构为补充的多层次养老服务体系"。

建立农村社会养老保险。随着农业现代化、农村城镇化进程的深入发展,20世纪90年代以来,我国政府开始逐步建立农村社会养老保险制度。

农村计划生育家庭奖励扶助保障。20世纪70年代初,《关于做好计划生育工作的报告》颁布,中国开始推行计划生育制度,提倡少生优育,同时国家开始探索对计划生育家庭的补助。2001年政府通过《人口与计划生育法》,从法律层面推动计划生育政策的发展,农村家庭小型化核心化且老龄化现象加重,养老问题不断加剧。2004年我国政府对农村部分计划生育家庭实行奖励扶助制度试点工作:在各地现行计划生育奖励优惠政策基础上,针对农村只有一个子女或两个女孩的计划生育家庭,在夫妇年满60岁以后,由中央或地方财政安排专项资金给予奖励扶助。2015年我国政府决定实行"全面二孩政策",同时通过了《中共中央国务院关于实施全面两孩政策改革完善计划生育服务管理的决定》,进一步规划"二孩政策",并继续实行原计划生育政策下对计划生育家庭的补助,从人口政策方面进一步完善养老政策。

建立健全农村"五保"老人供养保障。1956年,第一届全国人大三次会议通过《高级农村合作社示范章程》,标志着农村五保户制度的初步建立。1960年《全国农业发展纲要》进一步完善了五保户制度。1994年1月,国务院颁布《农村五保户供养条例》,标志着国家开始从法规层次对农村弱势人群提供帮助,条例包括"五保"供养的对象、内容、形式、财产处理、监督管理等内容。2016年国家重新修订颁布《农村五保供养工作条例》,五保户制度进入新的发展阶段。新旧条例都规定农村"五保"供养工作由民政部主管,对五保户提供"吃穿住医葬"五方面帮助,新条例确认的供养对象包括老年人、残疾人、未成年人。新条例将五保户的供养资金从"村提留或者乡统筹费中列支"改为"地方人民政府财政预算中安排",并且"中央财政对财政困难地区的农村'五保'供养,在资金上给予适当补助",从以前的由农村集体经济支撑转变为地方财政支持为主,中央财政支撑为辅的新方式,提高了资金统筹层次和统筹能力。同时条例确立了"五保"供养制度的法律责任,推进了"五保"供养制度的法制化进程。

同时,我国政府十分重视被征地农民的养老保障,为保障被征地农村的基本生活和长远生计,逐步将被征地农民纳入社会保障体系。部分农村地区利用自身的资源优势,积极发展各种形式的集体福利优势,如将未承包的土地、山林等作为养老基地,由集体或个人开发,收益归老年人所有。

(二)农村医疗保障制度建设

我国一直重视建立由国家、集体、个人三方主体组成的农村合作医疗制度的建设。20世纪50年代中期,我国开始探索建立农村合作医疗制度,80年代后,合作医疗一度遭遇普遍性解体危机,同时很多地方开始探索新形势下的多种形式的健康保障办法。2002年,《关于进一步加强农村卫生工作的决定》颁布,旨在全国农村范围内建立适应社会主义市场经济体制要求和农村经济社会发展水平的新型农村合作医疗制度(新农合)。新型农村合作医疗制度是由国家主导、支持,农户自愿参加,政府、集体、个人多方筹资的以大病统筹为主的医疗制度,有利于保障老年人在内的农村居民的基本医疗需求,缓解因病致贫、因病返贫的问题。2003年新农合开展试点工作,确立到2010年实现基本覆盖全国农村居民的目标,标志着新型农村合作医疗制度的正式重建。2003

年，民政、卫生、财政三部门出台《关于实施农村医疗救助的意见》，提出要全面推行和完善农村医疗救助制度，对开展新农合地区和未开展新农合地区的困难者提供医疗救助。2004年出台《农村医疗救助基金管理试行办法》，进一步规范了农村医疗救助资金的管理。2005年，财政、卫生两部门出台《关于完善中央财政新型农村合作医疗救助资金拨付办法有关问题的通知》，对中央财政新农合救助资金的拨付标准、方法和程序进行了明确规定。2006年，卫生部等七部委联合发布《关于加快推进新型农村合作医疗试点工作的通知》，进一步推动新农合的试点工作。2011年，国务院出台《医药卫生体制五项重点改革2011年度主要工作安排》推进基本医疗保障制度建设。2013年，国家卫计委下发《关于做好2013年新型农村合作医疗工作的通知》，宣布将新农合的补助标准提高到280元。2014年出台《关于提高2014年新型农村合作医疗和城镇居民基本医疗保险筹资标准的通知》，宣布进一步提高补助标准。2017年国务院发布的《"十三五"国家老龄事业发展和养老体系建设规划》提出，"完善养老保险制度，健全医疗保险制度，探索建立长期护理保险制度"，表明，我国新型农作合作医疗制度不断向前发展，国家在积极探索建立满足农村老年人多样医疗需求的医疗制度。

第二节 中国特色社会主义农村涉老政策定量分析

随着社会经济的不断发展，人类寿命极大延长，随之而来的是人口结构的变化、人口老龄化社会的出现。人口结构的不断改变，传统的大家庭形式已经改变，"四二一结构"的家庭逐渐成为主流，同时我国农村人口流动现象明显，这就进一步加剧了农村老年人的养老困境。在传统家庭养老模式逐渐式微的背景下，对农村老年人建立完善的社会支持体系显得尤为重要。社会支持体系中除家庭支持外，最重要的即是国家提供的正式社会支持，如社会养老保险、老年人医疗保障制度等。

社会的不断进步也提高了人们对生活品质的追求，党的十九大报告中明确指出，"中国特色社会主义进入新时代，我国社会主要矛盾已经转化为人民日益增长的美好生活需要和不平衡不充分的发展之间的矛盾"。新时代，农村老年人也开始注重老年生活质量，国家相继出台了一系列社会保障政策以解决农村老年人的养老问题。因此，探讨社会保险对农村老年人的政策效应具有重要的现实意义。

一、相关研究综述

(一) 国内外研究综述

首先,国内学者从宏观方面研究社会保险的政策效应。养老保险方面,封铁英等认为新型农村社会养老保险政策效应是指在特定的社会制度背景下,政策制定和执行主体都是政府,其规划特定的政策初始目标,按照一定的实施流程,对作为目标群体的农村居民产生的积极或消极的影响总和。同时封铁英建立了以新农保政策制定目标、新农保政策执行力、新农保政策实施效果三方面变量为主的新农保政策效应理论模型。[①] 医疗保险方面,林相森等基于两部分模型方法,利用中国健康和营养调查数据,对医疗保险的后续影响进行研究,研究发现医疗保险是影响医疗需求和支持的重要因素。[②] 王翌秋等研究发现医疗保险对医疗服务需求产生重要影响。[③] 胡宏伟研究发现城市居民医疗保险显著提升了低健康人群对住院卫生服务的利用水平。[④]

其次,国内学者从社会支持角度,对社会保险对老年人生活满意度的影响进行研究。社会支持方面,韦璞认为一个人所能得到的社会支持主要包括两个方面,一是正式制度性支持,一是非正式非制度性支持。[⑤] 农村老年人所能获取的正式制度性支持即是政府提供的社会养老保险、医疗保障等。叶敬忠、贺聪志研究发现我国的社会保障体系在农村的覆盖面较低,存在保障水平不高、保障能力较弱的特点。[⑥] 养老保险与老年人生活满意度方面,高琳薇研究发现对于农村老年人而言,政府在做好养老金、相关补助等正式支持外,还应加强和转变老年人自身的养老观念和意识,从而提高自身的生活满意度。[⑦] 陈东等基于 CHARLS 基线数据,对不同养老模式下农村老年人的群体幸福感进行研究,结果发现新农保的实施已经在改善民生方面发挥了一定效果,正逐渐成为

---

① 封铁英,熊建铭. 新型农村社会养老保险政策效应及其影响因素研究 [J]. 人口与经济, 2014 (3): 117-128.

② 林相森,舒元. 我国居民医疗支出影响因素的实证分析 [J]. 南方经济, 2007 (6): 22-30.

③ 王翌秋,王舒娟. 居民医疗服务需求及其影响因素微观实证分析的研究进展 [J]. 中国卫生政策研究, 2010 (8): 55-62.

④ 胡宏伟. 城镇居民医疗保险对卫生服务利用的影响——政策效应与稳健性检验 [J]. 中南财经政法大学学报, 2012 (5): 21-30.

⑤ 韦璞. 贫困地区农村老年人社会支持网初探 [J]. 人口与发展, 2010, 16 (2): 76-82.

⑥ 叶敬忠,贺聪志. 农村劳动力外出务工对留守老人经济供养的影响研究 [J]. 人口研究, 2009, 33 (4): 44-53.

⑦ 高琳薇. 城乡老年人生活需求满足状况及其对生活满意度的影响——以贵阳市 1 518 份问卷调查为例 [J]. 南京人口管理干部学院学报, 2012 (4): 12-16.

农村老年人幸福感的显著影响因素。① 岳爱等研究发现新农保在一定程度上能够提升农村家庭的日常费用支出，进而对生活满意度产生一定影响。② 医疗保险与生活满意度方面，纪冰研究发现医疗保险对老年人的生活满意度具有较大影响，其标准系数为 0.208，说明医疗保险对提高老年人的生活满意度甚至是生活质量产生显著影响。③ 李小姣研究认为享受养老保险、医疗保险对于提高农村老年人的生活满意度具有重要作用。④

国外研究方面，首先，国外学者对医疗保险的宏微观效应进行分析。一是医疗保险与卫生服务利用水平，20 世纪 70 年代，美国 RAND 公司通过实验研究，验证了医疗保险能够改善居民对卫生服务的利用率。⑤ David Car 等运用不连续回归法，研究发现健康保险能够提高老年人患病时的卫生福利利用水平，也即是减少了老年人拖延和不接受医疗治疗的现象。⑥ Hadley, J. 通过分析研究 25 年来的卫生服务调查数据，发现拥有健康保险的居民，为了提高自身健康状况，会更多地使用预防、诊断等卫生医疗服务。⑦ 二是医疗保险与健康、医疗支出。Jack Hadley 通过跟踪研究美国不同年龄段居民，采用工具变量法，发现享有医疗保险能够降低 65 岁之前居民的死亡率。⑧ Agyepong 等通过对南非国家全民健康保险政策效应进行研究，发现健康保险对低收入国家人类社会发展有着重要作用。⑨ Finkelstein 和 McKnight 通过研究发现，医疗保险能够显著

---

① 陈东，张郁杨. 不同养老模式对我国农村老年群体幸福感的影响分析——基于 CHARLS 基线数据的实证检验 [J]. 农业技术经济，2015（4）：78-89.

② 岳爱，杨矗，常芳，田新，史耀疆，罗仁福，易红梅. 新型农村社会养老保险对家庭日常费用支出的影响 [J]. 管理世界，2013（8）：101-108.

③ 纪冰. 社会支持对老年人生活满意度的影响研究 [D]. 上海：华东交通大学，2015.

④ 李小姣. 贵州农村老人养老支持与生活满意度研究 [D]. 贵阳：贵州财经大学，2017.

⑤ Pauly, M. V. Effects of Insurance Coverage on Use of Care and Health Outcomes for Nonpoor Young Women [J]. American Economic Review, 2005（2）：219-223.

⑥ Card, D., Dobkin, C., Macstas, N. The Impact of Nearly Universal Insurance Coverage on Health Care Utilization：Evidence from Medicare [J]. American Economic Review, 2008,（5）：2212-2258.

⑦ Hadley, J., Sicker and Poorer-The Consequences of Being Uninsured：A Review of the Research on the Relationship between Health Insurance, Medical Care Use, Health, Work, and Income [J]. Medical Care Research and Review, 2003（2）：3-75.

⑧ Hadley, J., Waidmann, T. Health Insurance and Health at Age 65：Implications for Medical Care Spending on New Medicare Beneficiaries [J]. Health Services Rescarch, 2006, 41（2）：429-451.

⑨ Agyepong, I. A., S. Adjei. Public Social Policy Development and Implementation：A Case Study of the Ghana National Health Insurance Scheme [J]. Oxford，Journals-Medicine-Health Policy and Planning, 2008, 23,（2）.

降低老年人的自付医疗支出，有利于改善老年人的健康状况。① Miller 通过研究医疗保险对医疗支出水平的影响效应，发现居民在购买医疗保险后，其医疗支出负担会显著降低。② 其次，国外学者对养老保险的消费、储蓄效应进行分析。消费效应方面，Modigliani（1954）和 Friedman（1957）认为社会保障制度致使居民对未来产生乐观预期，促使居民增加即期消费。Hubbard 等运用实证分析方法论证了社会保障制度对不同收入水平的居民消费具有明显的促进作用。③ 储蓄效应方面，Feldstein 在建立扩展的生命周期模型基础上，对养老保险与储蓄间的关系进行分析，研究发现养老保险从两个渠道影响储蓄：一是降低储蓄的"资产替代效应"，二是增加储蓄的"引致退休效应"。④ Barro 运用中性理论，提出家庭中存在个体的代际转移，因而会削弱养老保险带来的"资产替代效应"。⑤

（二）研究述评

通过梳理社会保险的政策效应发现，学者从社会支持、健康角度，探讨社会保险对生活满意度、健康的影响关系较多，但主要从生活满意度的影响因素角度，提出医疗保险、养老保险会对农村老年人的生活满意度产生影响，较少有文章考虑样本的选择偏误，或者从时间序列上探讨社会保险对农村老年人生活满意度的影响。因此本章基于已有研究成果，试图在考虑样本选择偏误的基础上，探讨社会保险对农村老年人生活满意度的影响。

二、研究假设

在我国，受传统儒家思想和孝道文化的影响，成年子女是保障老年父母养老的重要角色，特别是在我国广大的农村地区，成年子女是老年人获取经济支持和生活保障的主要来源，而社会保障作为社会支持的一部分发挥着重要的补充作用。社会保险对农村老年人的政策效应，主要从社会养老保险、社会医疗

---

① Finkelstein A, Mcgarry K. What Did Medicare Do? The Initial Impact of Medicare on Mortality and Out of Pocket Medicare Spending [J]. Journal of Public Economics, 2008, 92: 1644-1668.

② Miller D. L, . Paxson C. Relative Income, Race and Mortality [J]. Journal of health Economics, 2006 (25): 979-1003.

③ Hubbard, R G, Skinner, J, Zeldes, S P. Precautionary saving and social insurance [J]. Journal of Political Economy, 1995, 103, (2): 360-399.

④ Feldstein Martin. Social security, induced retirement and aggregate capital accumulation [J]. Journal of Political Economy, 1974, 82 (5): 905-926.

⑤ Barro R J. Economic growth in a cross section of countries [J]. The quarterly journal of economics, 1991, 106 (2): 407-443

保险两个方面对农村老年人产生影响。

社会养老保险方面，Modigliani（1970）提出了基于消费和储蓄的生命周期理论，该理论认为理性经济人会在相当长的时间跨度内进行消费和储蓄决策，根据效用最大化的原则在整个生命周期内实现消费的最佳配置。Feldstein（1974）扩展了生命周期理论，他认为居民社会养老保险体系会影响个体生命周期内的收入流，进而影响个体的消费和储蓄决策。刘畅（2008），张继海（2008）研究发现提高社会保障水平能够改善居民的消费预期，拉动消费。岳爱（2013）对新农保对家庭日常费用支出的影响进行研究，结果发现在控制其他因素影响的条件下，新农保政策实施后参保农户的家庭日常支出显著高于未参保农户。可以看出，社会保险的政策效应主要是改善农村老年人的基本生活，养老金作为重要的经济支持对农村老年人的生活开销进行补充，能在一定程度上缓解农村老年人的经济负担，从而改善农村老年人的基本生活。

社会医疗保险方面，一是认为购买医疗保险能够降低医疗成本：解垩（2009）、翟丽娜（2012）等认为医疗保险的实施增加了医疗服务的可及性，有利于降低医疗成本。二是认为购买医疗保险能够提高医疗需求：林相森（2007）采用两部分模型方法，研究发现医疗保险是影响医疗需求、支出的重要因素。张晖、许琳（2007）研究发现未购买医疗保险的老年群体，其就诊率和住院率都低于购买医疗保险的群体。代志明（2008）研究发现城镇地区未购买医疗保险的人群的患病未治疗比例高于参保人群。三是认为购买医疗保险能够改善健康状况：黄枫、吴纯杰（2009）基于中国老年人健康长寿影响因素调查，通过采用工具变量法消除了模型的遗漏变量问题，研究发现参加医疗保险的老年人同未参保的老年人相比，其死亡率显著降低。潘杰、刘国恩（2013）研究发现参加医疗保险的居民，其健康状况得到了一定程度上的改善，这种作用对低收入群体更为明显。胡宏伟、刘国恩（2012）采用倾向值匹配和倍差法，分析了城居保对居民的影响，结果表明城居保对低收入且健康状况较差的老年人的健康水平具有显著的改善作用。对农村老年人的研究发现，新农合对健康不产生显著的促进作用。田玲、姚鹏发现新农合对个体自评健康具有显著的负面影响，而商业医疗保险则对个人健康产生明显的促进作用。Wanchuan Lin（2008）对新农合对健康水平的影响进行实证研究，发现新农合对参保人员的健康状况存在显著的正向影响。可以看出，社会医疗保险能在一定程度上降低农村老年人的实际自付医疗费用，缓解老年人的医疗经济负担，从而提高农村老年人的医疗需求，对于改善农村老年人的健康状况存在一定影响。

生活满意度方面，生活满意度是国内外学者常用的主观评价指标，既能反映客观评价，又能更好地反映老年人的个人感受，是衡量生活质量的最重要指标之一，也是衡量老年人生活质量的主观感受指标之一。刘晶（2005）认为老年人的健康状况是影响其生活满意度的最基本因素，Marguerite M（1992）研究认为养老收入是影响老年人生活满意度的关键因素。综合上述三方面的分析，可以看出社会养老保险对改善农村老年人日常经济支出有一定的作用，而医疗保险能够从降低医疗成本、提高医疗需求等方面影响农村老年人的健康状况，因此，社会养老保险、医疗保险通过影响经济收入、健康来改善农村老年人的生活满意度。

因此基于上述分析，本章提出以下研究假设：社会养老保险、医疗保险有利于提升农村老年人的生活满意度。

三、数据与方法

（一）数据

本章采用中国高龄老人健康长寿跟踪调查（CLHLS）2014年的调查数据，研究对象为农村60岁及以上老年人口，剔除无关及缺失样本后，有效样本量为2 343个，其中男性老年人1 117人，占比47.67%，女性老年人1 226人，占比52.33%。

（二）变量

（1）因变量：老年人的生活满意度。本章以问卷中"您觉得您现在生活怎么样？"来测量生活满意度，对该问题的有效回答分为"很好""好""一般""不好"和"很不好"五个等级，由于选择"不好"和"很不好"的比例非常小，因此，本章保留三个等级，表示"生活很满意""生活满意""生活不满意"，很满意到不满意占比分别为14.17%、52.97%、29.24%、3.62%（见表10.2）。

（2）自变量：本章根据被访者"您目前有哪些社会保障和商业保险？"对其中的退休金、养老金、公费医疗、城镇职工医疗保险、城镇居民医疗保险、新型农村合作医疗保险进行操作化。根据需要及数据分布，将退休金、养老金合并整理为"购买""未购买"两类以反映社会养老保险购买情况；将公费医疗、城镇职工医疗保险、城镇居民养老保险、新型农村合作医疗保险合并整理为"购买""未购买"两类以反映社会医疗保险购买情况。

（3）控制变量：参考以往生活满意度方面的文献，本章选取除社会保险外的可能影响老年人生活满意度的其他变量，包括性别、年龄、受教育年限、婚姻状况、居住类型、收入是否够用、健康状况、同住人数。

表 10.2　　　　　　　　　　　　变量的定义

变量	定义
因变量	
生活满意度	很满意=1；满意=2；不满意=3
自变量	
社会养老保险	购买=1；未购买=0
社会医疗保险	购买=1；未购买=0
控制变量	
性别	男=1；女=0
年龄	连续变量
婚姻状况	配偶同住=1；其他=0
受教育年限	连续变量
同住人数	连续变量
居住类型	家人居住=1；独居=2；敬老院=3
自评健康	良好=1；一般=2；不好=3
收入是否够用	够用=1；不够用=0

(三) 方法

一方面，由于因变量为三分类有序变量，因此主要采用 ordered logistic 模型。另一方面，为解决回归模型中解释变量存在的样本选择性偏差，本章采用倾向值分析方法（一对一匹配）。本章认为，参加社会保险的老人和不参加社会保险的老人理论上存在一系列可观测特征差异，即数据具有不平衡性，因此，本章希望借助倾向值加权来改善数据的平衡，以得到准确的效应估计。

本章主要考察老年人养老保险、医疗保险参与对生活满意度的影响，理想的情况是分别获取每一位老年人参与或不参与两种状态下生活满意度的配对数据，而本章利用的调查数据只采集到被调查对象参与或不参与一种状态下的数据。在这种情况下，只有在控制参与和不参与两个群体在年龄、性别等差异后才能得到准确的效应估计。本章采用倾向值分析方法，在获取倾向值得分基础上为每一位参加养老保险、医疗保险的老人匹配一个与之相似的不参与的样本作为对照，进而通过测量配对样本在生活满意度上的差异来估计养老保险、医疗保险参与对生活满意度的净效应。

四、社会养老保险政策效应分析

(一) 描述性统计

农村老年人购买社会养老保险的群体分布如表 10.3 所示。

表 10.3　　　　　　分养老保险购买情况的样本分布

变量	购买养老保险 频数	购买养老保险 比重(%)	未购买养老保险 频数	未购买养老保险 比重(%)
生活满意度				
不满意	123	37.05	209	62.95
一般	298	24.01	943	75.99
满意	182	23.64	588	76.36
性别				
女	311	25.37	915	74.63
男	292	26.14	825	73.86
婚姻状况				
无配偶同住	300	24.39	930	75.61
有配偶同住	303	27.22	810	72.78
收入是否够用				
不够用	115	25.73	332	74.27
够用	488	25.74	1 408	74.26
居住类型				
家人同住	543	25.50	1 586	74.50
独居	58	28.02	149	71.98
敬老院	2	28.57	5	71.43
孤独感				
经常	30	20.55	116	79.45
有时	134	22.71	456	77.29
很少	439	27.32	1 158	72.68
自评健康				
好	275	25.32	811	74.68
一般	234	25.86	671	74.14
不好	94	26.70	258	73.30

数据来源：根据 CLHLS (2014) 原始数据整理所得。

从生活满意度方面来看，认为生活不满意的农村老年人中购买养老保险的比重为 37.05%，对生活评价一般的农村老年人中购买社会养老保险的比重为 24.01%，而认为生活满意的农村老年人中购买社会养老保险的比重为

23.64%，可以看出，随着生活满意度的不断提高，各层次购买社会养老保险的比重存在下降的趋势。

从性别方面来看，男性农村老年人中购买社会养老保险的比重为26.14%，女性农村老年人中购买社会养老保险的比重为25.37%，可以看出，男性农村老年人较女性农村老年人购买社会养老保险的比重更大。

从婚姻状况方面来看，无配偶共同居住的农村老年人中购买社会养老保险的比重为24.39%，有配偶共同居住的农村老年人中购买社会养老保险的比重为27.22%，可以看出，有配偶的农村老年人购买社会养老保险的比重更大。

从收入是否够用方面来看，收入够用的农村老年人中购买社会养老保险的比重为25.74%，认为收入不够用的农村老年人中购买社会养老保险的比重为24.39%，可以看出，收入够用的农村老年人购买社会养老保险的比重更大。

从居住类型来看，同家人同住的农村老年人中购买社会养老保险的比重为25.50%，独居的农村老年人中购买社会养老保险的比重为28.02%，在敬老院居住的农村老年人中购买社会养老保险的比重为28.57%，可以看出，随着家庭照料主体的减少，住敬老院或独居的农村老年人购买社会养老保险的比重更大。

从孤独感方面来看，经常感觉孤独的农村老年人中购买社会养老保险的比重为20.55%，有时感觉孤独的农村老年人中购买社会养老保险的比重为22.71%，很少感觉孤独的农村老年人中购买社会养老保险的比重为27.32%，可以看出，孤独感越少的农村老年人购买社会养老保险的比重更大。

从自评健康方面来看，自评健康状况良好的农村老年人中购买社会养老保险的比重为25.32%，自评健康状况一般的农村老年人中购买社会养老保险的比重为25.86%，自评健康状况不好的农村老年人中购买社会养老保险的比重为26.70%，可以看出，随着自评健康状况的不断降低，农村老年人购买社会养老保险的比重更大。

表10.4呈现的是倾向值加权前分养老保险购买样本的描述性分析结果。在全部2 343位老人中，参与社会养老保险的有602位，参与的比重达到25.74%。表10.4最后一列的结果显示，购买和不购买社会养老保险的老人生活满意度差异显著。购买社会养老保险的老年人生活满意的比重比不购买社会养老保险的老年人高1%。此外，两类老人在性别、年龄、婚姻状况、受教育程度、自评健康、同住人数、收入是否够用、居住方式、孤独感方面的差异都十分显著，这说明老年人在是否购买社会养老保险上存在样本自选择问题，两组数据不平衡。具体而言，男性、高龄、有配偶、受教育年限多、健康状况不

好、同住人数多、与家人居住、收入够用、偶尔感觉孤独的老年人购买社会养老保险的比例较高。

表 10.4　分养老保险购买情况的样本描述性统计分析结果

变量	购买养老保险 均值	购买养老保险 标准差	未购买养老保险 均值	未购买养老保险 标准差	双变量卡方检验 P 值
生活满意度(不满意)	2.867 3	0.031 4	2.745 4	0.017	0.000
受教育年限(少)	2.036 5	0.119 2	1.999 4	0.071 1	0.346
性别(女)	0.484 2	0.020 4	0.474 1	0.011 9	0.668
年龄(低龄)	82.459 4	0.427 6	84.877	0.255 5	0.026
婚姻状况(无配偶)	0.502 5	0.020 4	0.465 5	0.011 9	0.117
收入是否够用(不够用)	0.809 3	0.016 0	0.809 2	0.009 4	0.996
同住人数(少)	2.378 1	0.086 4	2.292 5	0.044 3	0.496
居住方式(敬老院)					
家人	0.900 5	0.012 2	0.911 5	0.006 8	0.419
独居	0.096 2	0.012	0.085 6	0.006 7	0.431
孤独感(很少)					
经常	0.049 8	0.008 9	0.066 7	0.005 9	0.139
有时	0.222 2	0.016 9	0.262 1	0.010 5	0.052
自评健康(不好)					
好	0.456 1	0.020 3	0.466 1	0.011 9	0.670
一般	0.388 1	0.019 9	0.385 6	0.011 7	0.916

数据来源：根据 CLHLS（2014）原始数据整理所得。括号内为参照组。

（二）数据平衡性检验

表 10.5 前四列是倾向值加权后得到的两组数据均值以及 T 检验 P 值。从 P 值可以看出，平衡结果较好，在 ATT 加权中，除受教育年限、婚姻状况外，购买和未购买社会养老保险的老年人在其他变量上的差异不具有显著性。这表明，倾向值加权改善了两组数据的不平衡，样本选择性问题得到了有效控制，加权后的回归结果有偏性得到改善。

表 10.5 最后一列呈现的是预测倾向值的二分类 logistic 回归结果。从结果可以看出，老年人选择是否购买社会养老保险受年龄、受教育年限、孤独感的显著影响。

表 10.5　　　　　加权后平衡检验和预测倾向值 logistic 回归

变量	ATT 购买	ATT 不购买	P 值(Ttest)	logistic 回归系数（P 值）
性别(女)	0.484 3	0.474 1	0.106	0.024 2(0.827)
受教育年限	2.036 5	1.678 3	0.027	-0.032 9(0.087)*
年龄(低龄)	82.459	83.04	0.319	-0.027 2(0.000)***
婚姻状况(无配偶同住)	0.502 4	0.452 7	0.084	-0.093 6(0.458)
收入是否够用(不够用)	0.809 3	0.834 2	0.259	0.029 3(0.815)
同住人数(少)	2.378 1	2.213 9	0.148	0.039 2(0.138)
居住方式(敬老院)				
家人	0.900 5	0.911 5	0.573	-0.202 6(0.810)
独居	0.096 2	0.104 5	0.632	0.021 9(0.980)
孤独感(很少)				
经常	0.049 8	0.034 8	0.198	-0.381 6(0.081)*
有时	0.222 2	0.207 6	0.528	-0.233 7(0.049)**
自评健康(不好)				
好	0.456 1	0.502 5	0.107	-0.159 8(0.277)
一般	0.388 1	0.364 8	0.406	-0.093 2(0.523)

注：*P<0.10，**P<0.05，***P<0.01。括号内为参照组。

（三）加权后回归分析

表 10.6 是加权前后回归结果分析。如表 10.6 所示，在不考虑样本选择性偏差的情况下，与未购买社会养老保险的老人相比，购买社会养老保险的老人生活满意的概率比前者高 46.48%，且影响具备统计显著性。在控制样本选择偏差后，购买社会养老保险对老年人生活满意度的影响显著，购买社会养老保险的老人生活满意的概率比未购买社会养老保险的老年人高 52.95%，这与基于原始样本得到的估计结果不一致。在控制样本选择偏差后，社会养老保险对老年人生活满意度的影响程度提高，说明购买养老保险显著正向影响老年人的生活满意度，同时在未控制样本选择偏差时，低估了社会养老保险对农村老年人生活满意度的影响。

老年人的其他特征对生活满意度的影响：

（1）倾向值加权前后，收入是否够用、同住人数、自评健康对老年人生活满意度的影响显著。具体而言，加权后收入够用的老年人生活满意度更高；同住人数越多，农村老年人生活满意的可能性更大；自评健康越好的农村老年人,生活满意的可能性更大。

(2)倾向值加权后,受教育年限、年龄、孤独感对农村老年人生活满意度的影响不再显著。加权前,受教育年限较多、高龄、孤独少的农村老年人认为生活满意的可能性较大。这就说明未控制样本选择偏差的情况下,可能高估了受教育年限、年龄、孤独感对农村老年人生活满意度的影响。

表10.6 老年人养老保险对生活满意度的影响回归结果(OR)

变量	加权前	ATT
养老保险(未购买)	1.464 8 (0.139 9)***	1.529 5 (0.173 5)***
性别(女)	0.874 4 (0.082 7)	0.993 8 (0.129 3)
受教育年限	1.038 (0.016 9)**	1.011 6 (0.023 8)
年龄(低龄)	1.010 7 (0.004 8)**	1.002 7 (0.007)
婚姻状况(无配偶同住)	1.005 1 (0.108 5)	0.951 1 (0.144)
收入是否够用(不够用)	3.175 5 (0.349 8)***	3.074 8 (0.476 9)***
同住人数(少)	1.055 2 (0.024 5)**	1.090 6 (0.034 7)**
居住方式(敬老院)		
家人	0.684 4 (0.481 7)	0.307 5 (0.252)
独居	0.654 8 (0.471 3)	0.391 1 (0.327)
孤独感(很少)		
经常	0.545 3 (0.098 2)***	0.625 4 (0.185)
有时	0.774 1 (0.076)**	0.877 4 (0.126)
自评健康(不好)		
好	6.273 (0.841 1)***	4.248 9 (0.779 4)***
一般	1.876 2 (0.240 9)***	1.449 8 (0.261 6)**
N	2 343	1 206
Prob>chi2	0.000 0	0.000 0
Pseudo R2	0.104 0	0.075 5

注:* P<0.10,** P<0.05,*** P<0.01。括号内为参照组。

五、社会医疗保险政策效应分析

(一)描述性统计

农村老年人购买社会医疗保险的群体分布如表10.7所示。

从生活满意度方面来看,认为生活不满意的农村老年人中购买社会医疗保险的比重为92.34%,对生活评价一般的农村老年人中购买社会医疗保险的比

表 10.7　　　　　分社会医疗保险购买情况的样本分布

变量	购买医疗保险 频数	购买医疗保险 比重（%）	未购买医疗保险 频数	未购买医疗保险 比重（%）
生活满意度				
不满意	711	92.34	59	7.66
一般	1 166	93.96	75	6.04
满意	310	93.37	22	6.63
性别				
女	1 140	92.99	86	7.01
男	1 047	93.73	70	6.27
婚姻状况				
无配偶同住	1 140	92.68	90	7.32
有配偶同住	1 047	94.07	66	5.93
收入是否够用				
不够用	413	92.39	34	7.61
够用	1 774	93.57	122	6.43
居住类型				
家人同住	1 991	93.52	138	6.48
独居	189	91.30	18	8.70
敬老院	/	/	/	100
孤独感				
经常	130	89.04	16	10.96
有时	547	92.71	43	7.29
很少	1 510	93.96	97	6.04
自评健康				
好	1 015	93.46	71	6.54
一般	843	93.15	62	6.85
不好	329	94.47	23	6.53

数据来源：根据 CLHLS（2014）原始数据整理所得。

重为93.96%，而认为生活满意的农村老年人中购买社会医疗保险的比重为93.37%，可以看出，随着生活满意度的不断提高，各层次购买社会医疗保险的比重存在上升的趋势。

从性别方面来看，男性农村老年人中购买社会医疗保险的比重为93.73%，女性农村老年人中购买社会医疗保险的比重为92.99%，可以看出，男性农村老年人较女性农村老年人购买社会医疗保险的比重更大。

从婚姻状况方面来看，无配偶共同居住的农村老年人中购买社会医疗保险的比重为92.68%，有配偶共同居住的农村老年人中购买社会养老保险的比重为94.07%，可以看出，同无配偶的农村老年人相比，有配偶共同居住的农村老年人购买社会医疗保险的比重更大。

从收入是否够用方面来看，收入够用的农村老年人中购买社会医疗保险的比重为93.57%，认为收入不够用的农村老年人中购买社会医疗保险的比重为92.39%，可以看出，收入够用的农村老年人购买社会医疗保险的比重更大。

从居住类型来看，同家人同住的农村老年人中购买社会医疗保险的比重为93.52%，独居的农村老年人中购买社会医疗保险的比重为91.30%，在敬老院居住的农村老年人全部购买社会医疗保险，可以看出，同社会养老保险不同的是，有家人陪伴的或是住敬老院的农村老年人购买社会医疗保险的可能性更大。

从孤独感方面来看，经常感觉孤独的农村老年人中购买社会医疗保险的比重为89.04%，有时感觉孤独的农村老年人中购买社会医疗保险的比重为92.71%，很少感觉孤独的农村老年人中购买社会医疗保险的比重为93.96%，可以看出，孤独感越少的农村老年人购买社会医疗保险的比重更大。

从自评健康方面来看，自评健康状况良好的农村老年人中购买社会医疗保险的比重为93.46%，自评健康状况一般的农村老年人中购买社会医疗保险的比重为93.15%，自评健康状况不好的农村老年人中购买社会医疗保险的比重为94.47%，可以看出，随着自评健康状况的不断降低，农村老年人购买社会医疗保险的比重更大。

表10.8呈现的是倾向值加权前分社会医疗保险购买样本的描述性分析结果。在全部2 343位老人中，参与社会养老保险的有2 166位，参与的比重达到92.44%。表10.8最后一列的结果显示，购买和不购买社会医疗保险的老人生活满意度差异显著。购买社会医疗保险的老年人生活满意的均值比不购买社会医疗保险的老年人高6%。此外，两类老人在性别、年龄、婚姻状况、受教育程度、自评健康、同住人数、收入是否够用、居住方式、孤独感方面的差异都十分显著，这说明老年人在是否购买社会医疗保险上存在样本自选择问题，两组数据不平衡。具体而言，男性、高龄、有配偶、受教育年限多、健康状况不好、同住人数多、同家人居住、收入够用、偶尔感觉孤独的老年人购买社会医疗保险的比例较高。

表10.8　　分医疗保险参与情况的样本描述性统计分析结果

变量	购买医疗保险 均值	购买医疗保险 标准差	未购买医疗保险 均值	未购买医疗保险 标准差	双变量卡方检验P值
生活满意度(不满意)	2.777	0.015 5	2.711 5	0.061 7	0.009
受教育年限	1.989 4	0.063	2.032 1	0.248	0.026
性别(女)	0.476 9	0.010 7	0.448 7	0.039 9	0.218
年龄(低龄)	84.222 1	0.228 9	85.096 2	0.855 6	0.925
婚姻状况(无配偶)	0.478 3	0.010 7	0.423 1	0.039 7	0.532
收入是否够用(不够用)	0.811 2	0.008 4	0.782 1	0.033 2	0.805
同住人数(少)	2.317 6	0.041 4	2.262 8	0.153 8	0.999
居住方式(敬老院)					
家人	0.910 4	0.006 1	0.884 6	0.025 7	0.234
独居	0.086 3	0.006	0.115 4	0.025 7	0.194
孤独感(很少)					
经常	0.059 6	0.005 1	0.102 6	0.024 4	0.306
有时	0.275 6	0.035 9	0.249 8	0.009 3	0.706
自评健康(不好)					
好	0.460 8	0.010 7	0.455 1	0.04	0.03
一般	0.387 8	0.010 5	0.397 4	0.039 3	0.227

数据来源：根据CLHLS（2014）原始数据整理所得。括号内为参照组。

(二) 数据平衡性检验

表10.9前四列是倾向值加权后得到的两组数据均值以及T检验P值。从P值可以看出，平衡结果较好，在ATT加权中，除同住人数外，购买和未购买社会养老保险的老年人在其他变量上的差异不具有显著性。这表明，倾向值加权改善了两组数据的不平衡，样本选择性问题得到了有效控制，加权后的回归结果有偏性得到了改善。

表10.9最后一列呈现的是预测倾向值的二分类logistic回归结果。从结果可以看出，农村老年人选择是否购买社会医疗保险受孤独感的显著影响，其他变量对农村老年人购买社会医疗保险的行为不产生显著影响。

表 10.9　　　　　加权后平衡检验和预测倾向值 logistic 回归

变量	ATT 购买	ATT 不购买	P 值(Ttest)	logistic 回归系数（P 值）
性别(女)	0.474 9	0.399 9	0.270	0.121 4(0.195 4)
受教育年限	1.991 2	1.638 7	0.338	−0.031 8(0.033 2)
年龄(低龄)	82.459	83.04	0.319	−0.007(0.009 6)
婚姻状况(无配偶同住)	0.476 3	0.429 7	0.226	0.074 7(0.222 3)
收入是否够用(不够用)	0.810 5	0.804 5	0.451	0.153 6(0.209)
同住人数(少)	2.322 6	2.253 7	0.001	0.006(0.049)
居住方式(敬老院)				
家人	0.913 9	0.915 3	0.62	0.226 3(0.304)
独居	0.086 1	0.084 7	0.62	—
孤独感(很少)				
经常	0.059 1	0.060 5	0.679	−0.600 9(0.296)**
有时	0.251 4	0.266 5	0.207	−0.173(0.198)
自评健康(不好)				
好	0.460 9	0.442 7	0.114	−0.123 7(0.261)
一般	0.389 2	0.382 7	0.356	−0.109 5(0.258)

注：*P<0.10，**P<0.05，***P<0.01。括号内为参照组。

（三）加权后回归分析

表 10.10 是加权前后的回归结果分析。如表 10.10 所示，在不考虑样本选择性偏差的情况下，与未购买社会医疗保险的农村老人相比，购买社会医疗保险的农村老人生活满意的概率比前者高 14.69%，且影响具备统计显著性。在控制样本选择偏差后，购买社会医疗保险对农村老年人生活满意度的影响显著，购买社会医疗保险的农村老年人生活满意的概率比未购买社会医疗保险的农村老年人高 21.11%，这与基于原始样本得到的估计结果存在差异。在控制样本选择偏差后，社会医疗保险对农村老年人生活满意度的影响程度有所提高，这就说明购买社会医疗保险显著正向影响农村老年人的生活满意度，同时在未控制样本选择偏差时，可能存在低估社会医疗保险对农村老年人生活满意度的影响，但无论控制或不控制样本选择偏差，社会医疗保险均对农村老年人的生活满意度产生显著影响。

老年人的其他特征对生活满意度的影响：

一是倾向值加权前后，年龄、收入是否够用、孤独感对农村老年人生活满意度的影响显著。具体而言，加权后低龄农村老年人生活满意的可能性更大；收入够用的农村老年人生活满意度更高；同住人数越多，农村老年人生活满意的可能性更大；同经常孤独的农村老年人相比，偶尔感觉孤独的农村老年人认为生活满意的可能性更大。

二是倾向值加权后，受教育年限、同住人数、自评健康对农村老年人生活满意度的影响不再显著。加权前，受教育年限较多、同住人数越多、自评健康状况越好的农村老年人认为生活满意的可能性更高。这就说明未控制样本选择偏差的情况下，可能高估了受教育年限、同住人数、自评健康对农村老年人生活满意度的影响。

表10.10　老年人医疗保险对生活满意度的影响回归结果（OR）

变量	加权前	ATT
医疗保险（未购买）	1.146 9（0.197 3）**	1.211 1（0.071 8）***
性别（女）	0.872 3（0.082 5）	1.021 5（0.071 6）
受教育年限	1.035 8（0.016 9）**	1.012 1（0.012 7）
年龄（低龄）	1.009 1（0.004 7）*	0.990 1（0.003 4）**
婚姻状况（无配偶同住）	1.003 8（0.108 2）	1.108 0（0.084 2）
收入是否够用（不够用）	3.180 4（0.349 5）***	1.264 6（0.097 5）**
同住人数（少）	1.059 2（0.024 6）**	0.996（0.015 5）
居住方式（敬老院）		
家人	0.678 6（0.474 9）	1.729 8（1.222 3）
独居	0.664 8（0.475 6）	2.518 3（1.800 2）
孤独感（很少）		
经常	0.545 1（0.098 1）***	1.782（0.229）***
有时	0.764（0.075）**	1.035（0.074）
自评健康（不好）		
好	6.165（0.474 9）***	0.898 9（0.079）
一般	1.879 4（0.239 7）***	1.077（0.095）
N	2 343	4 314
Prob>chi2	0.000 0	0.000 0
Pseudo R2	0.101 7	0.009 5

注：* P<0.10，** P<0.05，*** P<0.01。括号内为参照组。

第三节 本章小结

公共保险制度的建立是政府介入养老问题的分水岭。我国从 1986 年开始尝试在农村实行社会养老保险制度，2009 年开始进行新型农村社会养老保险试点，2012 年基本实现覆盖城乡居民的社会养老保障体系。本章对我国农村涉老政策进行了梳理，中华人民共和国成立以来，我国涉老政策大致可以划分为四个阶段：1978—1992 年为起步时期、1992—2002 年的发展时期、2002—2012 年的完善时期、2013 年至今的成熟时期。从内容上看，中国特色社会主义农村涉老政策涉及农村老年人养老、医疗服务、社会参与等方面。

本章利用中国高龄老人健康长寿跟踪调查（CLHLS）2014 年的调查数据，对中国特色社会主义农村涉老政策的政策效应进行实证分析，一方面分析了当前（2014 年）农村老年人社会保险参保的分布情况，数据分析结果显示农村老年人购买社会养老保险、社会医疗保险的比重分别为 25.74%、92.45%。另一方面从社会养老保险、社会医疗保险两个角度出发，探讨社会保险参保行为对农村老年人生活满意度的影响。为解决样本存在的自选择偏误问题，采用倾向值加权方法进行实证分析，研究结果显示：

（1）在不考虑样本选择性偏差的情况下，与未购买社会养老保险的老人相比，购买社会养老保险的老人生活满意的概率比前者高 46.48%，且影响具备统计显著性。在控制样本选择偏差后，购买社会养老保险对老年人生活满意度的影响显著，购买社会养老保险的老人生活满意的概率比未购买社会养老保险的老年人高 52.95%。可见，在不考虑样本自选择偏误的情况下，可能低估了社会养老保险对农村老年人生活满意度的影响。

（2）在不考虑样本选择性偏差的情况下，与未购买社会医疗保险的农村老年人相比，购买社会医疗保险的农村老年人生活满意的概率比前者高 14.69%，且影响具备统计显著性。在控制样本选择偏差后，购买社会医疗保险对农村老年人生活满意度的影响显著，购买社会医疗保险的农村老年人生活满意的概率比未购买社会医疗保险的农村老年人高 21.11%。可见，在不考虑样本自选择偏误的情况下，可能低估了社会医疗保险对农村老年人生活满意度的影响。

第十一章 构建中国特色社会主义农村养老社会支持体系

第一节 农村老年人社会支持与生活满意度的总体分析

本研究认为农村老年人的养老需求主要包括经济供养、生活照料、精神慰藉、健康保障四个方面。而农村老年人主要从主、客观两方面获取社会支持以满足四方面的养老需求。周林刚（2005）提出若按性质划分社会支持，可分为两类：一类是社会中的个体在交往互动过程中对自我感受到的关系、理解、包容等因素及满意程度的评价，即主观性社会支持；另一类是个体所处的社会关系网络，如家庭、社区等各类型的集体对其提供的支持，即客观存在的社会支持。除这两方面外，学者认为社会支持还存在第三个维度，即个体对社会支持的利用程度。社会中的个体具有显著的差异性，能够获取的社会支持也因所处社会环境的不同存在差异性，即使处于相同的社会网络能够获取同等的社会支持，其社会支持利用度也会存在差异。因此，社会支持是一个复杂概念，既包括社会环境因素，也涵盖了社会个体的主观认知因素，它是个体人际互动质量及社会支持网络质量的体现，需要从多维度的视角去理解及测量社会支持。

一、研究思路

本章研究和探讨农村老年人能获取的社会支持对生活满意度的影响。一方面包括客观存在的来自家庭、政府、社区等的社会支持，一方面包括农村老年人的主观性社会支持，还包括农村老年人对社会支持的利用度。现有研究认为社会支持与农村老年人的生活满意度间存在较高的相关性，社会支持水平较高的农村老年人往往具有较高的生活满意度体验。本节在社会支持的基础上，纳入孤独感、积极养老观两个变量，一是探讨社会支持能否通过影响农村老年人孤独感从而影响生活满意度，二是探讨积极养老观是否对农村老年人所获取的社会支持、支持利用度产生影响，进而影响生活满意度，这是本节的研究重点。本节的研究思路如图11.1所示。

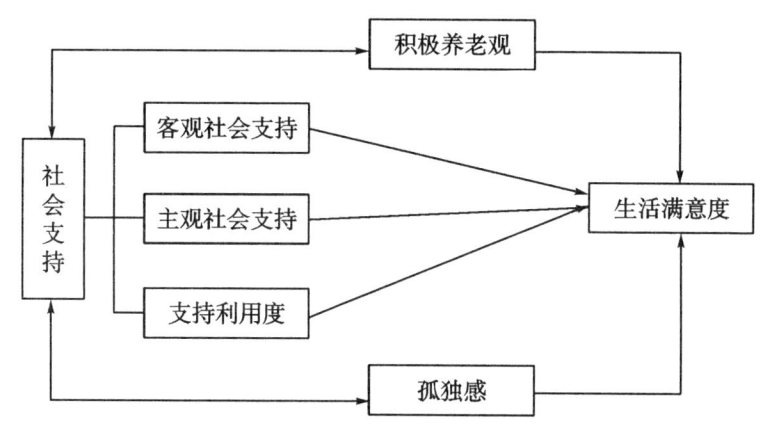

图 11.1 农村老年人社会支持与生活满意度

二、数据与变量

（一）数据

本节采用中国高龄老人健康长寿跟踪调查（CLHLS）2014年的调查数据，研究对象为60岁及以上老年人口，同时考虑构建的社会支持与老年人生活满意度的影响，在剔除无关及缺失样本后，有效样本量为549个，其中，男性老年人233人，占比42.44%，女性老年人316人，占比57.56%。

（二）变量

因变量采用老年人的生活满意度指标，将回答整理为很满意、满意、一般三个等级，分别占比为16.76%、49.73%、33.51%。

社会支持变量：一是客观社会支持，从养老金、（孙）子女经济支持、同住人数、社区上门服务四个角度进行分析，具体为：①"您是否参加养老保险"反映养老金变量；②"近一年来，您的子女（包括同住与不同住的所有孙子女及其配偶）给您现金（或实物折合）多少元？"，将回答进行对数处理；③"与您同住的有多少人（不包括您本人）？"数据作连续变量处理；④"您所在社区为老年人提供的社区服务有哪些？"从中选取上门看病、送药变量，将回答整理为提供、未提供两类。二是主观社会支持，以老年人参与打牌或打麻将等娱乐活动的情况来反映，以问题"您现在从事/参加以下活动吗？"测量，从中选取打牌或打麻将等娱乐活动的答案，整理为参与、未参与两类。三是社会支持利用度，从收入是否够用、生活照料是否满足需求两方面进行分析，具体为：①"您所有的生活来源是否够用？"对回答进行处理，整理为"够用""不够用"两类；②"您认为您目前在六项日常活动中得到的这些帮助能够满足您的需要吗？"对回答进行处理，整理为"满足""不满足"两类。

其他核心变量，从孤独感、积极养老观两个方面进行分析，具体以①"您是不是经常觉得孤独？"对回答进行处理，整理为"孤独""不孤独"两类；②"您是不是觉得越老越不中用？"将回答整理为"经常""有时""很少"三类。

变量的具体定义及类型如表 11.1 所示。

表 11.1　　　　　　　　　　变量的定义

变量	定义
因变量	
生活满意度	很满意＝1；满意＝2；不满意＝3
客观社会支持	
养老金	购买＝1；未购买＝0
（孙）子女经济支持	作对数处理
同住人数	连续变量
社区上门看病、送药	提供＝1；未提供＝0
主观社会支持	
参与娱乐活动	参与＝1；未参与＝0
支持利用度	
收入是否够用	不够用＝1；够用＝0
照料是否满足需求	非常满足＝1，基本满足＝2，不满足＝3
其他核心变量	
孤独感	有时＝1；很少＝2，从不＝3
积极养老观	经常＝1；有时＝2；很少＝3；从不＝4

三、农村老年人孤独感、社会支持以及生活满意度的回归分析

本节将农村老年人生活满意度作为因变量，将孤独感、主观支持、客观支持与支持利用度作为自变量，分别构建模型：纳入孤独感作为基础模型 1，在基础模型基础上纳入客观支持的模型 2，纳入主观社会支持的模型 3，纳入支

持利用度的模型 4。回归结果如表 11.2 所示。

表 11.2　孤独感、社会支持与生活满意度的回归结果（OR）

变量	模型 1	模型 2	模型 3	模型 4
孤独感	0.714 7***	0.682 4***	0.718 6***	0.784 7**
客观社会支持				
养老金（未购买）		0.963 5		
(孙)子女经济支持(少)		0.999 9***		
同住人数（少）		0.979 4		
社区上门看病、送药(未提供)		0.649 8**		
主观社会支持				
参与娱乐活动（未参与）			0.802 5	
支持利用度				
收入是否够用（够用）				2.660 4***
照料是否满足需求（不满足）				0.465 9***
N	549	549	549	549
Prob>chi^2	0.001 1	0.000 0	0.003 4	0.000 0
Pseudo R^2	0.009 7	0.001	0.010 2	0.070 8

注：* P<0.1，** P<0.05，*** P<0.01；括号内为参照组。

从模型 1 的回归结果看，农村老年人的孤独感与生活满意度存在显著的负相关关系。具体而言，农村老年人日常孤独感越少，其认为生活满意的可能性越大。

从模型 2 的回归结果看，纳入客观支持变量后，孤独感变量对农村老年人生活满意度仍具有显著的负向影响；在控制农村老年人孤独感的基础上，客观社会支持中的（孙）子女经济支持，社区上门看病、送药变量对农村老年人的生活满意度产生显著影响。具体来看：一是（孙）子女提供的经济支持与农村老年人的生活满意度显著正相关，农村老年人（孙）子女提供的经济支持越少，其认为生活满意的可能性越低。二是社区提供的上门看病、送药服务与农村老年人的生活满意度显著正相关，社区提供上门看病、送药服务的农村老年人，其认为生活满意的可能性越高。

从模型 3 的回归结果看，纳入主观社会支持变量后，孤独感变量对农村老年人生活满意度仍具有显著负向影响；在控制农村老年人孤独感的情况下，本节选取的主观社会支持指标，即农村老年人参与娱乐活动（打牌、打麻将等）变量对生活满意度不产生显著的影响。

从模型4的回归结果看，纳入支持利用度变量后，孤独感变量对农村老年人生活满意度仍具有显著负向影响；在控制农村老年人孤独感的情况下，本章构建的社会支持利用度均对农村老年人的生活满意度产生显著影响。具体而言：①收入够用变量对农村老年人的生活满意度产生显著的正向影响。农村老年人认为其能获取的经济支持能够满足生活需要，其认为生活满意的可能性越高。②照料是否满足需求变量对农村老年人的生活满意度产生显著的正向影响。农村老年人认为自身获取的生活照料能够满足自身需要，则老年人认为生活满意的可能性更大。

四、农村老年人积极养老观、社会支持以及生活满意度的回归分析

本节将老年人生活满意度作为因变量，将积极养老观、主观支持、客观支持与支持利用度作为自变量，分别构建模型：纳入积极养老观作为基础模型1，在基础模型基础上纳入客观支持的作为模型2，纳入主观社会支持的作为模型3，纳入支持利用度的作为模型4。回归结果如表11.3所示。

从模型1的回归结果看，积极养老观对农村老年人的生活满意度不产生显著影响。

从模型2的回归结果看，积极养老观对农村老年人的生活满意度仍不产生显著影响；在控制农村老年人积极养老观的情况下，客观支持中的（孙）子女经济支持，社区上门看病、送药两个变量对农村老年人生活满意度产生显著影响。具体而言：①（孙）子女经济支持对农村老年人生活满意度产生显著的正向影响。②社区提供上门看病、送药服务与农村老年人生活满意度呈显著正相关关系。

从模型3的回归结果看，积极养老观对农村老年人的生活满意度仍不产生显著影响；在控制农村老年人积极养老观的情况下，本节构建的主观社会支持变量对农村老年人生活满意度影响不显著。

从模型4的回归结果看，积极养老观对农村老年人的生活满意度仍不产生显著影响；在控制农村老年人积极养老观的情况下，两方面的支持利用度对农村老年人生活满意度产生显著影响。具体而言：①收入够用变量对农村老年人的生活满意度产生显著的正向影响。②照料是否满足需求变量对农村老年人的生活满意度产生显著的正向影响。

表 11.3　养老观、社会支持与生活满意度的回归结果（OR）

变量	模型 1	模型 2	模型 3	模型 4
积极养老观	1.059 3	1.059 8	1.057 5	1.061 7
客观社会支持				
养老金（未购买）		0.892 5		
（孙）子女经济支持（少）		0.999 9***		
同住人数（少）		0.989 1		
社区上门看病、送药(未提供)		0.616 5**		
主观社会支持				
参与娱乐活动（未参与）			0.683 8	
支持利用度				
收入是否够用（够用）				2.728 9***
照料是否满足需求（不满足）				0.413 1***
N	495	495	495	495
Prob>chi²	0.458 1	0.000 0	0.318 2	0.000 0
Pseudo R²	0.000 6	0.035 9	0.002 3	0.072 4

注：* $P<0.1$，** $P<0.05$，*** $P<0.01$；括号内为参照组。

五、主要结论与讨论

（一）主要结论

从孤独感、社会支持与农村老年人生活满意度方面来看，①农村老年人的孤独感与生活满意度存在显著的负相关关系。农村老年人日常孤独感越少，其认为生活满意的可能性越大。②客观社会支持：在控制农村老年人孤独感的基础上，（孙）子女提供的经济支持与农村老年人的生活满意度显著正相关，农村老年人（孙）子女提供的经济支持越少，其认为生活满意的可能性越小；社区提供的上门看病、送药服务与农村老年人的生活满意度显著正相关，社区提供上门看病、送药服务的农村老年人，其认为生活满意的可能性越大。③支持利用度：在控制农村老年人孤独感的情况下，收入够用变量对农村老年人的生活满意度产生显著的正向影响。农村老年人认为其能获取的经济支持能够满足生活需要，其认为生活满意的可能性越大；照料是否满足需求变量对农村老年人的生活满意度产生显著的正向影响。农村老年人认为自身获取的生活照料能够满足自身需要，则老年人认为生活满意的可能性更大。

从积极养老观、社会支持与农村老年人生活满意度方面来看，①积极养老观对农村老年人的生活满意度不产生显著影响。②客观社会支持：在控制农村老年人积极养老观的基础上，客观社会支持对农村老年人生活满意度的影响同孤独感一致。农村老年人（孙）子女提供的经济支持越少，其认为生活满意的可能性越小；社区提供上门看病、送药服务的农村老年人，其认为生活满意的可能性越大。③支持利用度：在控制农村老年人积极养老观的基础上，支持利用度对农村老年人生活满意度的影响同孤独感一致。农村老年人认为其能获取的经济支持能够满足生活需要，其认为生活满意的可能性越大；农村老年人认为自身获取的生活照料能够满足自身需要，则老年人认为生活满意的可能性更大。

（二）讨论

从本节的实证分析结果看，孤独感是影响农村老年人生活满意度的重要因素，同时孤独感会影响社会支持与农村老年人生活满意度之间的关系。当前，经济社会不断发展，家庭结构小型化、核心化明显，传统的家庭养老功能逐渐减弱，加之农村劳动力流动现象明显，这进一步加剧了农村家庭养老的困境。在注重从经济、医疗方面保障农村老年人养老的同时，更应注重农村老年人的精神需求，改善农村老年人的孤独现状，也有利于更好地满足农村老年人的养老需求，提高其生活满意度。

值得注意的是，由于所选取的样本数据存在一定的局限性，本节构建的积极养老观并未对农村老年人生活满意度产生显著影响。但农村老年人自身积极的养老观念也是影响农村老年人生活满意度的因素，本节认为积极的养老观念能够影响农村老年人对获取社会支持的利用度，进而影响农村老年人的生活满意度。关于积极的养老观念对农村老年人生活满意度是否存在这样的影响机制是需要进一步探讨的问题。

第二节　新时代我国农村养老社会支持的行动路线建设

一、国外经验借鉴

为变革传统的福利国家政府的执政理念，美国社会政策专家内尔·吉尔伯特（Neil Gilbert）教授于20世纪80年代后期就提出了"能促型国家"的理念（the enabling state）。具体释义为三大观念性变革：一是强调公共服务从政府直接提供向民间提供转型；二是强调从国家直接拨款支持向国家间接支出公共服务转型；三是强调国家从大包大揽公共服务的所有责任向"公共支持私人责任"（public support for private responsibility）的理念转型。也就是说，国家通过各种方式来支持民间，即个人、家庭、社区和社会组织，以承担更多的社会责任（Neil Gilbert，2001）。

二、新时代我国农村养老社会支持的行动路线构建

未雨绸缪，积极应对农村人口老龄化、空巢化、高龄化带来的挑战，需要建立较为完善的农村养老社会支持体系，制定科学和可持续的养老社会支持行动路线。

新时代，我国农村养老社会支持就是指政府和社会为满足农村老年人的养老需求和解决农村老年人养老问题而采取的公共行动。从要素构成来看，我国农村养老社会支持至少包括支持的发起者、支持的受益者、支持的方式、支持的资源、支持的目的五个方面。

我国农村养老社会支持行动构成要素分析。支持的发起者是指国家政府、社会组织、农村经济组织、社区自治组织、家庭、个人等行为主体；支持方式包括政府制度性安排、社会组织与外部的互惠性行动、农村经济组织与市场的互利性交易以及各行动主体之间的社会互助性行动等方式；支持的资源指通过各个行动的发起者的积极影响，使得各类参与主体拥有不同的养老资源；支持的目标是农村居民养老保障水平的整体提升；支持受益人主要指农村老年人（如图 11.2 所示）。

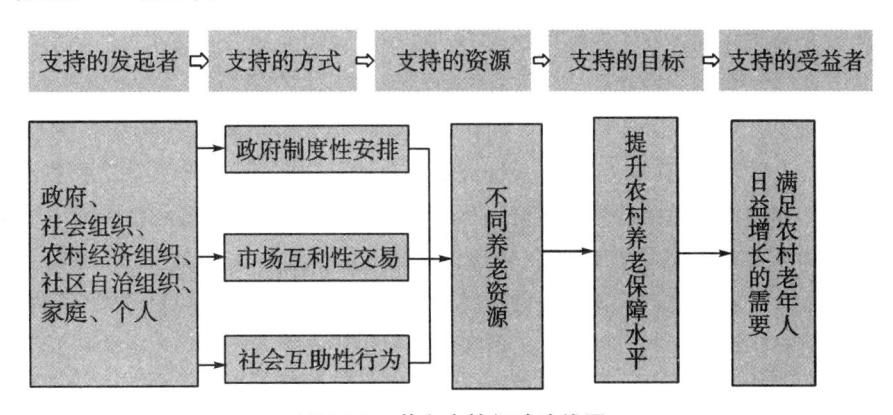

图 11.2　养老支持行动路线图

除此之外，在农村，老年人除了拥有家庭之外，还有广泛的血缘、情缘、地缘的社会关系网络，老年人共处于一个生活共同体中，以此为基础的农村经济组织、村寨等本身就具有一种互助的性质，因此为实施农村养老社会支持提供了可接受的社会基础。

第三节　中国特色社会主义视域下农村养老支持体系构建

通过以上分析可以看出，老年人的需求是多角度的和多层次的，社会支持网络的发展程度直接关系到老年人需求的满足，对老年人的生活状况具有重要的影响，因而，应建立的社会支持系统也应是多角度的和多层次的。通过前面的研究可以发现，当前的社会支持网络并不能很好地满足农村老年人的需求，提高其生活质量。因此，如何完善农村老年人的社会支持网络，使其安享晚年，成为亟待解决的问题。笔者认为，应遵循以下几点原则：第一，年龄差异化原则，即在保障农村老年人生活的物质基础上，对不同年龄段的老年人在支持侧重点方面予以区别对待；第二，多支柱合作原则，即在明确政府主导地位的前提下，强化非正式组织、商业组织以及志愿组织对于农村老年人的支持，加强四者之间的良性互动；第三，公众参与原则，积极引导村民的广泛参与，积极营造适宜的养老环境。

一、差异化对待：对不同年龄段的农村老年人在支持侧重点方面予以区别对待

（一）强化对农村低龄老年人的医疗救助服务与家庭照料

在低龄老年人社会支持网络构建方面，应强调建立完善的医疗救助制度与家庭照料激励机制，在高龄老年人社会支持网络构建方面，应强调调动社会资源对其进行经济支持和生活照料。

首先，政府应该一年组织一次针对低龄老年人的体检。由于乡镇医疗资源较少，很多检查缺乏条件和设施难以开展，这种统一的大规模集中体检对于农村老年人节约看病成本和我国医疗资源成本都是有利的。

其次，政府和志愿组织可以鼓励医学专业学生下基层服务。农村医疗问题有一部分体现在人才难以引进上，国家或志愿组织出面组织大学生或者研究生下基层，一方面可以锻炼学生的实践能力，有助于他们个人事业的发展；另一方面可以相对提高农村的医疗水平，使得低龄老年人的一些疾病能够早发现、早治疗、早康复。

最后，政府应该改革现有的医疗体系，引进商业组织与志愿组织，建立健全、协调的城乡医疗网络。目前而言，我国的新型农村医疗保障制度具有明显的地方保护主义。由于缺乏竞争性，医院医疗水平进步较慢，有些低水平的医

院甚至会耽误老年人的病情治疗。因此，在医疗资源的选择上，应该把选择权留给老年人，促进志愿组织、商业组织与乡镇卫生院三方的良性互动，此外，政府还应该鼓励对于低龄老年人的家庭照料，使得老年人能够相对容易地得到来自非正式组织的精神慰藉。这种鼓励可以从经济激励和文化激励两个方面进行。在经济上，政府应该鼓励那些与低龄老年人居住在一起的家庭，在就业政策等方面给予优待或者给予直接的经济补贴；在文化上，政府应该大力发扬我国的传统孝道，树立典型，营造敬老、爱老的社会风气；同时，志愿组织也应该在关爱农村低龄老年人方面发挥自己的优势，把自身建设与政府导向结合起来。

（二）增强对农村高龄老年人的经济支持与生活照料

对于农村高龄老年人而言，由于其身体机能的退化，高龄老年人的主要需求由医疗服务和精神慰藉转化为经济支持和生活照料。在这两方面上，也应强调政府、非正式组织、商业组织与志愿组织四者之间的互动。

首先，应由政府调动来自非正式组织的支持。一方面，对于那些不赡养高龄老年人的家庭，政府在法律上给予惩罚、在道德上予以谴责；而对于那些把高龄老年人照料较好的家庭，政府可以予以物质或精神表彰。另一方面，政府应该为家庭远距离照料提供条件，建立健全基础设施与服务体系，完善子女、亲友与高龄老年人的沟通渠道，鼓励子女常回家看看。

其次，政府应该完善农村高龄老年人社会救助制度，对高龄老年人建立个人档案。在最低生活保障制度和农村"五保"老年制度上，应实现应保尽保；在高龄补贴方面，可以根据当地实际生活水平对老年人实行阶梯化补贴，一方面确保政府实现兜底责任，降低农村高龄老年人贫困风险；另一方面也激励家庭更好地照顾农村高龄老年人。

最后，政府应该大力发展养老机构，对有条件的农村高龄老年人提供专业的生活照料。这主要是因为专业的生活照料者可能更清楚如何去照顾高龄老年人，特别是患有特殊疾病的农村高龄老年人。目前我国农村的养老机构主要是由政府创办的，商业组织与志愿组织鲜有涉足。政府出资开办的养老院虽然物质设备齐全，但却缺乏专业照料人员，照料设备少有人用，资源浪费严重，农村老年人普遍觉得养老机构太"冷清"。因此，在农村，商业组织和志愿组织存在较大的介入空间。政府退位鼓励商业组织与志愿组织的发展，引入市场竞争机制，不仅可以提高资源的使用效率，开展多种针对农村高龄老年人自身不同需求的照料方式，而且能够优化对农村高龄老年人生活照料的服务质量。

二、多支柱合作：形成时间上累加、空间上拓展的支持主体交互和衍生

当前，在我国老年人社会保障中贯彻的是"三轮驱动"模式，即动员个人、组织和社会三方面的力量，为老龄事业提供经济支持。但从社会资源多样性角度讲，能提供社会支持的很多，从构成社会支持的社会支持主体来说，按层次的不同可以分为下列几种：国家和政府、社区、各种社会组织和社会团体、家庭和个人等，这些主体构成了社会支持系统，为养老事业提供各种社会资源以满足老年人的各种需求。

国家和政府因为掌握着较多的社会资源，所以就应当起到主导作用，当涉及全社会的事项时就必须由政府来解决。国家可以通过对社会养老事业中关键性的义务进行规定，在国家范围内对各种资源进行分配，使养老事业得到保障。另外，政府应当把尊老爱老的社会风气和积极养老的道德规范落到实处，使养老成为全社会每个成员义不容辞的责任。

作为养老支持系统的第二个层次的社区，又是老年人日常生活的环境，因而非常重要。在社区应当建立为老年人服务的软硬件设施以落实国家的养老政策，实施各种养老方案。它可为养老提供的社会资源有：具体组织实施国家养老事业服务，落实老年人的养老服务保障，为老年人提供各种活动和受教育的场所。

养老支持系统的第三层次的社会组织和社会团体包括企事业单位、慈善机构、老年人活动团体、社会工作团体、社会志愿者团体、医疗机构、老年学术团体及新闻媒体等。这些组织和团体可为老龄事业提供的社会资源有：资金、知识、医疗保健、组织力量、服务和舆论支持等，它们可以创造和改变农村老年人的生活微观环境。

家庭和个人是老龄事业的具体支持者、对象和受益者。家庭是老年人活动的最小单位，与老年人具有天然的联系，因而，家庭和个人对老龄事业具有最大的责任。这一层次应为老龄事业提供的社会资源有：经济和情感支持、生活服务。

三、公众参与：积极引导村民的参与，营造适宜的养老环境

（一）农村老年人要转变养老思想

农村老年人由于受到"养儿防老""多子多孙多福寿"等传统观念的影响，他们把自己的一生都奉献给了子女，因此，在年老时他们希望和子女住在一起，依靠子女进行养老，对子女有着较高的期待。然而在很多时候，现实总

是与愿望相违背，很多年轻子女并没有完全尽到赡养老年人的义务。因此，农村老年人口必须转变思想，提升自己自主养老的能力，降低对子女的期待，把依靠家庭养老转换为依靠政府、社会养老，变被动接受为主动诉求，立足于自身，尽早做好养老规划。这种思想的转变，一方面可减轻子女的经济负担、精神压力，另一方面也可以形成老年人的独立养老理念，从家庭依赖中解脱出来。

（二）提高子女责任感，注重精神养老

"爱老养老""尊老敬老"一直是中华民族引以为傲的美德。农村老年人的子女也应该发扬这一优良传统，提高自己赡养父母义务的责任感，完成自己应尽的法律义务。但是近几年来，由于受到市场价值观念的冲击，尊老、敬老的价值观念逐步弱化，而厌老、弃老现象有所抬头，这是违反道德和法律的。提升子女责任感，应该做到：在父母身边的子女应该尽量提供基本生活照料、经济供养等支持。子女是农村老年人生活照料的主体之一，对于丧偶的老年人来说，更是唯一的主体。因此，子女需要做好为老年人洗衣做饭、看病陪护等支持；而那些外出打工的子女，除了每月寄给老年人的生活费用外，应该加强与老年人的联系，关心老年人的生活，在条件允许的情况下，多回家探望父母，实现对老年人的精神赡养。这样，老年人的物质生活有了保障，生活照料有了主体，精神需求获得了满足，真正做到了安享晚年。

（三）发挥村民乡邻的协作互助精神，营造良好的养老环境

俗话说"远亲不如近邻"，在农村更是如此。村民邻居之间的熟人社会为乡邻协作互助养老提供了可能，应该相互帮助，对农村老年人多一份关爱，帮助一些孤寡老年人、留守老人解决在日常生活中遇到的难题。如，上门陪老年人聊天交流，帮忙购买一些生活必需品，干一些重体力活，等等，在一定程度上可以减轻在外打工子女的照料压力。同时外出务工子女应尽其所能为乡邻提供互助。睦邻友好的生活环境，尊老爱幼的良好风气，创造出了良好的养老环境，弥补了老年人由于子女不在所产生的失落感，让农村老年人真正老有所依，过着丰富多彩、轻松快乐的养老生活。

第四节 研究展望

本研究以农村老年人为研究对象，对老年人在经济供给、健康保障、生活照料和精神慰藉方面的需求做了一个基本的探讨，并分析了家庭、社区和正规

组织在老年人养老社会支持过程中的责任分担问题。但本书研究的农村老年人养老需求之间不可比较，不能确定农村老年人最紧迫的需求，期望在以后的研究中能加以弥补。以下问题仍有待深入研究和探讨：

（1）对中国农村老年人养老需求（经济供给需求、生活照料需求、健康保障需求、精神慰藉需求）进行进一步的概念化和理论总结，尤其是从农村老年人自身的角度来阐释和评估其生活中的需要，对生存和发展两方面的需要如何在中国特有的制度文化下加以概念化和测量。同时，加强对比研究，加强城市和农村老年人的对比研究。

（2）在经费和时间允许的前提下，用随机抽样的方法对农村60岁及以上老年人进行需求评估的调查研究，从而深入探讨不同特征的老年人在需求上的共性、差异性和需求同老年人个人特征之间的关系。

（3）用深入访谈的方法对农村75岁及以上老年人和他们的主要照顾者在日常生活情况、需求及照顾者的压力方面开展定性研究，以深入理解家庭养老支持的动态过程。

（4）对农村长期患病老年人的问题与长期照顾需求的探讨和研究，为医疗卫生系统提供可参考之政策建议和实践上的准备。加强对老年人中特殊群体的研究，如独居老年人、高龄老年人、失能老年人的研究。

（5）对家庭、社区和正规支持系统三者在老年人照顾过程中的关系及联系进行深入的理论和概念化的工作，对其进行经验研究，从理论上进一步澄清老年人养老社会支持过程中相关组织之间的关系。

参考文献

一、中文部分

[1] 陈佳贵,王延中. 中国社会保障发展报告(2007)[M]. 北京:社会科学文献出版社,2007.

[2] 谢美娥. 老人长期照顾的相关论题[M]. 台北:桂冠图书股份有限公司,1993:14.

[3] 王诺,张占军. 机遇还是挑战:中国积极老龄化道路[M]. 北京:经济科学出版社,2011.

[4] 王秀梅,杨晖. 国外及港澳台地区养老服务情况汇编[M]. 北京:中国社会出版社,2010.

[5] 陈艳. 农村老年人精神卫生资源配置与利用研究[M]. 北京:中央编译出版社,2017.

[6] 于保荣,高静,于龙凤. 农村老年人日常生活照顾服务需求与供给研究[M]. 济南:山东大学出版社,2012.

[7] 于士军,陈传波. 经济转型时期的中国农村老年人保障[M]. 北京:中国财经经济出版社,2005.

[8] 韦璞. 农村老年人社会资本对生活质量的影响——一个贫困社区老年人的生活状态[M]. 北京:经济科学出版社,2009.

[9] 曲海英. 城镇化进程中农村老年人心理健康与心理需求[M]. 北京:人民卫生出版社,2015.

[10] 张文娟. 劳动力外流背景下的中国农村老年人家庭代际支持研究[M]. 北京:中国人口出版社,2008.

[11] 王萍,李树茁. 农村家庭养老的变迁和老年人的健康[M]. 北京:社会科学文献出版社,2011.

[12] 李放,张娜,沈苏燕. 农村社会养老服务的需求与发展路径研究

[M]. 北京：科学出版社，2016.

[13] 左冬梅，李树茁，吴正. 农村家庭代际支持的年龄模式 [M]. 北京：社会科学文献出版社，2014.

[14] 丁艳平. 传统孝道解构背景下的农村养老问题研究 [M]. 长春：吉林大学出版社，2013.

[15] 张岭泉. 农村代际关系与家庭养老 [M]. 保定：河北大学出版社，2012.

[16] 张凯悌. 中国城乡老年人社会活动和精神心理状况研究 [M]. 北京：中国社会出版社，2009.

[17] 郭正模. 老龄产业发展概论 [M]. 北京：人民出版社，2017.

[18] 伍小兰. 我国农村老年人口福利状况研究 [M]. 北京：中国社会出版社，2009.

[19] 林明鲜. 城乡人口老龄化与老龄问题研究 [M]. 济南：山东人民出版社，2010.

[20] 丁士军. 中国农村家庭养老问题分析 [M]. 北京：中国农业出版社，2003.

[21] 吴玉韶，党俊武. 中国老龄事业发展报告 [M]. 北京：社会科学文献出版社，2013.

[22] 魏彦彦. 中国特色养老模式研究 [M]. 北京：中国社会出版社，2010.

[23] 施锦芳. 人口少子老龄化与经济社会可持续发展——以日本为例 [M]. 北京：科学出版社，2015.

[24] 梁鸿. 人口老龄化与中国农村养老保障制度 [M]. 上海：上海人民出版社，2008.

[25] 姚远. 中国家庭养老研究 [M]. 北京：中国人口出版社，2001.

[26] 吴捷. 城市低龄老年人的需要、社会支持和心理健康关系的研究 [D]. 天津：南开大学，2010.

[28] 陈芳，方长春. 家庭养老功能的弱化与出路：欠发达地区农村养老模式研究 [J]. 人口与发展，2014（1）：99-106.

[29] 徐勤. 我国老年人口的正式与非正式社会支持 [J]. 人口研究，1995（5）：23-27.

[30] 唐美玲. 城市家庭子女对父辈的养老支持分析——苏南四城市老年人生活状况调查 [J]. 南方人口，2005（3）：57-64.

[31] 陈芳,方长春.家庭养老功能的弱化与出路：欠发达地区农村养老模式研究［J］.人口与发展,2014（1）：99-106.

[32] 姜丽美.农村留守老人生活照料状况实证分析［J］.经济与管理,2010（6）：81-84.

[33] 屈勇,崔香芬.从农村老年人照料现状看专业社会工作的介入——江苏省盐城市 X 村个案研究［J］.南京农业大学学报,2006（3）：13-19.

[34] 韦璞.贫困地区农村老年人社会支持网初探［J］.人口与发展,2010（2）：76-82.

[35] 王金元.城市老年人居家养老的社会支持［J］.社会科学家,2008（4）：110-113.

[36] 贺聪志,叶敬忠.农村劳动力外出务工对留守老人生活照料的影响研究［J］.农业经济问题,2010（3）：46-53.

[37] 陈立新,姚远.社会支持对老年人心理健康影响的研究［J］.人口研究,2005（4）：73-78.

[38] 刘晶.子女数对农村高龄老年人养老及生活状况的影响［J］.中国人口科学,2004（1）：48-54.

[39] 伍小兰.中国农村老年人口照料现状分析［J］.人口学刊,2009（6）：35-40.

[40] 张文娟,李树茁.子女的代际支持行为对农村老年人生活满意度的影响研究［J］.人口研究,2005（5）：73-80.

[41] 韦璞.贫困少数民族山区农村老年人社会支持网与生活满意度关系研究［J］.南方人口,2007（1）：45-50.

[42] 贺寨平.社会经济地位、社会支持网与农村老年人身心状况［J］.中国社会科学,2002（3）：135-148.

[43] 李建新.老年人口生活质量与社会支持的关系研究［J］.人口研究,2007,31（3）：50-60.

[44] 贺银凤,周英华.我国老龄照料服务体系面临的挑战［J］.人口学刊,2009（4）：47-51.

[45] 武秀杰,武江华,陈金慧.宁波市农村空巢家庭老年人生活状况调查分析［J］.西北人口,2009（2）：58-61.

[46] 田园,胡宓,肖水源,周亮.农村老年人生活质量及与负性生活事件、社会支持的相关性［J］.中国心理卫生杂志,2013（10）：734-738.

[47] 高建新,李树茁,左冬梅.外出务工对农村老年人家庭子女养老分

工影响研究［J］. 南方人口, 2012（2）：74-80.

［48］张震. 子女生活照料老年人健康的影响：促进还是选择［J］. 中国人口科学, 2004：29-36.

［49］邬沧萍, 姜向群. "健康老龄化"战略刍议［J］. 中国社会科学, 1996（5）：52-64.

［50］赵忠. 健康卫生需求的理论和经验分析方法［J］. 世界经济, 2005（4）：33-38.

［51］田北海, 王彩云. 城乡老年人社会养老服务需求特征及其影响因素——基于对家庭养老替代机制的分析［J］. 中国农村观察, 2014（4）：2-17.

［52］郁学敏, 时钰, 李雪阳, 李汉东. 基于追踪调查数据的中国老年人口健康状况与期望寿命研究［J］. 老龄科学研究, 2016（5）：49-59.

［53］郭末, 安素霞. 社会性别视角下的中国老年人口不健康预期寿命及代际支持［J］. 南京农业大学学报（社会科学版）, 2013（6）：93-97.

［54］赵忠, 侯振刚. 我国城镇居民的健康保障需求与 Grossman 模型——来自截面数据的证据［J］. 经济研究, 2005（10）：79-90.

［55］张琳. 我国中老年人健康保障需求实证研究——基于性别和城乡的分析［J］. 财经问题研究, 2012（11）：100-105.

［56］曾雁冰, 欧龙, 方亚. 中国老年人健康保障需求影响因素——基于医疗费用视角的分析［J］. 中国老年学杂志, 2015（23）：6897-6899.

［57］温劲君, 宋世斌. 医疗保险对我国农村老年人健康保障需求的影响研究［J］. 中国卫生经济, 2013（7）：24-27.

［58］刘国恩, 蔡春光, 李林. 中国老年人医疗保障与医疗服务需求的实证分析［J］. 经济研究, 2011（3）：95-107.

［59］柴化敏. 中国城乡居民医疗服务需求与医疗保障的实证分析［J］. 世界经济文汇, 2013（5）：108-119.

［60］蔡浩, 陈玉萍, 丁士军. 农户家庭人口特征与健康投资——基于四川阆中的农户调查分析［J］. 西北人口, 2010（2）：41-57.

［61］宁满秀, 王小莲. 中国农村家庭代际经济支持行为动机分析［J］. 农业技术经济, 2015（5）：21-32.

［62］张文娟. 成年子女的流动对其经济支持行为的影响分析［J］. 人口研究, 2012（3）：68-80.

［63］孙鹃娟. 中国城乡老年人的经济收入及代际经济支持［J］. 人口研究, 2017（1）：34-45.

[64] 张文娟, 李树茁. 农村老年人家庭代际支持研究——运用指数混合模型验证合作群体理论 [J]. 统计研究, 2004 (5): 33-37.

[65] 姜向群, 郑研辉. 中国老年人的主要生活来源及其经济保障问题分析 [J]. 人口学刊, 2013 (2): 42-48.

[66] 王萍, 李树茁. 代际支持对农村老年人生活满意度影响的纵向分析 [J]. 人口研究, 2011 (1): 44-52.

[67] 刘西国. 代际经济支持健康效应检验 [J]. 西北人口, 2016 (1): 45-51.

[68] 王金营. 高龄老年人健康状况与子女经济支持及生活习惯依存度分析 [J]. 中国人口科学, 2004 (1): 22-28.

[69] 宋月萍. 精神赡养还是经济支持: 外出务工子女养老行为对农村留守老人健康影响探析 [J]. 人口与发展, 2014 (4): 37-43.

[70] 胡仕勇, 刘俊杰. 农村家庭代际经济支持状况与对策 [J]. 农村经济, 2013 (3): 109-112.

[71] 高建新, 李树茁, 左冬梅. 子女分工方式对农村老年年获得经济支持的影响研究 [J]. 人口与发展, 2011 (6): 16-22.

[72] 丁志宏. 中国老年人经济生活来源变化: 2005—2010年 [J]. 人口学刊, 2013 (1): 69-77.

[73] 刘庚长. 我国农村家庭养老存在的基础与转变的条件 [J]. 人口研究, 1999 (3).

[74] 刘爱玉, 杨善华. 社会变迁过程中的老年人家庭支持研究 [J] 北京大学学报 (哲学社会科学版), 2000 (3).

[75] 陈立新, 姚远. 社会支持对老年人心理健康影响的研究 [J]. 人口研究, 2005 (4): 73-78.

[76] 贺寨平. 社会经济地位、社会支持网与农村老年人身心状况 [J]. 中国社会科学, 2002 (3): 135-148.

[77] 张文娟. 成年子女的流动对其经济支持行为的影响分析 [J]. 人口研究, 2012 (3): 68-80.

[78] 孙鹃娟. 中国城乡老年人的经济收入及代际经济支持 [J]. 人口研究, 2017 (1): 34-45.

[79] 穆怀中, 沈毅, 樊林昕, 施阳. 农村养老保险适度水平及对提高社会保障水平分层贡献研究 [J]. 人口研究, 2013, 37 (3): 56-70.

[80] 高月霞, 徐程, 刘国恩, 林艳. 社会支持对老年人健康相关生命质

量影响研究——基于南通的实证[J].人口与发展,2013,19(4):73-81.

[81] 方黎明.社会支持与农村老年人的主观幸福感[J].华中师范大学学报(人文社会科学版),2016,55(1):54-63.

[82] 戴稳胜.农村城镇化进程中解决农村养老问题研究[J].管理世界,2015(9):174-175.

[83] 赵强社.农村养老:困境分析、模式选择与策略构想[J].农业经济问题,2016,37(10):70-82、111.

[84] 顾永红.农村老年人养老模式选择意愿的影响因素分析[J].华中师范大学学报(人文社会科学版),2014,53(3):9-15.

[85] 陈芳,方长春.家庭养老功能的弱化与出路:欠发达地区农村养老模式研究[J].人口与发展,2014,20(1):99-106.

[86] 陶裕春,申昱.社会支持对农村老年人身心健康的影响[J].人口与经济,2014(3):3-14.

[87] 王瑜,汪三贵.人口老龄化与农村老年贫困问题——兼论人口流动的影响[J].中国农业大学学报(社会科学版),2014,31(1):108-120.

[88] 封铁英,高鑫.新农保政策主导下的农村养老方式选择偏好及其融合效应研究[J].经济社会体制比较,2013(6):107-120.

[89] 任勤,黄洁.社会养老对老年人健康影响的实证分析——基于城乡差异的视角[J].财经科学,2015(3):109-120.

[90] 穆怀中,陈曦.人口老龄化背景下农村家庭子女养老向社会养老转变路径及过程研究[J].人口与发展,2015,21(1):2-11.

[91] 黄俊辉,李放.农村养老服务研究的现状与进展——基于2001—2011年的国内文献[J].西北人口,2012,33(6):67-73、78.

[92] 王小龙,兰永生.劳动力转移、留守老人健康与农村养老公共服务供给[J].南开经济研究,2011(4):21-31、107.

[93] 赵立新.社区服务型居家养老的社会支持系统研究[J].人口学刊,2009(6):41-46.

[94] 张友琴.老年人社会支持网的城乡比较研究——厦门市个案研究[J].社会学研究,2001(4):11-21.

[95] 王伟光.马克思主义中国化的当代理论成果——学习习近平总书记系列重要讲话精神[J].中国社会科学,2015(10):4-28、203.

[96] 邱乘光.论习近平新时代中国特色社会主义思想[J].新疆师范大学学报(哲学社会科学版),2018,39(2):7-21.

［97］王伟光. 当代中国马克思主义的最新理论成果——习近平新时代中国特色社会主义思想学习体会［J］. 中国社会科学，2017（12）：4-30、205.

二、英文部分

［1］S. J. Mushkin. Health as an Investment［J］. Journal of Political Economy，1962（5）：129-157.

［2］Becker. Human Capital［M］. New York：Columbia University Press，1964：33-36.

［3］Michael Grossman. On the Concept of Health Capital and the Demand for Health［J］. Journal of Political Economy，1972（2）：223-255.

［4］Michael Grossman. The Human Capital Model of the Demand for Health［R］. Working Paper. https://core.ac.uk/download/pdf/6819410.pdf.

［5］Besser, A. & Priel, B. Attachment, depression, and fear of death in older adults：The roles of neediness and perceived availability of social support. Personality and Individual Differences, 2008, 44, 1711-1725.

［6］Cohen, S. & Wills, T. A. Stress, social support, and the buffering hypothesis. Psychological Bulletin, 1985, 98, 310-357.

［7］Gow, A. J., Pattie, A., Whiteman, M. C., Whalley, L. J., &Deary, I. J. Social support and successful aging：Investigating the relationships between lifetime cognitive change and life satisfaction［J］. Journal of Individual Differences, 2007, 15（2）：203-204.

［8］Kahn, J. H., Hessling, R. M. & Russell. W. Social support, health, and well-being among the elderly：What is the role of negative affectivity?［J］. Personality and Individual Differences, 2003, 35, 5-17.

［9］Sussan Hillier, Georgia M. Barrow, Aging, the Individual, and Society［J］. Wadsworth Publishing Company, 1999.

［10］Macwangi, Mubiana. A Situation Analysis of Young People with HIV/AIDS in Lusaka, Zambia［J］. Gender Research on Urbanizatio, 2004（15）：66-68.

［11］Vullnetari King R. Does your Granny Eat Grass? Mass Migration, Care Drain and the Fate of Older People in Rural Albania［J］. Global Networks. 2008（2）：139-171.

［12］Teresa E. Seeman and Berkman, L. F. Structural characteristics of socialnetworks and their relationship with social support in the elderly: Who provides support [J]. Social Science & Medicine, 1988 (28): 737-749.

[13] Lubben, J. Assessing social networks among elderly populations. [J]. Family&Community Health: The Journal of Health, 1988 (11): 10.

[14] Wagner D L. Caring Across the Miles: Findings of a Survey of Long-Distance Caregivers [M]. Final Report for The National Council on the Aging. Washington: DC, 1997.

[15] Vieks. Community Care and Elderly People [M]. London: Basil Blackwell & Martin Robertson, 1982: 97.

[16] Victoria E. Bumagin. Helping the Aging Family: A Guide for Professionals [M]. Glenview IL: Scott, Foreman Corporation, 1990.

[17] Havighurst R J, RAlbrecht. Older People [M]. New York: Longmans, 1953.

[18] Cooper D F, Granadillo O R, Stacey C M. Home-based primary care: the care of the veteran at home [J]. Home Healthcare Nurse, 2007 (5): 15-22.

[19] Brenda S. A. Yeoh PhD, Shirlena Huang PhD. Foreign domestic workers and home-based care for elders in Singapore [J]. Journal of Aging&Social Policy, 2010 (1): 69-88.

[20] G A, Silver. Providing home-based care for the elderly [J]. American Journal of Public Health, 1980 (11): 12-17.

[21] Lans Bovenberg, Arthur Van Soest and Asghar Zaidi. Ageing, Health and Pensions in Europe-An Economic and Social Policy Perspective [M]. Palgrave macmillan, 2010.

[22] Becker, Gary S. A Treatise on the Family [M]. Camnridage, Mass.: Havard University Press, 1991.

[23] Abramovice, B. long Term Care Administrtion-The Management of Institutional and Non-Institutional Components of the Continuum of care [M]. New York: The Haworth Press, 1988.

[24] Alber, J., Schoelkopf, M. Senior Politics: The Social Situation of the Elderly in Germany and Europe [M]. Amsterdam: G+B Verlag Fakultas, 1999.

[25] Burau, V., Robert, H., Theobald, B. Governing Home Care: A Cross-National Commparison [M]. MA: Edward Elgar, 2007.

[26] Brody, E. Long-term Care for Older People [M]. New York: Human

Science Press, 1977.

[27] Foote, C., Stanners, C. Integrating Care for Older People: New Care for Old-a systems Approach [M]. Philadephia: Jessica Kingsley Publishers, 2002.

[28] David A. Wise. Advances in the Economics of Aging [M]. The University of Chicago Press, 2000.

后记

本书是笔者主持的四川省社会科学研究"十三五"规划 2017 年度课题"构建中国特色社会主义视域下的农村养老社会支持体系研究"（项目批准号：SC17H020）的结项成果，也是四川省社会科学院人口与劳动经济学学科建设资助项目。

该研究自 2016 年 1 月开始，2017 年 11 月被立项为四川省哲学社会科学研究 2017 年年度后期资助项目。该书撰写期间，笔者开展了研究计划论证、文献资料收集整理等基础性工作，随后到四川、贵州、云南、陕西等地多次进行相关调研活动与实地考察。在课题开展研究期间，课题组成员还先后完成了多篇论文，作为阶段性成果发表。

本书由刘金华拟定并编写章节提纲。刘金华撰写了第一章、第二章、第三章（部分）、第四章、第五章、第七章、第八章（部分）、第九章（部分）、第十一章的初稿，吴茜撰写了第六章和第十章的初稿，谢晓婷撰写了第三章（部分）的初稿，彭敬撰写了第八章（部分）的初稿，谭静撰写了第九章（部分）的初稿。吴茜参与了大量资料收集、整理工作和调研等活动。在初稿相继完成的基础上，又由刘金华对全书进行修改、补充、完善，以及结构调整、校稿等相关工作。正式交付出版社后，刘金华又再次对书稿进行了修改和完善。

课题开展期间，四川省社会科学院研究生院人口学和劳动经济学专业学生吴茜、彭敬、秦陈荣、谢晓婷等以及西南财经大学中国西部中心谭静、匡敏参加了部分调研、资料收集、撰写工作。课题开题论证得到了西南财经大学中国西部经济研究中心杨帆副教授的指导与帮助。四川省社会科学院经济所蓝定香所长、科研处邱平副处长等为课题的开展和本书的出版给予了充分的支持。西南财经大学出版社汪涌波编辑为本书的顺利出版花费了大量的精力。四川省社会科学院的领导和同事们对我的研究提供了良好的便利条件。在课题研究和本书写作过程中，参阅了许多国内外学者的论文和著作，在此一并向他们表示衷心的感谢。

最后，感谢父母、兄弟姐妹、先生、女儿对我的理解与支持！

刘金华

2018 年 5 月 18 日